D1676915

Stadt- und Regionalplanung

Herausgegeben von P. Koller und J. Diederich

Die Um- und Neugestaltung von Gebieten —
    welche den Wohnstätten, Arbeitsplätzen, gemeinschaftlichen und kulturellen Betätigungen, Erholungsmöglichkeiten, aber auch den sozialen Versorgungen und der Aufgabenerfüllung der Planungsträger und Gebietskörperschaften dienen —

wird in unserer pluralen Gesellschaft mit ihren neuartigen Siedlungsformen und wachsenden Verkehrsbedürfnissen zu einer immer komplexeren Aufgabe.

Um diese Leistung von Ordnung und Planung im Raume gesellschaftsbezogen vollbringen zu können, sind in dieser Schriftenreihe Studien zur Methode und Analyse zusammengetragen.

Die Reaktion der Bewohner auf die äußere Veränderung der Städte

von

Alan Waterhouse

Walter der Gruyter · Berlin · New York 1972

Copyright 1972 by Walter de Gruyter & Co., vormals G. J. Göschen'sche Verlagshandlung — J. Guttentag, Verlagsbuchhandlung — Georg Reimer — Karl J. Trübner — Veit & Comp., Berlin 30. — Alle Rechte, einschl. der Rechte der Herstellung von Photokopien und Mikrofilmen, vom Verlag vorbehalten. — Druck: Hans Kock, Buch- und Offsetdruck, Bielefeld. — Printed in Germany.
ISBN 3 11 0019 85 X

Inhaltsverzeichnis

Einleitung: Einführung des Problems von der öffentlichen Aufgabe her . . . 9

1. Einführung in das Problem . . . 28
   - 1.1 Ziele und Rahmen der Untersuchung . . . 29
     - 1.11 Zweck und Schwerpunkt der Untersuchung . . . 29
     - 1.12 Ausgangsposition . . . 30
     - 1.13 Lokalisation . . . 30
   - 1.2 Psychologische Aspekte städtischen Wandels . . . 30
     - 1.21 Untersuchungsebene . . . 30
     - 1.22 Die Stadt als Kommunikationssystem . . . 31
     - 1.23 Die Bedeutung einer Untersuchung veränderlicher visueller Komponenten einer Stadt . . . 33

2. Unterschiedliche interdisziplinäre Forschungsansätze
   - 2.1 Forschungsergebnisse aus dem Bereich der Lern- und Wahrnehmungspsychologie . . . 35
     - 2.11 Wahrnehmung . . . 36
     - 2.111 Soziale Faktoren und Persönlichkeitsmerkmale . . . 37
     - 2.112 Rest-Reaktions-Modell . . . 38
     - 2.113 Lernpsychologische Determinanten: Gedächtnis . . . 38
     - 2.12 Implikationen für die Stadtplanung . . . 39
   - 2.2 Meßverfahren . . . 44
     - 2.21 Testverfahren für die Einstellungsmessung . . . 44
     - 2.211 Einstellungen . . . 44
     - 2.212 Veränderung in der Einstellung . . . 45
     - 2.213 Die Messung der Einstellung . . . 47
     - 2.214 Indirekte Tests . . . 49
     - 2.215 Direkte Tests . . . 49
     - 2.22 Techniken für skalenmäßige Erfassung von Einstellungsreaktionen . . . 51
     - 2.23 Das Guttman Skalogramm . . . 51
     - 2.24 Die Thurstone Skalen . . . 52
   - 2.3 Die Reaktion der Öffentlichkeit auf die gebaute Umwelt . . . 52
     - 2.31 Vergleichende Studien zur menschlichen Reaktion auf die gebaute Umwelt . . . 53
     - 2.32 Gegenwärtige Umweltforschung und das Interesse an Städteplanung . . . 54

3. Ein Modell zur Analyse visueller Veränderungen in Städten . . . 56
   - 3.1 Abgrenzung des Untersuchungsbereiches . . . 56
   - 3.2 Untersuchungsplanung . . . 58
   - 3.3 Die Ermittlung der Einstellung der Öffentlichkeit zur visuellen Veränderung . . . 62
     - 3.31 Aufbau des Modellversuches – Quantifizierung der Reaktionen . . . 63
     - 3.32 Richtung, Grad, Konsistenz . . . 63
     - 3.33 Intensität und Äußerungsbereitschaft . . . 66
     - 3.34 Das Image von West-Berlin . . . 67
     - 3.35 Einstufbarkeit der Einstellungstests . . . 69

3.4	Ermittlung der Persönlichkeitsmerkmale	70
3.5	Ermittlung von Dominantwerten	72
	3.51 Allport-Vernon-Interessententest: (study of values)	76
	3.52 Anwendbarkeit der Allport-Vernon-Methode auf die Untersuchung	77
3.6	Umfragemethode	78
	3.61 Entwurf des Fragebogens	78
	3.62 Daten	78

4. Analytisches Verfahren ... 80

4.1	Anwendungsbereich der Methoden	80
	4.11 Skalen	80
	4.12 Stichprobe	80
	4.13 Hypothese	80
	4.14 Streuung der Stichprobe	81
	4.15 Signifikantniveau	81
	4.16 Teststatistik	82
4.2	Beschreibung, Anordnung und Häufigkeitsstreuung	84
	4.21 Stichprobenmerkmale	84
	4.22 Test für Dominantwerte	87
	4.23 Fragenkatalog zur gebauten Umwelt	91
	4.24 Synthese der Reaktion auf eine bauliche Veränderung	98
4.3	Maße für die Assoziationsgrade	99
	4.31 Der chi-Quadrat-Kontingenz-Test	99
	4.32 Der Goodman- und Kruskal-Tau-Test	106
4.4	Multiple Regressionsanalyse	107

5. Schlußfolgerung ... 111

5.1	Das Prognosemodell	111
5.2	Methodische Ansätze	112
5.3	Datenverteilung	115
5.4	Auswertung der Untersuchungsergebnisse	116
	5.41 Ein Versuchsindex visueller Veränderungen	118
	5.42 Die Notwendigkeit für eine systematische Auswertung für die Planung	119

6. Eine analytische Untersuchung der Struktur West-Berlins ... 122

6.1	Die Situation	122
	6.11 Bevölkerungsstruktur und Bewegung	122
	6.12 Bauliche Veränderungen West-Berlins	129
	6.13 West-Berlin als Wirtschaftsfaktor	131
	6.14 Wohnungsbau	140
	6.15 Verkehrssituation	143
6.2	Analyse der baulichen Veränderungen West-Berlins	144
	6.21 Baustile	144
	6.22 Komponenten der Imagebildung	146
	6.23 Geschmacksrichtungen in der Öffentlichkeit	151
	6.24 Ergebnisse	153
	6.25 Orientierung und Identifikation	155

Inhaltsverzeichnis

Zusammenfassung 157
Summary 158
Resumé 159
Literaturverzeichnis 160
Anhang: Der Fragebogen 172

Einleitung: Einführung des Problems von der öffentlichen Aufgabe her

Unsere Gebietskörperschaften, besonders die Gemeinden, haben in Erfüllung ihrer verschiedenen Verfassungsaufträge, die man unter Daseinsvorsorgeverpflichtung zusammenfaßt, in immer stärkerem Maße im Rahmen ihrer allmählich beginnenden Gesamtplanung auch die Sorge um Form und Gestalt der „Gebauten Umwelt" zu übernehmen. Soweit sie nicht selber als Investoren an ihr formen, können und sollen sie innerhalb ihrer Ordnungs- und Leistungsaufgaben auf die Vielzahl der Formenden Einfluß nehmen und den davon Betroffenen dabei Hilfestellung leisten.

Die Notwendigkeit, städtebauliche Probleme ganz allgemein nicht wie bisher als Technische Aufgabe allein, sondern auch von ihrem im hohen Maße gesellschaftlichen Bezug anzugehen, ist von den dafür zuständigen Institutionen anerkannt. Das gilt aber nur für die „Gebaute Umwelt" als ein System von zum praktischen Gebrauch bestimmten Objekten. Daß die „Gebaute Umwelt" aber auch als ein System von Wahrgenommenen, insbesondere von Zeichenträgern beschrieben werden muß, ist noch nicht selbstverständlich. Trotz relevanter Forschungsergebnisse aus den verschiedensten wissenschaftlichen Disziplinen ist es immer noch üblich, sich in diesem weiten Feld der Mensch-Umweltbeziehungen einfach weiterhin auf Intuition, Lebenserfahrung oder den „Sachverstand" der Architekten und ihre ästhetischen und „gestalterischen" Regeln zu verlassen.

Allerdings ist das bisher praktizierte wissenschaftliche Einzelgängertum auch nicht dazu angetan, entsprechende Methoden innerhalb der Disziplinen abzustimmen, um wenigstens so eine gemeinsame Basis zu schaffen, sowohl für diejenigen, die Umwelt formen oder in die Formung durch andere eingreifen, als auch besonders für die davon Betroffenen.

Um die experimentellen Voraussetzungen zu prüfen und neben den vorhandenen theoretischen auch praktische arbeitsfähige Modelle zu entwickeln, müssen noch etliche Hürden genommen werden. Abgesehen von Definitionsschwierigkeiten stellen die zahlreichen soziologischen und psychologischen Variablen, die bei der Erfassung der „Gebauten Umwelt" berücksichtigt werden müssen, eine Dimension dar, die verständlicherweise den verantwortungsvollen Sozialwissenschaftler trotz des Anreizes dieser Aufgabe leicht verschrecken, weil bei vorschnellem Handeln und dem entsprechenden Eifer Versäumnisse aufzuholen, die Gefahr besteht, die Individuen der „Experimentierratten" und die „Stadt" dem „Versichtslabyrinth" gleichzusetzen. Vielleicht deshalb das Zögern der Soziologie und Psychologie gegenüber dem durchaus verständlichen Drängen der Städtebauer, nun endlich Abhilfe zu schaffen. Dieser Druck aber verleitet leicht zu spektakulären Alleingängen, sowohl auf der einen, wie auf der anderen Seite, die nur allzuleicht Verwirrung und möglicherweise sogar Schaden stiften können.

Ausgehend von solchen Überlegungen entsteht der Wunsch nach einer Bereitschaft aller Disziplinen, ihre bewährten Methoden im Hinblick auf das System „Stadt" (eigentlich System „Örtliche Gesellschaft – Gebaute Umwelt") zu überprüfen, um so die möglichen Krankheitssymptome dieses Systems gemeinsam zu erkennen und nicht, wie bisher, darauf zu warten, bis die „umweltkranken" Individuen derart spezifische Symptome zeigen, daß sie nach bewährtem Muster behandelt werden können und so die einzelnen wissenschaftlichen Prioritäten erhalten bleiben. Auch der entgegengesetzte Weg, das Individuum einem übergroßen Informationsfluß ohne entsprechende praktische Lösungsalternativen auszusetzen, kann eher zu einer Überforderung und damit letzten Endes Desinteresse der Betroffenen führen.

Die Fragestellung an die Sozialwissenschaft, da sie zuständig ist. Hinweis auf die beiden anregenden „Dilettanten" Lynch und Waterhouse.

Vom Anliegen der Formung und „Gestaltung" der „Gebauten Umwelt" her ist die Fragestellung an die Sozialwissenschaft bisher weder umfassend noch präzise genug herangetragen worden. Um die Diskussion zu eröffnen und erfolgreich weiterführen zu können und gewisse Gemeinsamkeiten zu bestätigen und herauszuarbeiten, wird es sich zumindest im Anfang nicht vermeiden lassen, das zu tun, wovor offensichtlich ein Großteil der Wissenschaftler Bedenken zeigt, nämlich, wie es H. P. Bahrdt nennt, in die Nachbardisziplin „hereinzudilettieren".

K. Lynch mit seinem Buch „Das Bild der Stadt" und A. Waterhouse in seiner hiermit veröffentlichten Studie haben diesen Versuch unternommen. Beide sind Stadtplaner, die ursprünglich von der Architektur her kommen. Sie hatten nicht die Absicht, sozialwissenschaftliche Studien zu verfassen, sondern sie wollten vielmehr mit den ihnen eigenen Kenntnissen von den Möglichkeiten der Sozialwissenschaft auf diese Weise die Frage stellen, deren Beantwortung bis zum praktisch anwendbaren Modell führen sollte. Waterhouse versucht kritisch von den Ergebnissen Lynchs aus weiter zu gehen. Zu beiden Arbeiten werden weitere Hinweise im passenden Zusammenhang gegeben werden. Aufgabe der Sozialwissenschaften wird es sein, die Indikatoren zu finden, die alle intervenierenden Variablen beschreiben und ihren Stellenwert in dem System „Gesellschaft – Gebaute Umwelt" unter unserem Aspekt anzeigen.

Begriff der „Gebauten Umwelt"

Unter „Gebauter Umwelt" wird alles „Gebaute", im weitesten Sinne – man denke an Pflanzen-„bau", Wald-„bau", Kultur-„bau" – verstanden, das uns umgibt. Vom sozialwissenschaftlichen Standpunkt erscheint schon der Terminus „Umwelt" dafür willkürlich, er soll auch hier in Unterscheidung zu dem streng definierten Umweltbegriff der Umweltforschung verwendet werden.

Einleitung

Gegen den Versuch, den Umweltgedanken auf den Menschen zu übertragen, sind gerade von dieser Seite zahlreiche Bedenken erhoben worden. Die Kritiker betonen die „Weltoffenheit" des Menschen, der gerade im Gegensatz zu den Tieren, die in ihren ortsspezifischen Umwelten eingeschlossen bleiben – umweltenthoben – sei; er habe daher keine „Umwelt" sondern „Welt". (Vgl. K. Pawlik, Dimensionen des Verhaltens).

Objektivationen – Zeichensystem – Semiotik

Das menschliche Ausdrucksvermögen besitzt die Kraft der Objektivation, das heißt, es manifestiert sich in Erzeugnissen menschlicher Tätigkeit, welche sowohl dem Erzeuger als auch anderen Menschen als Elemente ihrer gemeinsamen Welt „begreiflich" sind. Objektivationen durch Ausdruck sind mehr oder weniger dauerhafte Indikatoren subjektiver Empfindungen. Die Wirklichkeit der Alltagswelt ist nicht nur voll von Objektivationen, sie ist vielmehr nur wegen dieser Objektivationen wirklich. Man ist dauernd umgeben von Objekten, welche subjektive Intentionen der Mitmenschen „proklamieren", obgleich man manchmal nicht sicher ist, was ein bestimmter Gegenstand eigentlich proklamiert. Ein besonderer, aber auch besonders wichtiger Fall von Objektivation ist die Zeichengebung. Das Zeichen kann von anderen Objektivationen dadurch unterschieden werden, daß es ausdrücklich ein Hinweis auf subjektiv Gemeintes sein soll. Selbstverständlich lassen sich alle Objektivationen als Zeichen verwenden, auch wenn sie ursprünglich nicht dazu bestimmt waren. Der Mensch bündelt gleichsam seine Zeichen zu ganzen Systemen.

So ist die „Gebaute Umwelt" als ein solches Zeichenträgersystem zu beschreiben. Sie enthält allerdings nur wenige Dinge, die nichts sein sollen (z. B. Denkmäler, Werkaufschriften, Namens- und Straßenschilder, Verkehrszeichen usf.), die allermeisten haben nicht nur diese, sondern eine andere Funktion, als Mittel für all das zu dienen, was menschliche Gruppen tun oder brauchen (z. B. die Straße zum Fahren und Gehen, die Straßenkurve, um die Fahrtrichtung zu ändern; Fenster, um Licht und Luft hereinzulassen oder hinauszuschauen; Bäume, um Wind oder Sonnenstrahlen abzuhalten oder etwas abzudecken). Sie werden also nicht nur um der Zeichen aller Art (Anzeichen, Indizien usw.) willen wahrgenommen, sondern auch an sich, als Objekte, d. h., ohne etwas anderes als sie selbst zu bedeuten.

Beides ist schwer voneinander zu trennen und noch schwieriger getrennt voneinander zu beschreiben. Mit dem Begriff der „Bedeutung", der hier eingeführt werden muß, wird bereits auf das weite Gebiet der „Semiotik" verwiesen, deren semantischer Aspekt sich mit ihr beschäftigt. Wenn Zeichenserien mit noch so hoher syntaktischer Genauigkeit übermittelt würden, blieben sie doch völlig sinnlos, wenn Sender und Empfänger sich nicht im voraus über deren Bedeutung geeinigt hätten; jede Nachricht setzt also ein semantisches Übereinkommen voraus. (Z. B. wenn „Architektur", d. h. Zeichen aus einem begrenzten architektonischen Repertoire „gesendet" werden, über deren qualitative Bewertung nur innerhalb einer kleinen Gruppe „Sachverständiger" Konsens besteht, kann dies für alle anderen so bedeutungslos bleiben, daß es u. U. kaum wahrgenommen wird und die erhoffte Wirkung verpufft.) Über alle Dinge der Gebauten Umwelt werden dauernd Zeichen gesendet, die „Sender" mögen sich dessen bewußt sein, es beabsichtigen oder nicht. Z. B. werden die Informationen, die ein völlig vernachlässigter Vorgarten vermittelt, vom „Sender" in der Regel nicht beabsichtigt sein; aber selbst hierbei ist für den richtigen Empfang ein sozialer Konsens, ein Code gewissermaßen, erforderlich.

Pragmatischer Aspekt

Schließlich beeinflußt jede Kommunikation das Verhalten aller Teilnehmer, dies ist ihr pragmatischer Aspekt. Hier unterscheidet er sich wesentlich von anderen Kommunikationsmedien, wie z. B. der Sprache, dadurch, daß der Gesichtspunkt der Örtlichkeit stets mitspielt. Wir können annehmen, daß man sich in der Örtlichkeit zuerst „orientieren" will, in dem Sinne, nicht nur zu wissen „wo" man ist, sondern auch jederzeit bei Bedarf aus allen Richtungen dorthin wieder zurückzufinden. Das hat nicht nur eine praktische Seite (für den Ortsfremden z. B. oder für das heranwachsende Kind), sondern es entspringt dem allgemeinen Sicherheitsbedürfnis, Unbekanntes in Bekanntes zu verwandeln. Es führt zur Identifikation mit der Örtlichkeit. Man will aber auch wissen, *was* sich wo ereignet. Zu diesem Zweck wird man alle möglichen Informationen über die örtliche Gesellschaft über und aus der Gebauten Umwelt aufnehmen und auswählen, je nach Art und Maß dieses „Was". Es führt mit zur örtlichen Integration. In jeder Örtlichkeit der Gebauten Umwelt gibt es ungezählte mögliche Anordnungen und Lagebeziehungen ihrer Elemente, die es zum Teil sehr erleichtern, zum Teil auch recht erschweren können, sich zu merken, wo was ist.

In der Praxis der Anwendung kommt es da auf das an, was mit einem vorläufigen Arbeitsbegriff „Räumliche Fassung" genannt werden soll: alles so anzuordnen, daß es in der Kombination von „wo" und „was" einmalig, unverwechselbar und damit merkbar bleibt.

Syntaktischer Aspekt, räumlich und zeitlich

Wir sind damit von dem hier im Vordergrund stehenden pragmatischen Aspekt wieder auf den syntaktischen zurückgekommen. Es ist einleuchtend, daß die Elemente eines Systems nicht für sich, additiv beschrieben werden dürfen, weil es auf deren Relationen entscheidend ankommt. Bei der „Gebauten Umwelt" als Kommunikationsmedium handelt es sich dabei neben den sachlichen vor allem um räumliche, örtliche aber auch um zeitliche Relationen. Die syntaktische Beschreibung wird daher besonders kompliziert, da es sich praktisch um 4 Signaldimensionen handelt. Für die Bedeutung von Zeichen ist es entscheidend, wie sie mit- und zueinander stehen; zumal sie in der „Gebauten Umwelt" fast alle fest stehen (als Dauer- oder Merk-Zeichen, in der Fachsprache auch

Einleitung

„Marken" genannt, im Unterschied zu den mit dem Zeichengebungsvorgang vergebenden Zeichen, z. B. dem verhallenden Ton). Hier sind sie „Immobilien".

Trotzdem handelt es sich um Abläufe von Informationsflüssen in der Zeit; das Individuum kann Informationen nur nacheinander aufnehmen, auch wenn sie nebeneinander im Raume angeboten werden, wobei es die Zeichen mittels den — meist unbewußten — Augen- und Kopfbewegungen nacheinander absucht. Dazu kommt, daß die „Empfänger" in der „Gebauten Umwelt" in der Regel „unterwegs" sind, die Zeichenträger also an ihnen „vorbeilaufen", wenn man den Empfänger als stehend beschreibt. Sie bewegen sich in der „Gebauten Umwelt" mit einer gewissen Regelmäßigkeit, zeitlich und örtlich, auf innerhalb jener von anderen Elementen und Relationen bestimmten Wegen (z. B. Arbeits-, Schul-, Einkaufs-, Spazierweg u. ä.). Das ist für die praktische Anwendung außerordentlich wichtig.

Damit gilt aber auch alles schon für Informationsabläufe bisher Erarbeitetes. Wir wissen:

Informationsmenge. Quantifizierung in „bit"

Mehr als 160 Bit-Informationen kann das menschliche Bewußtsein nicht gleichzeitig gegenwärtig haben. 160 Bit verteilen sich im höchsten Falle auf 32 verschiedene Zeichen oder andere wahrnehmbare oder vorstellbare Objekte. Die zu häufige Benutzung eines Ausdrucksmittels macht dies zu vertraut und damit unauffällig. Aus Versuchen hat sich ergeben, daß uns pro Sekunde nur etwa 16 Bit bewußt werden können, und daß uns alles, was uns bewußt wird, höchstens etwa 10 Sekunden bewußt bleibt, soweit wir es nicht durch Konzentration darauf im Bewußtsein „bewahren". Nur rund der 30. Teil der Information, welche im Bewußtsein war, kann dorthin aus dem vorbewußten Gedächtnis später wieder zurückgerufen werden, denn das vorbewußte Gedächtnis nimmt nur etwa 0,7 Bit/Sekunde auf — ein Wert, der bei Ermüdung bis auf den dritten Teil sinkt.

Nicht mehr memorierte, also weniger wichtige Gedächtnisinhalte werden vergessen. Die Vermutung liegt nahe, daß wegen des vorauszusetzenden endlichen Fassungsvermögens jedes der beiden Teile des vorbewußten Gedächtnisses ebensoviel Information vergessen werden muß, wie in derselben Zeit aufgenommen wird (vgl. H. Frank, Informationspsychologie).

Wir wissen aus der Informationstheorie, daß es nicht nur auf die Gesamtmenge in „bit", sondern auf die Wahrscheinlichkeit der einzelnen Informationen ankommt. Jeder weiß, daß etwas Seltenes, also Informationsreiches, uns mehr überrascht und daß seine Aufnahme ins Bewußtsein nicht so rasch erfolgt, wie dies bei etwas Häufigerem, also Informationsarmen der Fall wäre. Als informationspsychologische Definition des Lernens wird die Verringerung der in der Umwelt steckenden, bisher unbekannten subjektiven Information angesehen. Dabei muß berücksichtigt werden, daß in einem Kommunikationsablauf jeder Austausch von Mitteilungen die Zahl der nächstmöglichen Mitteilungen verringert.

Isomorphie: Kommunikationssystem – Beziehungssystem

Schließlich kommt es im sozialen Bereich nicht so sehr auf den Inhalt der Kommunikation, sondern auf die zwischenmenschlichen Beziehungen an. Kommunikationsabläufe mit bestimmter Kommunikationsstruktur – einschließlich der Zeitkomponente – können ebenso wie Beziehungs- und Interaktionsabläufe als „Systeme" aufgefaßt werden, wobei alle Begriffe der „System-Theorie", insbesondere der der „Isomorphie", anwendbar wären: So ließen sich Beziehungssysteme als Kommunikationssysteme beschreiben und die Fragen beantworten: warum entstehen und bestehen bestimmte Beziehungen?

Wahrnehmung, individuell (mit Exkursen)

Die „Gebaute Umwelt" als Zeichenträgersystem vermittelt einen wesentlichen Teil der gesamten gesellschaftlichen Kommunikation. Ein ständiger Informationsfluß geht von diesem System an jedes einzelne Individuum, das sich in der „Gebauten Umwelt" aufhält bzw. in ihr bewegt, soweit es ihn wahrnimmt. Es ist also für die Beantwortung der an uns gestellten Fragen von besonderem Interesse, welche Faktoren das Wahrnehmen und Erleben des Individuums beeinflussen. Dabei muß berücksichtigt werden, daß Wahrnehmung immer Projektion des „Ich" auf das Objekt einschließt und damit subjektiv ist. Das Erleben oder besser das „Wahrnehmen" der „Gebauten Umwelt" unterliegt also einer Vielfalt subjektiver Faktoren. Für eine möglichst einfache und verständliche Darstellung des Unterschieds zwischen dem subjektiven Erleben des Einzelmenschen und den Vorgängen in der erlebnisunabhängigen Natur haben sich die Begriffe „subjektive Wirklichkeit" und „objektive Wirklichkeit" bewährt. Die „subjektive Wirklichkeit" umfaßt alle Erlebnisinhalte des Menschen, wobei die Behauptung impliziert ist, daß Gedanken, Gefühle, Triebregungen sowie Wahrnehmungen und Empfindungen zum Zeitpunkt ihres Erlebtwerdens nicht weniger wirklich und existent sind, wie irgend ein anderer, faßbarer Gegenstand (vgl. Hall, A. D./Fagen, R. E., Definition of System, 1956).

„Objektive Wirklichkeit" ist alles, was an Elementarteilchen, Atomen, Molekülen und aus ihnen zusammengesetzten Körpern sowie an Auswirkungen ihrer Bewegungen vorhanden ist. Aus den Beziehungen zwischen diesen beiden Wirklichkeiten ergeben sich bekanntlich Probleme, die in den Bereich des Psychologischen gehören. Der ontologische und erkenntnistheoretische Aspekt interessiert hier nicht. Ein Beispiel für die dabei entstehenden Schwierigkeiten sind die Helligkeiten und Farben. Es steht außer Zweifel, daß die Helligkeiten und Farben zur subjektiven Wirklichkeit gehören, weil sie Empfindungen sind; der ihnen zugrundeliegende Reiz besteht in der reflektierten elektromagnetischen Strahlung, die in den Sinneszellen der Netzhaut in Erregung transformiert wird. Aber nicht nur hell oder farbig sind subjektive Erlebnisinhalte, sondern auch dunkel oder schwarz – Empfindungen, von denen man annimmt, daß ihre Erregungsgrundlagen durch das Fehlen von Reizen entstehen.

Einleitung

Dieser Exkurs scheint erforderlich, weil man weiß, daß verschiedene Menschengruppen je nach Volk, Herkunft, Geschlecht, Alter, Klima, Saison und sozialer Stellung bestimmte Farben und Farbkonstruktionen vorziehen und andere Töne und ihre Verbindungen deutlich ablehnen. Psychologische Untersuchungen zum Gefühlswert und Gefühlston bestimmter Farben haben gezeigt, daß die Wirkung der Farbe bestimmte Erinnerungen und Assoziate unterstützt. Weiterhin ergab sich ein Überwiegen der Farbbeachtung bei Kindern und eine allmähliche Abnahme mit zunehmenden Alter. Angewandte Ergebnisse finden sich bisher nur in Werbung und der Industrie (vgl. J. Kropff, Angewandt in Werbung und Vertrieb).

Dem Sinnesorgan verdankt der Mensch das Bewußtsein der Außenerscheinungen und Ereignisse, die sich außerhalb des menschlichen Organismusses abspielen und setzen durch Reize als auslösende Faktoren einen Nervenprozeß einer Empfindung in Gang. Adäquat abgestimmt auf den nervösen Bau des Sinnesorganes bedeutet Reiz über die Empfindung den Anstoß zur äußeren Wahrnehmung, eingeengt durch die Aufnahmefähigkeit der Sinnesorgane, durch Reizhöhe und die Reizschwelle. Unter Reizhöhe wird die obere Grenze verstanden, bis zu der ein Sinnesorgan Reize empfindet. Die Reizschwelle als Minimalempfindung bezeichnet die untere Grenze. Nach der bisher geltenden Wahrnehmungstheorie, die der Mosaikvorstellung und Assoziationslehre die Möglichkeit von Wahrnehmungen durch die menschlichen Sinnesorgane zu erklären versuchte, ist die „Empfindung" gewissermaßen das brachliegende Rohmaterial, die „Wahrnehmung" das in Verarbeitung befindliche (vgl. Gleess, P., Das menschliche Gehirn, 1968).

Als in „Perzeption" erscheint in dieser Schule quasi die Vorstufe der Apperzeption des Begreifens, der Klärung der Auffassung über eine Wahrnehmung. Diese Erklärung, auf die sich wesentliche Leitsätze der philosophischen Psychologie gründen, ist ins Wanken geraten durch die Annahme der Ganzheitslehre. Sie rückte die Probleme der Wahrnehmung in den Vordergrund. Die Ergebnisse dieser Forschungen weisen wiederum in die Richtung der Gestaltpsychologie.

Man darf annehmen, daß bei Formen, Konturen, Gestalten, kurz bei Abhebungen von einem Untergrund und Abgrenzungen gegen andere gleichzeitige Reizgebilde, eine einigermaßen richtige Wiedergabe der objektiven Wirklichkeit vorliegen könnte, und es hat sich bewährt, sich so zu verhalten, als ob die wahrgenommenen Konturen auch objektiv bestünden. Bei allen unseren Bewegungen, Entfernungsschätzungen, Unterscheidungen von harten Körpern und ihren Grenzen gegen Luft oder Wasser bewährt sich ununterbrochen die Hypothese, daß die objektive Wirklichkeit hinsichtlich der Anordnung der in ihr befindlichen molekularen und atomaren Gebilde so sei, wie wir sie in unserer subjektiven Welt wahrnehmen.

Inwieweit ist das Wahrnehmungsfeld des normalen Erwachsenen, das unmittelbaren Untersuchungen zugänglich ist, nicht entweder — trotz der Mannigfaltigkeit örtlich und zeitlich voneinander abweichender Reizwirkungen — ein Strom ohne Grenze oder andererseits ein Chaos unzähliger Sensationen.

Die Beobachtung der Entwicklung eines Individuums zeigt, daß es die charakteristischen Eigenschaften der Außenwelt erst langsam entdeckt und daß diese Erkennung der Außenwelt nur schrittweise vorangeht. Es hat den Anschein, daß das Kleinkind von Anfang an Gegenstände der Außenwelt als Formen auf einem Hintergrund sieht und daß diese „Gestalt-Hintergrundorganisation" weder von der Reizstärke der Sinneseindrücke noch durch die organisatorischen Gesetze der Gestalttheorie gebildet wird. Der Aufbau der Außenwelt erfolgt im Hinblick auf die Bedürfnisse der eigenen Persönlichkeit, und nur solche Objekte der Außenwelt werden „empfunden", die für das Kind eine besondere Bedeutung haben. Das Kleinkind scheint also einen „Totaleindruck" der Objekte der Außenwelt, soweit sie ihm verständlich sind, zu bekommen. Selbst Erwachsene behalten diese frühkindlichen Eigenschaften der Ganzheit. Wesentlich für die Wahrnehmung der Objekte in der Außenwelt ist die Bewegung des Objektes vor dem Hintergrund. Wir wissen aus der Erfahrung des täglichen Lebens und aus der Beobachtung der Tierwelt, daß stillsitzende, ruhende Objekte sich nicht dem Beobachter aufdrängen oder auffallen. Nur in dem Augenblick, wenn Bewegungen ausgeführt werden, werden die Objekte überhaupt erst bemerkt und dann richtig erkannt. Selbst wenn wir ein nur zweidimensionales Bild betrachten, versuchen wir von uns aus, doch eine Bewegungskomponete hineinzubringen, indem wir das zu beschauende aus verschiedenen Blickwinkeln betrachten. So gesehen wird das Individuum auch seine „Gebaute Umwelt" unter ständig wechselnden Standpunkten wahrnehmen. Gleichzeitig wird es auch entsprechend seiner Entwicklungsphase unterschiedlich seine Umgebung empfinden. Der mühsame Aufbau der Raumwelt dauert bis in die ersten Schuljahre hinein. Dies wird dem Erwachsenen dann bewußt, wenn er ein Schulkind dazu anhält, eine Skizze des elterlichen Hauses oder eine Skizze des Nachhauseweges anzufertigen. Diese Skizzen entsprechen keineswegs der Wirklichkeit, obschon das Kind sich natürlich zu Hause zurück — und auch den richtigen Weg zum Elternhaus zurück — findet.

Der alte Mensch dagegen lebt mehr in der Vergangenheit. Das hat viele Ursachen; es liegt teilweise darin begründet, daß die Sinnesorgane schlechter und langsamer arbeiten. Damit wird der alte Mensch den Anregungen der Außenwelt mehr und mehr entzogen und ist auf sich selbst angewiesen. Wahrscheinlich kommt noch hinzu, daß das gedächtnisspeichernde Material in den Nervenzellen verbraucht oder seine Herstellung erschöpft ist. Andererseits ist das Gedächtnis für vergangene Dinge auffallend gut, zeigt aber die Unfähigkeit, akute Sinneseindrücke schnell zu verarbeiten und zu speichern.

Das Verhältnis der Individuen zu einer künstlich belebten Umgebung und damit auch der gebauten Umwelt, ist abhängig von zahlreichen psychologischen Variablen, die sich trotz vieler Modellansätze bisher nicht in ein System bringen ließen.

Soziale Wahrnehmung (mittelbarer sozialer Einfluß)

Die Einstellung, die der einzelne mit in eine Wahrnehmungssituation bringt, ist eine Funktion seiner beherrschenden Motive, Bedürfnisse, Haltungen und Persönlichkeitsstrukturen, die ihrerseits wieder Produkte der Wechselwirkung zwischen dem Organismus und seiner sozialen Umwelt sind. Diese Tatsache, daß Einstellungen und Werthaltungen im Verlauf der Sozialisierungsprozesse sozial geprägt werden, ist nicht zu bestreiten und damit ebensowenig die Behauptung, daß alle Wahrnehmung mehr oder minder soziale Wahrnehmung ist.

Soziale Wahrnehmung ist eine allgemeine Bezeichnung für die Abhängigkeit des Wahrnehmens und im weiteren Sinn der kognitiven Orientierung der Persönlichkeit von sozialen oder sozial bedingten Faktoren. Der menschliche Wahrnehmungsvorgang wird strukturell und funktionell durch die soziokulturellen Bezugssysteme des Individuums mitbedingt, die mittelbar in Form von Motiven, Einstellungen, Erwartungen und Abwehrhaltungen sowohl die Erfassung der Gegenstandswelt als auch sozialer Objekte und Situationen beeinflussen. Was und wie eine Person wahrnimmt, wird von inneren motivationalen Faktoren mit determiniert, die selegierend und fixierend das Wahrnehmungsgeschehen bestimmen.

Selektivität muß in diesem Zusammenhang als wichtiges Merkmal von Einstellungen genannt werden. Dazu kommt, daß die Eigenart des selektiven Wahrnehmens, nämlich Dinge bewußt oder unbewußt wegzulassen, von solcher Komplexität ist, daß sie von kaum einem der Betroffenen erkannt bzw. artikuliert werden kann. Der Begriff der „Selektivität" wird in der gegenwärtigen Experimentalpsychologie keineswegs eindeutig verwendet. Auch wenn er von Fall zu Fall operational definiert wird, muß man sich fragen, auf welcher theoretischen Grundlage ermöglicht ist, derart verschiedene Beobachtungen unter einen Begriff zu fassen.

Gleichermaßen verunsichernd kann sich das Phänomen der Perseveration auswirken, die Tatsache nämlich, daß „kognitive Prozesse" langsamer beginnen und abklingen als ihre augenscheinlichen Ursachen. Das muß berücksichtigt werden, wenn man davon ausgeht, daß Bekanntheit, leichte Erkennbarkeit, Unterscheidbarkeit und Bedeutung Funktionen der Erfahrung sind. Vor allem können aus früheren Erfahrungen Einstellungen entstehen, die ihrerseits die Wahrnehmung modifizieren. Die Wahrnehmung stellt demnach einen Kompromiß dar zwischen dem, was das Individuum tatsächlich an Gegebenem vorfindet, und dem, was es zu sehen erwartet, wünscht oder zu vermeiden sucht.

Einfluß der Einstellung auf die Wahrnehmung

Die psychologische Forschung hat zahlreiche Ansätze entwickelt, um menschliche Einstellungen und Verhaltungsweisen zu messen. Es ist üblich, soziale Einstellungen operativ mit Hilfe von Skalen als verbale Reaktion auf Fragen über Meinungen zu bestimmten Objekten der sozialen Umwelt zu definieren. Richtung und Ausprägungsgrad der Attitüden werden durch die Position auf einer Skala im Verhältnis zum Mittelpunkt dieser Skala bestimmt.

Die Thurstone-Methode war lange Zeit die am häufigsten gebrauchte Skalierungstechnik in der Einstellungsforschung. In Untersuchungen der letzten Jahre wird allerdings diese Methode nur noch sehr selten angewandt. An ihre Stelle sind die Lickert- und die Guttman-Technik getreten. Bei der Thurstoneschen Methode wird eine Vielzahl von „statements" zu einem bestimmten Gegenstand (z. B. Kirche) Sachverständigen („judges") zur Beurteilung vorgelegt. (z. B. Kirche) Sachverständigen „judges" zur Beurteilung vorgelegt. untersuchen, welcher Grad an positiver oder negativer Einstellung gegenüber dem betreffenden Gegenstand aus ihm spricht. Der Befragte muß bei der Befragung angeben, ob er dem jeweiligen statement zustimmt, oder ob er es ablehnt. Die entscheidende Schwäche der Thurstoneschen Methode liegt in der Verwendung der Sachverständigenurteile als vorgebliche objektive Basis der Messung. Bei den modereren Skalierungsverfahren von Lickert und Guttman sind es die Befragten selbst, die über die Aufnahme eines statements in die Skala entscheiden und dadurch auch über ihre eigene Position auf dem Einstellungskontonuum.

Einfluß der Wertvorstellungen auf die Wahrnehmung, deren mögliche Typologie

Von besonderer Schwierigkeit ist es, Ziel- und Wertvorstellungen der einzelnen Betroffenen zu erfassen, die deren Verhalten und Einstellung und damit die Wahrnehmung beeinflussen. Solche Messungen im Hinblick auf Persönlichkeit und Wertvorstellungen verlangen auch hier vollständige Kenntnis der auslösenden Faktoren.

Der einzelne entwickelt sich, wie wir wissen, unter dem Einfluß von Wertschemata, deren Beachtung er als wünschenswert empfindet, auch wenn er nie Vollkommenheit darin erreicht. In Übereinstimmung mit solchen Schemata wählt er seine Wahrnehmungen, befragt er sein Gewissen, hemmt er irrelevante oder ihm entgegengesetzte Verhaltenslinien, bildet er Untersysteme von Gewohnheiten, je nachdem sie in Einklang mit seinen Verpflichtungen stehen oder nicht. Verhaltensmuster üben in dem Maße, in dem sie sich entwickeln, einen dynamischen Einfluß auf spezifische Wahlhandlungen aus. Wenige unserer Wertorientierungen bieten Aussicht auf vollständige Verwirklichung. Doch alle solche Ziele üben, obwohl sie unerreichbar sind, in der Gegenwart einen dynamischen Einfluß auf das tägliche Verhalten und dadurch auch unmittelbar auf den Verlauf des Werdens aus. Dabei darf man aber nicht in den Fehler verfallen, die Rolle der Wertschemata zu stark zu betonen.

Vielen Individuen fehlt die Bindung an derartige ideale Ziele. Auch die bestintegrierten Persönlichkeiten handeln nicht immer in voller Übereinstimmung mit ihren Wertschemata. Darüber hinaus veranlassen uns die Anforderungen unserer Umgebung, zahlreiche relativ unstabile und personalperiphere Systeme des Verhaltens aufzubauen. Wir wissen, daß viele Verhaltensweisen in bestimmten Situationen typisch wiederkehren, aber wir wissen auch, daß eine derartige Erscheinung nichts als rollenhafte Züge unserer Person darstellt und nicht etwa zentral für unser Selbstbild ist. In diesem Zusammenhang liegt es nahe, zu überprüfen, inwieweit derartige Wertschemata zu verallgemeinern sind. Dabei wäre denkbar, eine Typologie der Individuen zu entwickeln, die eine bestimmte Form der Wertschemata bevorzugen. Die typologische Betrachtung geht jeweils davon aus, daß mehrere Individuen in ihrem Gesamtbild und nicht nur hinsichtlich eines einzigen Merkmals einander ähnlich erscheinen, während sie sich von anderen Individuen deutlich abheben. Das typologische Verfahren empfiehlt sich stets zur anfänglichen Orientierung in einem Gegenstandsgebiet, dessen Merkmalstruktur noch unbekannt ist. Die so gewonnene Ordnung erweist sich allerdings im späteren Verlauf der Forschung meistens als überprägnant, da sich eine Variationsbreite der in einer Typengruppe vereinigten Erscheinungen meistens unterschätzt und dafür die Unterschiede zwischen den verschiedenen Typengruppen überschätzt.

Reine Idealtypen sind nicht verifizierbar und wollen es auch nicht sein. Ihre empirische Fruchtbarkeit ist begrenzt in der Aussage: sofern ein Mensch im gegebenen Augenblick „theoretisch" eingestellt ist, wird er so denken, fühlen wollen und sich so verhalten, wie eine bestimmte Auslösesituation aufrechterhalten wird. Die Aufstellung von Typologien ist von den verschiedensten Sozialwissenschaftlern immer wieder versucht worden. Eine auf den Ergebnissen der Vorläufer aufgebaute Typologie in Gestalt des von G. W. Allport und B. E. Vernon (1931–1951) entwickelten Fragebogen (Study of Value) für die Individualdiagnose hat sich als brauchbar erwiesen.

A. Waterhouse hat in seiner Studie diesen Test bei seinem Versuch verwendet, den Einfluß von Wertvorstellungen und Einstellungen gegenüber der Gebauten Umwelt aufzuhellen.

Einfluß der unmittelbaren sozialen Determinanten (akute Situation) und Einfluß der Versprachlichung

Die Typenbildung ist also sicher eine anwendbare Methode, doch sind mit ihr die Fragen nicht gelöst, da in den örtlichen Gruppen verschiedene Typen vertreten sein können. Denn neben die mittelbare soziale Determination des Wahrnehmens tritt dann noch eine unmittelbare Beeinflussung als Auswirkung der sozialen Situation, d. h. die Wahrnehmung vollzieht sich in Anwesenheit anderer Personen, also in Gruppensituationen. Untersuchungen von Sherif, Asch, Sodhi u. a. haben ergeben, daß sich die Persönlichkeit kognitiv orientiert an den tatsächlichen oder vermutlichen Stellungnahmen und Verhaltenserwartungen der eigenen oder einer fremden Gruppe. Das Individuum kann also nicht herausgelöst aus seiner sozialen Umwelt gesehen werden, sondern auch seine sozialen Beziehungen müssen berücksichtigt werden. Von daher wäre also zu prüfen, inwieweit aktuelle Partnerschaftsbeziehungen die Wahrnehmung des Individuums beeinflussen. Aus der allgemeinen Erfahrung heraus, daß verschiedene Menschen dieselbe Umwelt zur selben Zeit ähnlich und anders erleben können, ergibt sich für die Empirie die Fragestellung, inwieweit das Individuum eine Umwelt anders erlebt, wenn es sie mit Kindern oder alten Menschen, mit Freunden oder Fremden zusammen erlebt.

Alle damit zusammenhängenden Vorgänge beeinflussen die Wahrnehmung, sie können sie verengen, oder auch erweitern, ebenso wie ihre im sozialen Rahmen vorgenommene „Versprachlichung". Die Sprache, ein System aus vokalen Zeichen, ist das wichtigste Zeichensystem der menschlichen Gesellschaft. Die allgemeinen und gemeinsamen Objektivationen der Alltagswelt behaupten sich im wesentlichen durch ihre Versprachlichung. Vor allem anderen ist die Alltagswelt Leben mit und mittels der Sprache, die man mit den Mitmenschen gemeinsam hat. Das Verständnis des Phänomens Sprache ist also entscheidend für das Verständnis der Wirklichkeit der Alltagswelt. Das heißt, in unserm Sinne, erst die Fähigkeit, die „Gebaute Umwelt" sprachlich zu erfassen, die gesetzten Zeichen zu erkennen und weiter zu vermitteln, bedeutet Identifikation, Orientierung und Sicherheit. Sprache nämlich hat die Kraft, nicht nur fern der Allwelterfahrung, Symbole zu bilden, sondern sie umgekehrt auch wieder in die Alltagswelt zurückzuholen und dort als objektiv wirkliche Faktoren zu präsentieren.

Die Wirkungen der Versprachlichung liegen vor allem in sozialen Interaktionen, die die „Gebaute Umwelt" betreffen. Dies ist für die Anwendung, besonders im politischen Bereich der Gebietskörperschaften, sehr wichtig. Die zentralen, öffentlichen, außerhalb der Wohnung liegenden Kommunikationsfelder werden von Menschen durchmessen, die sich in Bewegung befinden, die sich zu Gruppen zusammenfinden, die schnell wieder auseinanderfallen.

Emotionale Bindungen an den eigenen Stadtteil überlagern sich dabei mit urbaner Öffentlichkeit, doch verdichten sich die sozialen Interaktionen in der eigenen Wohngegend. Schon das eigene Wohnviertel wird von seinen Bewohnern nur selektiv benutzt: der durchlebte Raum – espace récu – ist immer kleiner als das Viertel selbst. Nur ein Ausschnitt, der sich aus der Interaktion des täglichen Lebens ergibt: erst recht wird der Gesamtraum der Stadt nur selektiv in Benutzung genommen (vgl. P. H. Chombart de Lauwe – L'intégration du citadin à sa ville et à son quartiert, 1961–63).

Es kommt wahrscheinlich auf zahlreiche räumliche und soziale Komponenten an, ob die, auch über die Versprachlichung vermittelten Erlebnisse und Erfahrungen eine Umwelt entstehen lassen, die „ein soziales Engagement" aufkommen läßt (A. Mitscherlich – die Unwirtlichkeit unserer Städte).

Notwendigkeit, die Ergebnisse der Sozialwissenschaft bis zur praktischen Entscheidungshilfe für die „Planung" weiterzuentwickeln – Anwendung

Bisher wurde versucht, eine grobe Übersicht der sozialwissenschaftlichen Probleme zu geben, die bei der Beschreibung der „Gebauten Umwelt" als Zeichenträgersystem und damit als Kommunikationsmedium auftreten. Die Klärung der Vorfragen ist verhältnismäßig weit gediehen, besonders kann mit dem neuen Begriffssystem der Semiotik die Zeichenträgerqualität der „Gebauten Umwelt" sehr differenziert beschrieben werden. Für Messungen liegen nur erste Versuche vor. Auch die zahlreichen Versuche auf dem Gebiet der Persönlichkeitsmessung haben bisher kaum mehr als erste Hinweise ergeben. Damit stehen der Anwendung im Vorfeld wohl schon verschiedene Methoden zur Verfügung, deren planungsrelevante Transformierung allerdings noch einige Schwierigkeiten machen wird. In Deutschland sind bisher kaum Ansätze für derartige sozialpsychologische Untersuchungen zu finden. Mag sein, daß die Sozialwissenschaften allzusehr die konkrete Umsetzung in die Praxis durch die technische Planung meiden, mit der Folgewirkung, daß in deren System die Variable Mensch und zwischenmenschliche Beziehung bislang unübersehbar blieb. Soziologie und Psychologie sind also noch weit davon entfernt, praktische Entscheidungshilfen geben zu können.

Wie müßten die Entscheidungshilfen aussehen? Das Zeichenträgersystem müßte nicht nur nach Art und Maß betrieben werden, sondern auch unter gesellschaftlichen Zielen bewertet werden können: Das Informationsbedürfnis der einzelnen Gruppen auf ihren verschiedenen Wegen zu den verschiedenen Zeiten müßte differenziert beschrieben und bemessen werden können. Bei aller interdependenten Wichtigkeit der drei Aspekte müßte hier an den pragmatischen Aspekt angeknüpft werden, wobei besonders die Seite des Empfängers, gewissermaßen als des Betroffenen entscheidend sein sollte: Was fängt er mit den Informationen an, was haben sie für Folgewirkungen für ihn, sieht er seinen Bedarf erfüllt?

Die Besonderheit der „Gebauten Umwelt" besteht darin, daß die meisten ihrer Elemente neben ihrer Zeichenträgerfunktion auch andere unentbehrliche Funktionen als Objekte des Gebrauchs haben, die ihren Kontext weitgehend bestimmen; es liegt ein Verbund von Funktionen vor, sie haben eine Verbundwirkung (die Straße z. B. ist zum Fahren da, als Mittel für die „Sicherheit und Leichtigkeit" des Verkehrs, sie kann schnurgerade auf die Mittelachse eines Schlusses zuführen, dabei entsteht ein Zeichenkontext, der ganz verschieden wahrgenommen wird, je nachdem, ob es sich um den Fahrer oder den Fahrgast handelt).

Solange solche Entscheidungshilfen, zumindest als grob annähernde Modellvorstellungen, die aber den laufenden Wandel der Variablen berücksichtigen sollten, nicht zur Verfügung stehen, bleibt für jeden, der praktisch „Gebaute Umwelt" verändert, zumindest bezüglich der Zeichenträgerfunktion alles offen. Eine Vielzahl von Alternativen steht zur Verfügung. Dabei ist die Entscheidung für einen bestimmten Lösungsweg, mit dem man sich befassen will, außerordentlich schwierig, weil Prioritäten selten auf einer objektiven Basis entwickelt werden. Dieses Unbehagen, aufgrund subjektiver Einschätzung von Bedürfnissen andere Entscheidungen zu treffen, hat dann dazu geführt, daß diese Art von „Planung" neuerdings als weitgehend undefinierter Prozeß gesehen wird. Ihre Voraussagen erwiesen sich selten als zutreffend, unvorhergesehene unliebsame Nebeneffekte traten ständig in Erscheinung.

Bisher fehlt der „Gesamtfragensteller", weil es keinen „Gesamtzeichensetzer" gibt. (Wer formt die „Gebaute Umwelt"?

In Anbetracht der Wichtigkeit, der weitreichenden Folgen dieser alle betreffenden, damit quasi öffentlichen Angelegenheit ist verwunderlich, daß bisher kein stärkerer Fragedruck auf die einschlägigen Wissenschaften ausgeübt worden ist, der sie zu einer viel weitergehenden Ausarbeitung von Entscheidungshilfen veranlaßt hätte, was aufgrund der Vorarbeiten durchaus möglich wäre. Es erklärt sich daraus, daß bisher kaum die Gesamtfrage gestellt wurde, weil es niemanden gab, der die Gesamtantwort gebraucht hätte.

Teilfragesteller gibt es (z. B. die Verkehrspsychologen, um die Verkehrssicherheit zu erhöhen). Sie haben meist definierte Ziele, um werten zu können. Auch alle, die werben wollen, kommen in Betracht; entweder mit speziellen Werbezeichen in der „Gebauten Umwelt", oder nur mit Standorten bzw. -plätzen, die im Kontext auf ihre Werbewirksamkeit beurteilt werden können. Die Gesellschaft für Konsumforschung war die erste, die für alle Großstädte der BRD die Geschäftslagen des Einzelhandels nach Anzahl der Werberichtungen und Fußgänger („Staffage"), nebst anderen Merkmalen verglichen und damit in Güteklassen eingeteilt hat.

Den Gesamtfragesteller gibt es nicht, weil es auch keinen „Gesamtzeichensetzer" gibt, sondern eine unübersehbare Vielzahl einzelner. (Die Folgen eines behördlich zugelassenen Einheits-Repertoires wären auch kaum auszudenken!)

Wer bestimmt nun die äußere Form der einzelnen Bauwerke, deren Anordnung, wer bestimmt den ganzen Zusammenhang, den Kontext; wobei es sich bei den Zeichen sowohl um „Großzeichen" – z. B. das Umrißbild eines Hochhauses im Abendhimmel – als auch um kleinste Details, also von accesorischen Bestandteilen handelt: Die privaten und öffentlichen „Bauträger", also die Investoren und alle ihre Erfüllungsgehilfen, aber auch die Nutzer, die Mieter von Läden, Wohnungen usw. Sie finden dabei einen Rahmen vor, den die Gebietskörperschaft setzt, indem sie Gelände erschließt, bestimmte Flächennutzungen ausschließt, im Bebauungsplan Geschoßzahl, Stellung und auch Gliederung des Baukörpers festsetzt usw. Auch das Maß der Nutzung, abstrakt bestimmt, ist relevant; die Art der Nutzung noch mehr. Details der äußeren Form können zwar nicht planungsrechtlich bestimmt werden, aber das Bauordnungsrecht gibt die Möglichkeit, auch darüber und über die Zulässigkeit von Werbeeinrichtungen, Satzungen der Gemeinde zu erlassen. Details sind relevant, aber sehr schwierig im Satzungstext formulierbar und noch viel schwieriger justiziabel. Als Zeichengeber betätigt sich auch jeder, gewollt oder ungewollt, der sich in der Gebauten Umwelt bewegt und so als deren „Staffage" wirkt, die aus dem gesamten Zeichenkontext nicht wegzudenken ist, ebenso wie Fahrzeuge und all die vielen Einzelgegenstände, einschließlich des Bewuchses.

Alle, die bestimmte Leute in bestimmten Situationen (Käufer, Verkehrsteilnehmer u. dgl.) ansprechen wollen, werden nur nach ihrem Teilbereich fragen und tun dies auch. Alle, die berufsmäßig Bauwerke errichten, insbesondere die

Architekten, werden die Frage in der oben ausgeführten Art nie stellen, weil sie sich selber für „sachverständig" halten und in der öffentlichen Meinung auch dafür gelten.

Exkurs über die Architekten-Auffassung

Warum halten sie sich für die berufenen Zeichengeber in der Gebauten Umwelt? Weil die allgemeine Meinung (seit der Renaissance — insbesondere aber seit dem Klassizismus der Zeit um und nach 1800) doch davon ausging, daß das Bedürfnis nach ästhetisch einwandfreier Formgebung ausschlaggebend sei. Die Meinung konnte sich um so leichter bilden, als man annahm, daß es eine absolute, objektive Norm für das „Ästhetische" gäbe und man diese in den Proportionsregeln der „Antike" besitze. Ab 1850 war dieser Glaube erschüttert; man erkannte jedem in sich einheitlich entwickelten, geschlossenen Stil (als Zeichenrepertoire) diesen Normcharakter zu, bis man alle Stilarten durchprobiert hatte und nach 1890 daran ging, einen „Neuen" zu erfinden (Jugendstil).

Damit war ein ständiger Stilwandel — ähnlich dem Wandel der Mode — eingeleitet und es gilt nunmehr das Repertoire des allerletzten oder besser, des „kommenden" Stils als Norm. Diese Normen werden von unterschiedlichen Architekturgruppen, innerhalb deren weitgehend Konsens besteht, bestimmt. Eine Einmischung des Auftraggebers oder der Gebietskörperschaft wird grundsätzlich unter Hinweis auf die Freiheit der Kunst abgelehnt.

War das alles, auf das Einzelbauwerk bezogen, verhältnismäßig einfach und einsichtig, so war es doch kaum auf eine Stadt oder einen Stadtteil anwendbar. Mit diesem Kontext von Alt und Neu wußte man nichts anzufangen. In der ersten Zeit des Klassizismus galt nur die geometrisch regelmäßige Anlage und deren einheitliche Bebauung als normgerecht. Von damals stammt das Bestreben, aus ästhetischen Gründen verschiedenen nebeneinanderstehenden Häusern gleiche oder einheitliche Fassaden zu geben. Im 2. Teil des vorigen Jahrhunderts wurde man der geometrisch regelmäßigen Anlagen überdrüssig und griff auf historische vorwiegend mittelalterliche Straßen- und Platzanordnungen zurück, die auch ihre Regelmäßigkeit — aber a-geometrisch — hatten, und daher als „malerisch" galten, weil sie gewisse optische Kulissen - und Reihungseffekte hervorbrachten. Zugleich mit dem „Jugendstil", als einer rationalen Gegenbewegung, kam das Bestreben auf, Gebäude aus wirtschaftlichen Gründen einheitlich sich wiederholend zu formen. Auch daraus wurden normative Stile.

Um die Jahrhundertwende fing die Baupolizei an, sich um die Form der Gebäude — unter dem Vorwand der Bauberatung — zu kümmern, getragen von einer breiten Bewegung Intellektueller. Das Ziel war — vereinfacht gesagt —, die Städte und Dörfer vor dem Eindringen historischer Stile, die noch dort traditionell waren, zu „schützen" und die Bauten, vornehmlich die Wohnbauten, wieder in den bescheiden-einfachen Formen „volkstümlicher", das heißt eigentlich in der Bauform der bürgerlichen und kleinbürgerlichen Wohnhäuser von 1750 bis 1850 zu errichten.

Alle diese Versuche und Bestrebungen sind heute noch im Prinzip lebendig, insofern, als sie normativ sein wollen, rein ästhetisch argumentieren (der heutige Fachausdruck dafür ist „gestalterisch"), wenn auch oft unter ökonomischer, sozialer oder kultureller Tarnung getragen sind von Architektengruppen, die sich als Sachverständigenelite verstehen.

Alle diese Leute und die von ihnen geschulten Bauleute werden nie die obigen Fragen stellen. Sie sind für sie gelöst, sobald Architekten, möglichst „gute" Architekten, d. h. die das Repertoire einer namhaften Architektengruppe anwenden, die Formgebung vollziehen. Das gilt sowohl für die einzelnen Bauwerke und alle sonstigen Gegenstände, als auch für die Stadt als Ganzes. Noch heute wird die Forderung erhoben, daß Baukünstler die Städte zu gestalten haben. Wer diese Forderung konsequent vertritt, muß selbstverständlich auch fordern, daß nicht eine Vielzahl, sondern *ein* Bauherr die Stadt zu bauen habe, weil ja nur dann der Erfolg gewährleistet sei, nämlich die „einwandfreie" Gestaltung der „Gebauten Umwelt". Der Ruf nach dem „allgebietenden" Bauherrn ist logische Folge des Besitzes einer objektiven Norm! Uns ist ohne weiteres klar, daß dies Irrwege sind, daß die ästhetische Norm in hohem Maß sozial geprägt ist und objektive, also in der menschlichen Natur und seiner Apparate begründete Bestandteile eines solchen Normrepertoires nur sehr schwierig herauszudestillieren wären.

Man darf nicht vergessen, daß nicht nur in einer „Herrschaftsgesellschaft", sondern bei starkem ökonomischen Gefälle, wenn verschiedene Schichten sowohl de facto als auch allgemein anerkannt übereinanderliegen, das Verhalten der „oberen" Schichten einen mehr oder weniger starken Einfluß auf die Verhaltensformen der „unteren" Schichten hat. Genau gilt die ästhetische Norm der oberen Schicht, wenn auch mit einer gewissen zeitlichen Verzögerung, besonders im Bauwesen, denn es müssen erst genügend Bauten der Oberschicht da sein, damit deren Stil allgemein als „schön" anerkannt, nun wieder als Norm in die kommenden Investitionen der Unterschicht einfließen kann.

Das, was sich als „Stadtbaukunst" darstellt, ist entweder die Anwendung eines historisch oder regional gegebenen, oder eines subjektiv gewählten Formenrepertoires. Allen diesen Repertoires, die sich ästhetisch geben, liegen soziale, ideologische oder politische Normvorstellungen zugrunde, selbst wenn sie aus ihnen umgekehrt nicht eindeutig ableitbar sind.

Interessant ist in diesem Zusammenhang auch, daß die Anwendung eines gleichmäßigen Straßenrasters mit rechten Winkeln, einheitliche, durch 4 Straßen gebildete Blocks mit blockweise einheitlicher Bebauung auf der einen Seite als der demokratische Städtebau bürgerlicher Chancengleichheit galt — andererseits auch von den Totalitären als *ihr* städtebaulicher Stil verstanden wurde, weil es so rational erschien, den stummen einzelnen in den Gesamtrahmen einzuordnen und Ordnung überhaupt versinnbildlichte; wobei die wenigen, im Schnittpunkt von Symmetrieachsen liegenden Plätze von den einen für die Parlamente, von den anderen für die Herrschaftspaläste vorbehalten wurden.

Dieser Exkurs war nötig, um sich in Erinnerung zu rufen, daß die vorwiegend oder ausschließlich ästhetische Bewertung der G. U. eine lange Tradition hat und, was noch wichtiger ist, von einer zwar nicht großen, aber auf dem Gebiet sehr einflußreichen Gruppe von sog. „Sachverständigen" – auch aus erheblichen Interessen materieller Art – und prestigebedingt aufrechterhalten wird.

Stadt als gegliedertes Ganzes erfaßbar?

Der Exkurs soll aber nicht so verstanden werden, daß es nicht schon immer ein Bedürfnis gewesen wäre, die Stadt als Ganzes und damit in ihrer Gliederung, in ihrer Gestalt zu erfassen und zu beschreiben. Dies ist aber stets ganz unterschiedlich ausgefallen, je nachdem, welche Merkmale aus der redundanten Fülle ausgewählt wurden, d. h., welche so stark mit Bedeutung für die örtliche Gesellschaft belegt waren, daß sie bei einer Kurzbeschreibung allein genannt werden konnten. Wir haben z. B. italienische Quellen aus dem Mittelalter, in denen behauptet wird, zwei bestimmte Städte seien sich vollkommen ähnlich, denn beide hätten drei Kirchen, die jeweils denselben Heiligen geweiht seien. Daß die beiden Städte nach der äußeren Form der Bauwerke und ihrer topografischen Anordnung völlig unähnlich wären, hat niemand interessiert. Die mit der gewichtigsten „Bedeutung" „belegten" Merkmale waren entscheidend. Die Städte waren damals aber auch nicht so groß, daß sie nicht als räumliches Ganzes intuitiv von jedermann erfaßbar waren, zumal Ringmauern und Tore auch deutlich zeigten, wo man sich befand: draußen oder drinnen, östlich oder westlich. Ein praktisches Bedürfnis für jedermann, die Stadt als räumliches Ganzes in ihrer Gliederung zu erfassen, entstand wohl erst, als die Städte so groß wurden, daß man sich in ihnen verirren konnte; d. h., daß es Leute gab, die nie im Leben entlegene Viertel gesehen und sich damit in der eigenen Stadt fremd und unsicher fühlten; sozusagen zerfiel die Stadt in ihrem Bewußtsein in „Stücke", die sie gedanklich nicht mehr zusammensetzen konnten.

Stellungnahme zu Lynch und Waterhouse

K. Lynch bewegten offenbar ähnliche Gedanken als Ausgangspunkt seiner Studie. Er sah die großen, sich ständig erweiternden, formlos gewordenen Städte, den sogenannten „Siedlungsbrei". Als Architekt interessiert ihn die Form, die Gestalt des Ganzen. Er ging nicht von traditionellen, normierten ästhetischen Vorstellungen aus. Seine Studie ist ein beachtenswerter Anfang. Er hat in seiner Untersuchung über die Bedeutung einer mehr oder minder guten Erfassung der Stadtgestalt darauf hingewiesen, wie nachhaltig die bauliche Gestalt der Stadt im Umwelterlebnis des Individuums funktioniert. Sich mehr oder minder klar abhebende Gestalt ist offensichtlich nicht nur für die Orientierung im einzelnen für das Zurechtfinden in der Umwelt bedeutsam, sondern sie entscheidet grundsätzlich über jede Orientierung, bei der es um die Bestimmung des Unbekannten und seine Verwandlung in Bekanntes geht. Lynch bleibt an der reinen Tatsache der Wahrnehmung stehen. Aber sein einfaches „Reizreaktionsmodell" nimmt keine Rücksicht auf die zahlreichen soziologischen und psychologischen intervenierenden Variablen. Er bewältigt das emotionale Feld Mensch — Umwelt nicht. Man hat ihn im Verdacht, von jedem Menschen anzunehmen, daß er sich derselben Merkmale bedient wie er selbst, obwohl wir doch täglich erfahren können, daß der Kraftfahrer nach Ampeln, der Trinker nach Lokalen, die Frau nach Läden und Friseuren, das Kind nach ganz anderen Merkmalen sich orientiert bzw. Orientierung im Alltag vermittelt.

K. Lynch hat nicht bedacht, daß die einzelnen Menschen verschieden wahrnehmen, weil sie
1. verschieden sind von Natur, Herkunft, Gruppenzugehörigkeit, Einstellung, Wortvorstellungen usw.
2. jeweils zu verschiedenen Zwecken, unter verschiedenen Bedingungen sich bewegen und orientieren wollen
3. die Einzelheiten im Laufe der Zeit individuell oder gruppenmäßig mit sich wandelnden Bedeutungen belegen.

Er kann so lediglich aufzeigen, daß das Individuum gewöhnt ist, sich zu orientieren und seine „Gebaute Umwelt" mit visuellen Kennziffern zu versehen. Aber Orientierung schafft nicht, wie Lynch annimmt, die Vertrautheit, die notwendig ist, um psychische Ängste zu lösen. Er zeigt weiterhin, daß es gewisse Agglomerationspunkte und Kristallisationspunkte der öffentlichen Kommunikation gibt, aber er bringt nicht den Nachweis, warum es sich so verhält. Lynch's deskriptive Darstellung zeigt einen gegenwärtigen Zustand. Er nimmt keine Rücksicht auf den raschen Bedürfnis- und Interessenwandel.

Gibt es ganz fest umrissene visuelle Vorstellungen und bedeutet die sichtbare Gestalt der Stadt den Bewohnern wirklich etwas? Das „Image" der großen Stadt, nach dem er fragt, ist doch eigentlich nichts anderes, als das Erinnerungsbild von deren unterschiedlichen Teilen, die den äußeren Formen nach als unterschiedlich erkannt werden und nach ihrer merkbaren Reihenfolge oder sonstigen Lagebeziehung.

Waterhouse geht in seiner Studie von der Arbeit K. Lynch's aus, er erkannte sowohl ihren Verdienst als auch ihre Schwäche. Er kann die komplexen Zusammenhänge, die Lynch gewissermaßen naiv ausklammert, weder ausklammern noch als Ganzes bewältigen. Er geht einen ersten vorsichtigen Schritt weiter, indem er versucht, mit Hilfe einer Typologie die Wirkungen unterschiedlicher Einstellungen und Wertvorstellungen zu erfassen.

Aber wie es im einzelnen kaum möglich ist, die Ergebnisse der Arbeit von Kevin Lynch auf deutsche Verhältnisse zu übertragen, so liegt auch hier die Schwierigkeit darin, amerikanische Testverfahren auf europäische Verhältnisse zu transformieren. Die unterschiedlichen gesellschaftlichen Strukturen, die Tatsache, daß der Verfasser auch in der deutschen Forschung Neuland betritt, tun ein Übriges dazu. Deshalb soll und kann diese Arbeit mehr eine Art Initialzündung sein, die der deutschen Forschung auf dem Gebiete der Stadt- und Regionalplanung vor Augen hält, daß nur eine intensive interdisziplinäre Teamarbeit auf diesem Gebiet eine Chance haben kann.

Schluß, mit Hinweis auf die öffentlichen Aufgaben der Geb. Körperschaft

Diese Forschungsarbeit ist dringend erforderlich, um über die meist ausschließlich behandelten übrigen Funktionen der „Gebauten Umwelt" hinaus auch deren Funktionen als Zeichenträgersystem differenziert beschreiben zu lernen und entsprechende Entscheidungshilfen zu entwickeln.

Die Gemeinden vor allem sind von ihrer Verfassung zur Daseinsvorsorge verpflichtet. Dazu gehört zweifellos auch die Sorge um das hier behandelte Gebiet. Sie müssen die Gesamtfrage stellen, die Sozialwissenschaften die Gesamt-Antwort geben. Letzten Endes handelt es sich um praktische Entscheidungshilfen und Handlungsanweisungen. Die Gemeinden haben breite Einwirkungsmöglichkeiten, als Investoren, über Finanzierung und Subventionierung, als Unternehmer; in der Bauleitplanung, im Vollzug der Bauordnung, durch Information der Öffentlichkeit, besonders der Betroffenen, durch das Einleiten und Fördern von Lehr- und Lernprozessen, auch im Rahmen ihrer Bildungseinrichtung. Die Gemeinde sollte als die Institution der örtlichen Gesellschaft jedem Bürger die Möglichkeit verschaffen, seine Umwelt selbst mit zu gestalten.

1. Einführung in das Problem

Daß unsere Städte sich ständig ausdehnen und verändern, ist ein weltweites und ausreichend dokumentiertes Phänomen. Geschwindigkeit und Ausmaß dieser Ausdehnung und Veränderung sind nach Ort und Zeit unterschiedlich, doch ist mit Beginn der Industrialisierung, und besonders in den letzten 2 Jahrzehnten, die Umbildung unserer Städte in einer noch nie dagewesenen Beschleunigung fortgeschritten.

Die Probleme jedoch, die aus einem städtischen Wachstum entstehen, werden ausnahmslos nur von der Effizienzebene her auf einer empirischen Basis betrachtet, und dieses hauptsächlich, weil der Dateninput sich gegenwärtig auf städtische Aktivitäten beschränkt, die quantifiziert werden können (Journal of the American Insitute of Planners, May, 1965). Es erscheint offensichtlich leichter zu sein, eine Verkehrsverteilung in Städten zu analysieren, als das Ausmaß psychischer Zufriedenheit unter der Bevölkerung, die ihren Ursprung in einer erfreulichen Umgebung fand, zu ermitteln. Daraus ergibt sich, daß die Kenntnisse des Planers über wichtige Faktoren, die außerhalb des Bereiches realer Aktivitäten liegen, noch recht elementar sind, und immer noch in vielen Fällen eine Rationalisierung und intuitive Urteile erfordern. Dieses ist natürlich eine überaus vereinfachte Ansicht des vielgestaltigen Planungsprozesses. Es ist jedoch ersichtlich, daß unsere heutige Methodologie, wenn sie auch bedeutende Schritte zur Bewältigung empirischer Aspekte einer Verstädterung unternimmt, noch weit davon entfernt ist, in der Behandlung der weniger greifbaren Bedürfnisse der städtischen Bevölkerung erfolgreich zu sein.

Daraus ist ersichtlich, daß eine systematische analytische Basis benötigt wird, um die Wirkung auf die psychischen Bedürfnisse einer Gemeinde zu bestimmen, die durch die Entscheidung im Planungswesen hervorgerufen werden. Bis zur Zeit haben die intuitiven Talente der Planer und die Maschinerie des politischen Systems als Mittel in dieser Hinsicht gedient. Vielseitige Fortschritte sind bereits auf dem Gebiet der Sozialmedizin und Sozialforschung in ihren Beziehungen zur Stadtplanung gemacht worden (Duncan, OD., und Reiss, A., 1956), doch muß noch viel mehr Arbeit auf diesem Gebiet geleistet werden.

Diese Studie wird sich im wesentlichen mit nur einem besonderen Aspekt dieses Problems beschäftigen: nämlich mit der Wirkung, die eine *Veränderung im Erscheinungsbild* einer Stadt auf die breite Öffentlichkeit ausübt. Diese Arbeit ist in Angriff genommen worden in dem Glauben, daß ein Analysieren bestimmter visueller Eigenschaften von Städten auf der Basis größtenteils objektiver Kriterien möglich ist. Ferner wird angenommen, daß eine Studie dieser Art die Grundlage für die Entwicklung einer systematischen Technik bilden kann, die vom Stadtplaner sinnvoll bei der Formulierung seiner Entscheidungen verwendet werden kann.

Einführung in das Problem 29

1.1 Ziele und Rahmen der Untersuchung
1.11 Zweck und Schwerpunkt der Untersuchung

Diese Studie schließt drei Ziele ein. Das erste ist, diejenigen Aspekte einer visuellen Veränderung städtischer Gegenden zu untersuchen, die den Stadtplaner betreffen. Das zweite besteht darin, die strategischen Faktoren zu identifizieren, die eine öffentliche Reaktion auf solche Veränderungen bestimmen. Drittens wird ein Versuch unternommen, den relativen Einfluß eines jeden dieser Faktoren auf die Variationen in der allgemeinen Reaktion festzustellen. Auf diese Weise wird es für den Planer schließlich möglich sein, eine Reaktion auf visuelle Veränderungen an Hand einer Ermittlung und Analyse der strategischen Faktoren vorauszubestimmen.

Es gibt natürlich viele Aspekte der städtischen Veränderung, die in Betracht gezogen werden können. Sie sind alle von Wichtigkeit und bedürfen alle einer Untersuchung im Hinblick auf Bedürfnisse und Wünsche der Bevölkerung. Jedoch werden Erwägungen dieser damit verbundenen Veränderungsaspekte, die nicht in direktem Sinne die vorliegende Aufgabe beeinflussen, von dieser Studie ausgeschlossen. Deshalb wird, abgesehen von den Fällen, in denen eine allgemeine Beschreibung des Untersuchungsgebietes — West—Berlin — benötigt wird, kein Hinweis auf gewisse fundamentale Merkmale gegeben, die im Zusammenhang mit städtischem Wachstum und Veränderung stehen.

Tatsächlich wird sich die Studie nur mit den physischen Auswirkungen aller oben angeführten Veränderungen befassen. Im besonderen interessiert uns die Frage: *„Auf welche Weise nimmt der Stadtbewohner eine Veränderung im Erscheinungsbild städtischer Umgebungen wahr, und wie reagiert er darauf?"* Das Interesse wird sich deshalb auf den täglichen Beobachter und seine Vorstellung von Straßen und Gebäuden konzentrieren, während diese abgerissen, ersetzt, restauriert und damit verändert werden. Wieviel Bedeutung schenkt er der Attraktivität und der Erhaltung und Bewahrung einer Vertrautheit im Erscheinungsbild seiner Umwelt? Auf welche Weise beeinflussen seine Persönlichkeit und Dominantwerte seine Reaktion auf eine Veränderung im Erscheinungsbild der Stadt?

Diese Arbeit ist jedoch keine Abhandlung über die ästhetische Erscheinungsform der Stadt. Es wird nicht die Behauptung aufgestellt, daß der Bewohner nur auf die ästhetischen Qualitäten im Erscheinungsbild der Stadt reagiert; er mag vielleicht auf der Suche nach pragmatisch visuellen Informationen oder nach einem tief eingewurzelten Gefühl der Geborgenheit in einer vertrauten Umgebung sein (Wilson, RL., 1962, Fried, M. und Gleicher P., 1961). Vielmehr wird hier die Bemühung zum Ausdruck gebracht, die Reaktion des Stadtbewohners auf ein sich veränderndes städtisches Erscheinungsbild aufzudecken.

Hierbei wird vorausgesetzt, daß die Stimmungen, Erfahrungen und Wertschemata eines einzelnen eine bedeutende Rolle bei der Ermittlung der Reaktion spielen werden. Aus diesem Grunde sollte Nachdruck auf die Persönlichkeitsstruktur eines jeden Befragten gelegt werden, um jede der bedeutungsvollen

Beziehungen, die eventuell zwischen der Stimulussituation und der Persönlichkeit einerseits und seiner Reaktion andererseits bestehen, zu enthüllen.

Zahlreiche Forschungsansätze sind bisher aus der Notwendigkeit erwachsen, visuelle Aspekte der Städte zu quantifizieren; jedoch ist ein großer Teil der hier untersuchten Literatur nur von peripherer Bedeutung für das vorgeschlagene Studiengebiet. Folglich konzentriert sich die Untersuchung auf psychologische Aspekte der Wahrnehmung und auf die sich mit der Ermittlung der öffentlichen Einstellung und persönlichen Wertschemata beschäftigenden Werke. Beim Studium dieser Literatur werden alle Faktoren berücksichtigt, die eventuell die Entwicklung einer angemessenen Technik mit direktem Wert für den städtischen Planungsprozeß beeinflussen können.

1.12 Ausgangangsposition

Während dieser ganzen Diskussion über die öffentliche Reaktion auf sich verändernde städtische Stimuli wird die von uns eingenommene Haltung weder die eines Psychologen noch die eines Meinungsforschers sein. Die eingenommene Haltung ist im wesentlichen die des Stadtplaners. Somit wird weder ein Versuch unternommen, ein besseres Verständnis der psychologischen Vorgänge zu erhalten, noch wird sich diese Studie mit der Entwicklung neuer Methoden für eine Ermittlung der öffentlichen Meinung und Einstellung beschäftigen. Das Endziel sollte die Verminderung der Ungewißheit bei der Entscheidungsfindung sein.

1.13 Lokalisation

Die Stadt West-Berlin ist der ausgewählte Ort dieser Untersuchung und die Erläuterung der Gründe für diese Wahl ist im Kapitel II dargelegt. Hier genügt die Bemerkung, daß diese Stadt höchstwahrscheinlich in Funktion, Größe und Erscheinung eine größere Serie von Veränderungen seit dem zweiten Weltkrieg durchgemacht hat als jede andere Weltstadt von vergleichbarer Größe. Daher stellt sie ein interessantes und einmaliges „Laboratorium" für die Studien auf dem Gebiet der Planung dar.

1.2 Psychologische Aspekte städtischen Wandels

1.21 Untersuchungsebene

Die rapide Veränderung der baulichen Struktur der Städte findet natürlich ihre Parallele in sozialen, kulturellen, volkswirtschaftlichen und technischen Entwicklungen. Das sich verändernde Gesamtbild städtischer Gebiete kann eigentlich als eine äußerliche Widerspiegelung dieser anderen, vielleicht grundlegenderen Faktoren angesehen werden.

Einführung in das Problem

Leider haben wir bis heute nur lückenhafte Beweise, die direktes Licht auf diese Frage werfen. Einiges Wissen wurde jedoch erarbeitet, um die Einstellung des einzelnen gegenüber allgemeiner Umweltveränderung aufzuweisen, aber es ist schwer, seine Wahrnehmung der visuellen Gegebenheiten dieser Veränderung zu abstrahieren, da sie nur eine Komponente der insgesamt stattfindenden Veränderung der städtischen Umwelt sind. So wissen wir nicht, unter welchen Bedingungen ein neuer visueller Stimulus, der aus Straßen, Gebäuden, neuen Fahrzeugen und Moden besteht, entweder begrüßt, mit Indifferenz aufgenommen oder mit Mißvergnügen betrachtet wird. Die Erwägung wird durch die Tatsache kompliziert, daß neue visuelle Stimuli auf zwei Arten erfahren werden können:

1. Durch Versetzung von einem Standort zum anderen. Somit wird der Betrachter Reizen ausgesetzt, die nicht „neu" sein mögen, die er selbst jedoch niemals zuvor bemerkt hat.

2. Durch Änderung des Status quo. Dieser Zustand kann durch tägliche wetter- und jahreszeitmäßig bedingte Veränderung oder durch menschliche Aktivität herbeigeführt werden.

Diese Untersuchung wird sich auf die visuellen Veränderung konzentrieren.

Die Idee, daß die Wahrnehmung eines Gegenstandes oft stark von der Wahrnehmung seines Nutzeffektes, Herstellers, Eigentümers, Nutznießers und so fort abhängt, wird später entwickelt. Die Erwähnung dieses Punktes wird hier jedoch erforderlich, damit die Berücksichtigung gewisser *allgemeiner Aspekte* der städtischen Veränderung mangels direkt anwendbaren Beweismaterials als Ausgangspunkt benutzt werden kann. Demzufolge werden die visuellen Gegebenheiten der sozialen, kulturellen, wirtschaftlichen und technischen Veränderungen als Symbole und Äußerungen dieser grundlegenden Faktoren verstanden. Wenn z. B. eine gewisse wirtschaftliche Änderung begrüßt wird, dann *im allgemeinen* die physische Manifestation dieser Veränderung, wie z. B. neue Gebäude, Autos, Bekleidung etc., die als attraktiver als die des vorhergehenden Zustandes angesehen wird. Nicht jedermann wird offensichtlich dieselbe Einstellung haben, und viele komplizierende Variablen, wie z. B. Launen, Wesenszüge und Erfahrungen der Einzelperson, werden diese allgemeine Reaktion zusätzlich modifizieren. Jedoch wird die Besprechung der Evidenz, die die Einstellung gegenüber generellen Aspekten der städtischen Veränderung aufzeigt, an dieser Stelle von Nutzen für die Erklärung der Probleme sein, die eine solche Veränderung mit sich bringen könnte.

1.22 Die Stadt als Kommunikationssystem

Bei der Besprechung städtischer Veränderung sollte man die von Edward Hall und Karl Deutsch angedeutete Idee in Erwägung ziehen, daß die Stadt ein unermeßliches und komplexes Kommunikationssystem ist. Jede mögliche Veränderung in einer der Komponenten oder einer Reihe von Komponenten ändert die Art und Qualität der Mitteilung, die wir empfangen. Diese Idee ist tatsächlich mit den obigen Beispielen über die Einflüsse städtischer Veränderungen vereinbar. Eventuelle Hinweise auf die Komplexität des städtischen Systems und den Einfluß, den eine Änderung des Systems herbeiführt, kann man von verschiedenen Forschern auf diesem Gebiet erhalten.

Darüber hinaus sollte der Idee mehr Bedeutung zukommen, daß eine Stadt weder ein Kunsterzeugnis noch einfach ein Kunstwerk ist. So sucht der Beschauer mehr als ästhetische Anregung bei der Betrachtung der städtischen Umwelt. Richard L. Meier erklärt sogar Ursprung, Wachstum und Niedergang von Städten in Form ihrer Funktion als ein komplexes System für Nachrichtenübermittlung und -empfang. Der Durchschnittseinwohner von London, New York oder San Francisco erhält z. B. jährlich 100 Millionen „Hubits" bedeutungsvoller Mitteilungen, das ist 100mal mehr als in Hauptstädten von Entwicklungsländern, wie Addis Abbeba, Djakarta oder Teheran, deren Rate wiederum zehnmal höher als die von Kleinstädten ist (Meier, R. L. 1962). Aaron Fleischer weist darauf hin, daß nur ein Teil dieser Information durch Massenmedien und face to face Kontakt übermittelt wird; das gesamte physische System der Stadt ist eigentlich ein Kommunikationsmedium (Fleischer, A., 1962). Marshall McLuhan entwickelt den Gedanken, daß die Intensität der Information, die durch das Überangebot der innerstädtischen Umgebung mitgeteilt wird, zu stark ist, um Beteiligung zu erlauben, und daher beim Betrachter Passivität hervorruft (McLuhan, M., 1964). Karl W. Deutsch lenkt die Aufmerksamkeit auf die Elemente der Stadt und ihre Rolle bei der Kommunikation. Er gibt auch den Wert einer vertrauten Umwelt für die Steigerung und Stützung der Bewegungsrichtung sozialer Information zu (Deutsch, KW, 1966). Edward Hall bemerkt, daß eine derartige Umwelt, mit der Menschen wie auch Gebäude gemeint sind, generell entspannender ist, weil die Mitteilung der neuen Information nicht so intensiv ist wie in völlig fremder Umgebung (Hall, ET., 1959).

Die obigen Beispiele stellen nur eine kleine Auswahl aus der Menge dar, die angeführt werden könnten, um die nichtästhetische Gestalt der visuellen Eigenschaften der Umwelt zu zeigen. Von Kevin Lynch in Boston, Los Angeles und Jersey City durchgeführte Untersuchungen zeigen das Vorherrschen des Bedürfnisses nach Information, um den Beobachter in Verbindung mit vertrauten Symbolen zu orientieren (Lynch, K., 1960). Die mehr utilitaristischen, nichtästhetischen Aspekte der Umwelt werden wahrscheinlich in fremder Umgebung — wozu die Stadt zählen mag — als wichtiger aufgenommen. FM. Cornford vertritt bei der Beschreibung der primitiven Gesellschaft die Ansicht, daß „. . . . die Reichweite des Gedankens begrenzt war durch die dringenden Aktionsbedürfnisse. Äußere Dinge wurden im Verhältnis zu ihrem Eingriff in die menschliche Aktivität zur Kenntnis genommen. Sie waren als das, was sie für sich selbst sind, nicht interessant, aber sie wurden es als Dinge, mit denen wir etwas anfangen können oder die auf uns einen Einfluß haben" (Cornford, FM., 1932).

Es ist daher einleuchtend, daß die visuellen Aspekte des städtischen Systems äußerst komplex sind und daher schon eine einzige Veränderung in dem System, visuell oder anderweitig, entweder begrüßt werden kann oder eine Beunruhigung hervorruft. Wir wissen mit Sicherheit, daß Probleme sehr konkreter Art, wie z. B. Platzmangel und Verkehrsstauungen, ihren Ursprung in Wachstum und Veränderung von Großstadtgebieten haben; wir sind uns auch bewußt, daß akute soziologische und psychologische Störungen *in Städten* auftreten. Solche Phänomene jedoch einer Veränderung und Entwicklung der Stadt zuzuschreiben ist reine Spekulation. Ein solches Attribut legt dem Einfluß der Umwelt auf unsere soziale und psychologische Einstellung zu große Bedeutung bei. Es gibt tatsächlich eine wachsende Anzahl von Beweisen, die darauf hindeuten, daß unsere Umwelt nur einige wenige Menschen „infizieren" kann, nämlich solche, die keine anderen Probleme haben, aber dies wiederum geschieht weniger häufig, als allgemein angenommen wird (Roscow, I., 1961).

Wir können deshalb auch das Vorkommen ernsthafter Geisteskrankheiten und Sozialprobleme in städtischen Gebieten nicht unserer Umwelt zuschreiben.

Andererseits deuten die Beweise von Gans, Fried und Gleicher daraufhin, daß wir in vertrauter Umgebung mehr zu Hause sind und uns geborgener fühlen. Wenn wir uns von dem Ort, den wir so gut kennen, entfernen, erfahren wir ein Gefühl der Unsicherheit.

Wir wissen, daß die Trennung des einzelnen von einer vertrauten physischen Umwelt, entweder durch einen Umzug in eine andere Gegend oder durch eine Änderung in der Umgebung selbst, oft zu einem Orientierungsverlust, zu Unsicherheit und einem Gefühl des psychologischen Unbehagens und der Unbequemlichkeit führen kann und auch führt. Wir wissen jedoch weder etwas über Ausmaß und Tiefe der Beunruhigung, die Stadtbewohner durchmachen, wenn sie mit einer neuen oder veränderten Anlage der Straßen, Gebäude oder anderer baulicher Komponenten der Stadt konfrontiert werden, noch wissen wir bis heute etwas über den Persönlichkeitstyp, der am meisten oder am geringsten von einer solchen Veränderung betroffen wird.

Der Grund für diesen Mangel an Wissen ist, daß es tatsächlich schwer ist, den Einfluß der natürlichen Umweltgegebenheiten zu messen. So ist zum Beispiel eine Formveränderung, die durch einen Wiederaufbau entstanden ist, nicht die alleinige Ursache für die Beunruhigung, wie Gans in bezug auf die italienische Volksgruppe in Boston bemerkte, da die gesamte soziale Struktur, von der diese Gemeinde abhing, gleichfalls mit den vertreuten visuellen Stimuli der Straßen und Gebäude verschwand. Die vorausgegangene kurze Darstellung zeigt jedoch, daß eine sich verändernde Umgebung einige Probleme psychologischer Art verursacht. Es gibt auch einige eindeutige Beweise, daß einige dieser Probleme sich durch visuelle Veränderung akkumulieren, zum Teil weil die visuellen Reize bekannte Institutionen sozialer und kultureller Art symbolisieren.

1.23 Die Bedeutung einer Untersuchung veränderlicher visueller Komponenten einer Stadt

Es wurde bereits die wachsende Anwendung wissenschaftlicher Methoden im städtischen Planungsprozeß erwähnt. Ebenso wurde vermerkt, daß die Anwendung empirischer Techniken sich auf Angelegenheiten der Leistungsfähigkeit, wie Optimallage, Stadt- und Verkehrswirtschaft bezieht. So sind die in Erwägung gezogenen Variablen diejenigen, die leicht quantifiziert und einer strikten wissenschaftlichen Analyse unterworfen werden können. Der Endzweck dieser Untersuchung ist es, bis zu einem bestimmten Grade die Zahl der Variablen zu vergrößern, die der Stadtplaner bei der Befürwortung einer Veränderung im Stadtbild in Betracht zieht.

In dieser Hinsicht können zwei Thesen zur Diskussion gestellt werden:

1. Wie bereits besprochen wurde, sucht der Einzelmensch nicht nur ästhetische Befriedigung bei der Wahrnehmung der visuellen Stimuli der Stadt; es mag auch pragmatisch visueller Kenntnis oder tiefwurzelnder Notwendigkeit bedürfen, um sich in vertrauter Umgebung sicher zu fühlen, gleich, wie deren ästhetische Qualitäten auch sein mögen.

2. Es ist bis heute noch nicht möglich gewesen, eine systematische Methodologie zu entwickeln, mit deren Hilfe die visuellen Charakteristika der Städte analysiert werden könnten.

Offensichtlich würde in dieser Beziehung die Entwicklung einer systematischen Grundlage von Nutzen sein, mit deren Hilfe objektive Kriterien für die Lösung visueller Probleme angewendet werden könnten. Es wird vorgeschlagen, eine solche Basis am besten dadurch zu bilden, daß man die Art und Weise ins Auge faßt, mit der die breite Öffentlichkeit auf visuelle Stimuli reagiert. Man ist der Ansicht, daß sich die Reaktion auf sich verändernde oder veränderte visuelle Stimulussituationen sich als der aussichtsreichste Angriffspunkt für die Erforschung dieses Problems erweisen wird. Dies ist besonders der Fall, wenn der Hauptaufgabe des Planers Beachtung geschenkt wird, nämlich einen Weg vorzuschlagen, wie das bestehende Stadtsystem geändert werden sollte. Man glaubt auch, daß Probleme psychologischer oder sozialer Natur, die in der Bevölkerung auftreten könnten, am meisten während der Periode städtischer Veränderung akut sind.

Die Beschreibung sozialer und psychologischer Probleme, die durch eine solche Veränderung verursacht werden, deutet an, daß ähnliche Schwierigkeiten durch einen Wechsel visueller Stimuli herbeigeführt werden könnten. Bisher noch unbekannt sind jedoch die Art und das exakte Ausmaß dieser Schwierigkeiten. *Insofern jedoch, als ein Ziel der architektonischen und planerischen Bemühen die Zusicherung bedeutet, daß das Erscheinungsbild unserer Städte mit den Anforderungen der Bevölkerung vereinbar ist, wird die Notwendigkeit für eine Untersuchung der visuellen Komponenten städtischer Bereiche offenbar. Damit eine solche Untersuchung von Nutzen ist, ist es ebenfalls verständlich, daß sie auf einer streng nichtintuitiven Ebene, also unter Anwendung einer objektiven Analyse, durchgeführt werden sollte.*

2. Unterschiedliche interdisziplinäre Forschungsansätze

In Kapitel 1 wurde versucht, eine Darlegung des Anlasses, des Umfangs und des allgemeinen Inhalts dieser Untersuchung zu geben. Es ist klar, daß eine gewisse systematische Erforschung des öffentlichen Verständnisses von Veränderungen visueller Merkmale der Stadt von zeitgemäßem Nutzen sein würde. Es liegt auch auf der Hand, daß die öffentliche Wahrnehmung und die Einstellung zu solchen Veränderungen wesentlich von dem Einfluß solcher Merkmale wie Alter, Ausbildung, Erfahrung, Gedächtnis und persönlichen Wertschemata abhängt. Der Umfang dieser Untersuchung wurde darum folgendermaßen abgegrenzt:

a) Messung der öffentlichen Reaktion auf verschiedene visuelle Veränderungen in der städtischen Umwelt;
b) Versuch, sinnvolle Beziehungen zwischen den Reaktionen und bestimmten Persönlichkeitsmerkmalen und Wertschemata herauszufinden.

Um zur Erleichterung dieser Aufgabe eine Methode entwickeln zu können, ist es wesentlich, frühere Arbeiten anderer Autoren, die ähnliche oder am Rande unseres Forschungsgebietes liegende Untersuchungen gemacht haben, zu untersuchen. Auf diese Weise ist es möglich, das angestrebte Ziel und das methodische Vorgehen dieser Studie schärfer zu umreißen, als es in diesem Stadium auf Grund des in Kapitel 1 etwas allgemein beschriebenen Umfanges getan werden kann. Die einschlägige Literatur zerfällt in drei Kategorien, die sich zwar in gewissem Maße überschneiden, hier jedoch aus Gründen einer klaren Darlegung getrennt behandelt werden:

1. einschlägige Studien, die in den psychologischen Bereich fallen, der sich mit Persönlichkeitsmerkmalen und -werten in ihrer Beziehung zu der Wahrnehmung und Einstellung befaßt;
2. Arbeiten, die auf dem Gebiet der Verhaltensforschung durchgeführt worden sind;
3. Untersuchungen in Richtung auf die Analyse visueller Merkmale der städtischen Umwelt auf der Grundlage objektiver Kriterien.

2.1 Forschungsergebnisse aus dem Bereich der Lern- und Wahrnehmungspsychologie

Da sich diese Studie nur mit bestimmten Aspekten der Wahrnehmung befaßt und nicht als Abhandlung über die Psychologie der Wahrnehmung gedacht ist, können die Hauptbeiträge zu diesem Forschungsgebiet nur kurz erwähnt werden.

Auf diese Weise ist es möglich, sich mit Arbeiten dieser Art insoweit zu befassen, als sie die Stadtplanung und die vorliegende Aufgabe betreffen. In ähnlicher Weise und auch, weil die Analyse von Veränderungen unvermeidbar die Erinnerung an vergangene Ereignisse und Erfahrungen mit einbezieht, werden Ergebnisse der Lern-Psychologie mit in Betracht gezogen werden.

2.11 Wahrnehmung

Glücklicherweise ist die Wahrnehmung eines der am besten abgesicherten Forschungsgebiete von Psychologie und Sozialpsychologie, besonders seit der Pionierarbeit von Wolfgang Köhler und seinen Anhängern in der Gestalt-Psychologie (Köhler, W., 1921). Seine früheren experimentellen Arbeiten enthüllen die Tatsache, daß sich die wahrgenommene Umwelt ihrer Tendenz nach klar in visuelle Felder einordnen läßt, bestehend aus Objekten mit wohldefinierten Abgrenzungen (Köhler, W., 1940). Sherif hat Köhler's Entdeckungen durch Aufteilung des visuellen Feldes in Bilder mit klaren Abgrenzungen, die deutlich zu sehen und erinnerungsmäßig zu behalten sind, untermauert; hinzu kommt der Hintergrund, der gar nicht oder nur als nicht dominierendes Element in diesem Feld wahrgenommen und deshalb leicht vergessen wird (Sherif, M. und C. W., 1956). Katz hat die erforderlichen Merkmale für die Abgrenzung der wahrgenommenen Bilder weiter klassifiziert (Katz, D., 1950). Die Arbeit von Katz wird durch die von M. Wertheimer (1951) und L. Uhr (1966) erbrachte experimentelle Evidenz unterstrichen.

So können wir erwartungsgemäß in einer gegebenen Situation solche Elemente bemerken, die dank der erforderlichen Eigenschaften ihrer Abgrenzungen stark von benachbarten Elementen differenziert sind. Farbe und Ton dienen nicht als zusätzliche Hilfe bei der Differenzierung, sondern nur insofern, als sie ein oder mehrere der erforderlichen Abgrenzungsmerkmale besitzen. Die Entwicklung der Theorie über Ausrichtungsmechanismen zeigte jedoch, daß die Gestalt-Psychologie die Rolle des Wahrnehmenden ignoriert hatte. Jerome S. Bruner hat nachgewiesen, daß unsere Art der Wahrnehmung zwangsläufig selektiv ist und von den dem Wahrnehmenden innewohnenden Qualitäten abhängt, denn das visuelle Feld enthält bei weitem mehr Objekte, als gleichzeitig gesehen werden können. Bruners Arbeit weist darauf hin, daß nur wenige von uns mehr als sieben Objekte größten Interesses wahrnehmen können. (Bruner, J. S., 1958). Um dieses zu erreichen, schweift unser Auge ständig über das visuelle Feld, nach Gegenständen unserer Aufmerksamkeit suchend und doch nie länger als $1/10$ Sek. auf der gleichen Stelle verweilend (Gregory, RL., 1966). Wir können deshalb niemals jedes Objekt in einem Blickfeld gleichzeitig wahrnehmen, allerdings können wir solche Elemente suchen und bemerken, die auf Grund verwandter oder ihnen innewohnender Eigenschaften hervortreten.

Auf der Grundlage dieser Erkenntnis möchte der Planer gerne wissen, wie und welche Objekte in der komplexen Umwelt einer Innenstadt auffallen, wo zahlreiche, weithin undifferenzierte Bilder wie Reklame und Straßenschilder, Ge-

bäude, Automobile und Menschen miteinander wetteifern, die Aufmerksamkeit des Beobachters zu erregen. D. Kretch und R. S. Crutchfield geben im Anschluß an die frühere Pionierarbeit von Bartlett die Antwort, indem sie ihr Augenmerk auf die Persönlichkeit des Beobachters lenken. Ihre bemerkenswerte Arbeit hat darauf hingewiesen, daß es zwei Arten von Determinanten der Wahrnehmung gibt:
1. die strukturellen, die von den physikalischen Objektattributen und ihrer entsprechenden Reaktion auf das Cerebralsystem abhängen;
2. die funktionellen Determinanten, welche die Beziehung zu Bedürfnissen, Stimmungen, Gedächtnis, Erfahrungen und Werten des Beobachters herstellen (Kretch, D. und Crutchfield, R. S., 1948).

Kretch hat durch die Durchführung weiterer experimenteller Forschungen, zusammen mit Bruner, seine eigenen früheren Ergebnisse untermauert (1950). Derartige Entdeckungen sind von ziemlicher Bedeutung für den Stadtplaner und Architekten, und zwar insofern, als die organisierte Planung der gebauten Umwelt hinsichtlich gewisser ästhetischer Effekte ein Heer von abweichenden und unkontrollierbaren Reaktionen seitens der allgemeinen Öffentlichkeit auf den Plan ruft.

Um die Reaktion auf eine veränderte Umwelt zu bestimmen, müssen deshalb sinnvolle Beziehungen zwischen bestimmten Zügen in der Persönlichkeit des Beobachters und der Umweltveränderung aufgestellt werden. Bestehen solche Beziehungen überhaupt, und wenn ja, können sie gemessen werden? Luchins hat gezeigt, daß der Einfluß der funktionellen Determinante auf die Wahrnehmung um so größer ist, je höher der Grad des Unbestimmbaren im Stimulusobjekt ist. (Luchins A. S., 1945). Man muß daraus folgern, daß das obengenannte komplexe, visuelle Feld weithin durch die Selektivität von nichtstrukturellen Faktoren geordnet werden kann, die dem Beobachter selbst innewohnen, und zwar als Kompensation für die Mehrdeutigkeit des beobachtenden Feldes. Anselm Strauß unterstützt diese Ansicht: „... bestehen die verschiedenen urbanen Perspektiven seitens der Stadtbewohner aus räumlichen Repräsentationen, die aus der Mitgliedschaft in einer bestimmten sozialen Umwelt resultieren (Strauß, A., 1961)."

2.111 Soziale Faktoren und Persönlichkeitsmerkmale

Der Einfluß gewisser sozialer Faktoren auf die Wahrnehmung ist durch A. S. Luchins (1945), L. L. Thurstone (1944) und S. E. Asch (1952) festgestellt worden. J. S. Bruner und J. S. Rodrigues haben die Auswirkungen von gesellschaftlicher Zugehörigkeit auf die Wahrnehmung von Münzgrößen nachgewiesen (1953). Kulturelle Einflüsse auf die Wahrnehmung sind von Klineberg nachgewiesen worden, der Malinowskis Erfahrung mit Bewohnern der Trobriand-Inseln, die eine Familienähnlichkeit unter Stammesangehörigen „sehen" können, die er als Europäer nicht erkennen konnte (Klineberg, O., 1954), anführt. Klineberg zitiert auch das Beispiel von Kirchgängern, die eine Kirche stärker „bemerken" als Nicht-Kirchgänger (1954). Offensichtlich gibt es Verzweigungen einer derartigen selektiven Wahrnehmung unter allen Individuen. Bruner erwähnt das Beispiel des Hungrigen, der ständig von Restaurant-Schildern stimuliert wird (1958). Rivers berichtet von der Wirkung des kulturellen Einflusses auf die Wahrnehmung von Entfernung und Größe unter den Insulanern von Torres Straits (Rivers, WHR., 1901). Die Bedeutung der persönlichen Werte bei der Bestimmung von Wahrnehmung stützt sich auf eine Anzahl anderer Forscher, besonders Postman und Schneider, die gezeigt haben, daß gewisse Gruppen wahrgenommener Objekte vom Individuum durch Einordnung in Kategorien stereotypisiert werden. Diese Kategorisierung oder Einordnung in ein System beruht auf dem Einfluß dominierender Wertschemata und herrscht besonders in der ständig praktizierten Wahrnehmung vor; der „Experte" ist am Ende derjenige, der die bedeutenden unter den wahrgenommenen Objekten ohne Mühe erkennen und in ein leicht zu behaltendes System einordnen kann. Umgekehrt werden seine Wertschemata von dem System bestätigt (Postman, L. und Schneider, B. H., 1951). McGinnies und Bowles haben auch das Ausmaß festgelegt, in dem Wertschemata als Determinanten einer fixierten Wahrnehmung agieren (McGinnies, E. und Bowles, W., 1949). Tajfel hat in Abänderung von Bruner's Münzenexperiment Beiträge geliefert über die wechselseitigen Beziehungen zwischen Wertschemata und dem Größenurteil der Wahrnehmung (Tajfel, H. 1957). Eine weitere derartige Wechselbeziehung wurde von Postman, Bruner und McGinnies nachgewiesen (1948).

2.112 Rest-Reaktions-Modell

Ähnliche funktionelle Determinanten wurden nicht nur im Hinblick auf die Sehfähigkeit, sondern auch hinsichtlich des Gehör-, Tast- und Geruchsinnes aufgestellt (Klineberg, O., 1954). Sie sind alle „selektiv" in dem Sinne, als nicht alle Stimuli gleichzeitig wahrgenommen werden können. Klineberg bemerkt, daß nicht nur unsere Wahrnehmung der verschiedenen Stimuli, sondern auch unsere Reaktion auf sie vom sozialen, kulturellen und wertbedingten Zwang beeinflußt wird. Ein neues Experiment der Wahrnehmung mag anfangs unangenehm sein, um nach Wiederholung als „angenehm" empfunden zu werden. Dies ist nachgewiesen worden, indem man das Ohr „dissonierenden" Musikakkorden aussetzte, die allmählich als Norm akzeptiert und als angenehme Musik empfunden werden. Umgekehrt wird eine überlange Begegnung mit dem, was zuerst als angenehmer Stimulus empfunden wurde, am Ende langweilig, monoton und geschmacklos (Moore, H. T., 1914).

2.113 Lernpsychologische Determinanten: Gedächtnis

Es bestehen keine klaren Trennungslinien zwischen der Erinnerung an vergangene Ereignisse und der Wahrnehmung gegenwärtiger Stimuli, wie schon im vorangegangenen Abschnitt besprochen wurde (Klineberg, O., 1954). Eine weitere Schwierigkeit tritt insofern auf, als die Ermittlung von Reaktionen auf vergangene Ereignisse von der irrtümlichen Wahrnehmung oder der fälschlichen

Erinnerung des Befragten beeinflußt sein kann. Bisher ist noch kein Test zur Unterscheidung dieser zwei Möglichkeiten entwickelt worden. Was die Wahrnehmung betrifft, so gibt es starke gesellschaftliche und kulturelle Einflüsse auf den Erinnerungsgehalt. Bartlett hat wesentliche Erstarbeit über die Determinanten von Gedächtnis und Erinnerung geleistet, und zwar mit dem Ergebnis, daß in der Erinnerung festgehaltene Objekte und Ereignisse aus der persönlichen Vergangenheit in starkem Maße gesellschaftlichen Einflüssen unterliegen.

Wir pflegen uns darum mehr an das Amüsante und Interessante zu erinnern als an Objekte und Ereignisse von höchster sozialer Bedeutung. F. C. Bartlett beschreibt die erstaunliche Fähigkeit des Swazi-Stammes in Südafrika, Informationen im Gedächtnis zu behalten, die sich auf ihre Viehzucht beziehen (1932). Dies bedeutet nicht, daß die Erinnerungsfähigkeit teils auf biologischen oder physiologischen Unterschieden beruht, vielmehr leitet sie sich ab von komplexen sozialen, historischen und kulturellen Umständen (Postman, L., Bruner, JS., und McGinnies, E., 1948).

Levine und Murphy haben gezeigt, daß wir dazu neigen, dem eigenen Empfinden widersprechende Objekte oder Ereignisse zu vergessen, eine Feststellung, welche Freud's Theorie der Verdrängung unterstützt. Umgekehrt werden Ereignisse, die unser bereits gefestigtes Wertesystem zu bestätigen scheinen, leichter behalten. Dies ist besonders dann der Fall, wenn Werte, an denen das Individuum festhält, der Opposition durch andere Individuen oder Gruppen ausgesetzt sind. Unter diesen Umständen spielt der Erinnerungsakt leicht die Rolle freier Erfindung und parteilicher Stellungnahme (Levine, JM., und Murphy, G., 1943). Ein anderer wichtiger Aspekt des Gedächtnisses liegt darin begründet, daß viele Menschen ihre Eindrücke von Erfahrungen erst formulieren, wenn sie dazu aufgefordert werden. Das Ereignis „schlummert" somit im Gedächtnis, bis es durch einen äußeren Stimulus aufgeweckt wird (Zimmermann, C., und Bauer, RA., 1956).

2.12 Implikationen für die Stadtplanung

1. Der Architekt und der Stadtplaner sind nicht in der Lage, eine prädeterminierte Serie von Reaktionen durch willkürliche Manipulation der gebauten Umwelt hervorzubringen, weil:

a) wir zu diesem Zeitpunkt nur ein unzureichendes Wissen von der Wirkungsweise der Diskriminanten der Wahrnehmungsstimuli besitzen. Gegenwärtig werden vielversprechende Fortschritte in der experimentalen Technik gemacht (Hess, EH., 1965), doch haben wir bis zur Stunde nur ein elementares Verständnis davon, wie die erkennbaren Eigenschaften von Bauwerken wahrgenommen werden und welchen Umfang der Beitrag hat, den diese Eigenschaften hinsichtlich der Formulierung einer Reaktion leisten. Es ist bisher keine präzise Klarstellung durchgeführt worden über die Rolle, welche die Ästhetik in der Befragung spielt. Es kann deshalb nur vermutet werden, daß die Ästhetik wesentlich zu den nichtstrukturellen Determinanten der Wahrnehmung gehört. So ist der Experte mit geltenden ästhetischen Werten einer Elitegruppe vertraut und mag sich infolgedessen unter dem „Druck" dieser Elitegruppe teilweise deren Ansicht über Schönheit zu eigen machen. Dies bedeutet nicht notwendigerweise, daß seine eigene Fähigkeit zu visueller Unterscheidung verringert wird, vielmehr kann ohne Zweifel sein eigener, „persönlicher" Geschmack mit der Modifizierung durch Gruppennormen bereichert werden. Zunächst kann jedoch der „persönliche Geschmack" genau so gut auf sozialen, kulturellen oder ökonomischen Determinanten basieren. Die von Fechner, Richards und anderen durchgeführten Experimente über Ästhetik würden diese Ansicht insofern unterstützen, als nur wenige Elementarbeziehungen zwischen den einfachen Stimuli innewohnenden Eigenschaften und der Reaktion festgestellt wurden. Wir warten immer noch auf die Ermittlung ausreichender empirischer Daten, die sich auf die wahrnehmungsmäßigen strukturellen Determinanten mehr komplexer Einheiten wie Gebäude oder Straßenanlagen beziehen. Die Versuche von Maertens (1884), Camillo Sitte (1889) und anderen, mathematische, auf optischen Aspekten beim Entwurf von City-Plätzen und Straßen basierende Gesetze zu formulieren, waren in der Tat kaum mit Erfolg gekrönt, überwiegend wegen ihrer Verknüpfung mit dem physiologischen Akt des Sehens statt mit der wichtigen Wirkung des Image.

b) Wenn wir auf Grund einer am Ende hoch entwickelten Forschungstechnik annehmen, daß es möglich ist, den Effekt, den unsere Gebäude auf die strukturelle Determinante der Wahrnehmung ausüben, vorauszusagen, so haben damit Architekt und Stadtplaner natürlich noch keine Kontrolle über die funktionelle Determinante der Wahrnehmung, die von solchen Variablen wie sozialen, ökonomischen und kulturellen Wertfaktoren bestimmt wird.

2. Klarheit und Mehrdeutigkeit.

Unter Verwendung einer Theorie der Richtungsdifferenzierung hat Kevin Lynch sich entschlossen, die zwei Komponenten durch drei Definitionen zu klassifizieren; er unterteilt die strukturelle Determinante in „Identität" und „Struktur", die funktionelle Determinante nennt er „Bedeutung". Das Stimulusobjekt bezeichnet Lynch als „Image":

„Ein Umweltimage kann in drei Komponenten zerlegt werden: Identität, Struktur und Bedeutung. Es ist nützlich, diese zu analytischen Zwecken zu abstrahieren, wenn man sich daran erinnert, daß sie in Wirklichkeit immer zusammen auftreten. Ein brauchbares Image erfordert zuerst die Identifizierung eines Objektes, das heißt seine Unterscheidung von anderen Dingen, seine Anerkennung als eine gesonderte Einheit. Dies alles beinhaltet Identität, nicht im Sinne der Gleichheit mit etwas anderem, sondern in der Bedeutung von Individualität oder Einssein. Zweitens muß das Image die räumliche oder schematische Beziehung zwischen Objekt und Beobachter mit einschließen. Schließlich muß dieses Objekt entweder eine praktische oder eine emotionale Bedeutung für den Beobachter haben (Lynch, K., 1960)."

Lynch ist sich der Schwierigkeiten bewußt, die mit dem Versuch, die Bedeutung des Image zu kontrollieren, zusammenhängen, und seine Arbeit konzentriert sich auf die Analyse von Identität und Struktur allein:

„Gleich zu Anfang soll gesagt sein, daß die Frage nach der 'Bedeutung' eine sehr komplizierte ist. Gruppenimages über Bedeutung sind auf dieser Ebene wahrscheinlich weniger konsistent als die Wahrnehmung von Einheit und Bezogenheit. Darüber hinaus wird Bedeutung nicht so leicht durch physikalische Manipulation beeinflußt wie die anderen zwei Komponenten (Identität, Struktur). Wenn es in unserer Absicht liegt, Städte zur Freude einer großen Zahl von Menschen mit sehr unterschiedlichem Hintergrund zu bauen, – und Städte, die zukünftigen Aufgaben angepaßt sind – dann mag es sogar sehr klug sein, wenn wir uns auf die gebäuliche Übersichtlichkeit des Image konzentrieren und dem Bedeutungsfaktor erlauben, sich ohne unsere direkte Einwirkung zu entwickeln (1960)."

Man wird sich daran erinnern, daß Luchin's Experimente gezeigt haben, daß der Einfluß der funktionellen Determinante der Wahrnehmung um so größer ist, je größer der Grad der Unsicherheit oder des Unbestimmten im Stimulusobjekt ist. Lynch's Ruf nach Klarheit des Image würde somit als logisch erscheinen; auf diese Weise muß man ein Nachlassen der von der funktionellen Determinanten gespielten Rollen erwarten, wogegen die darauffolgende Reaktion mehr Gegenstand einer Kontrolle ist. In dieser Hinsicht jedoch ist es vielleicht wichtig, zwei Hauptimplikationen, durch welche die Klarheit des Stimulusobjektes in der gebauten Umwelt bewertet werden kann, zu betrachten. Erstens wird eine weitere Untersuchung von Luchin's Ergebnissen notwendig sein. Seine Untersuchung umfaßte die Befragung über eine Serie von Zeichnungen von leicht erkennbaren, alltäglichen Objekten wie eine Flasche, der Kopf eines Menschen etc. Die Zeichnungen beschrieben die Objekte auf verschiedenen Deutlichkeitsstufen durch willkürliche Verzerrung des leichter wahrnehmbaren Image. Luchin beweist, daß die persönlichen Werte, Erfahrungen, Launen und Persönlichkeitsmerkmale der Befragten über die Wahrnehmung der Zeichnungen in ihrer Bedeutung ansteigen, wenn sich die Klarheit verringert, bis die Zeichnung fast die abstrakten Merkmale einer Figur des Rorschachtests annahmen. Es gibt jedoch einen bemerkenswerten Unterschied zwischen der Zeichnung eines Alltagsobjektes und Lynch's komplexen „Image" der Umwelt. Der Mangel an Klarheit in der Zeichnung vermindert die *Erkennbarkeit* des Objektes. Die präzise Bedeutung von Klarheit ist in Lynch's Darlegung etwas unbestimmt, mag aber zur Bestimmung des Grades dienen, in welchem gewisse Komponenten des visuellen Feldes deutlich und bereitwillig wahrgenommen werden wegen ihrer markanten Unterscheidungsmerkmale. Mit anderen Worten: Luchin verzerrt das Einzelobjekt bis zur Unkenntlichkeit, während Lynch von sich in angemessener Weise aufeinander beziehenden, im Raum leicht erkennbaren und stets wohldefinierten Objekten, wie etwa von Gebäuden, spricht. Muß man aus der Tatsache, daß es der gebauten Umwelt in Lynch's mehr architektonischem Verständnis an „Klarheit" mangelt, darum nicht notwendigerweise folgern, daß die Persönlichkeit, Bedürfnisse und Wertschemata des Beobachters bei der Neuorganisierung des Image zwecks Verstärkung seiner Wahrnehmungseigenschaften eine kompensierende Rolle spielen? Der Punkt ist wichtig und verlangt eine sorgfältige Ausarbeitung. Man kann sich schwerlich eine Parallele zu Luchin's experimentellen Zeichnungen in der städtischen Umwelt vorstellen, auch wäre es ein Fehler, die „Klarheit", an der Lynch als wesentlich für unsere Städte festhält, mit den ins Auge springenden verwandten Eigenschaften gleichzusetzen, welche die strukturelle Determinante der Wahrnehmung stimulieren. Es muß wiederum hervorgehoben werden, daß wir keine Kenntnis haben von der Beschaffenheit der Faktoren, die zur Verstärkung der verwandten Eigenschaften von Gebäuden erforderlich sind.

3. Die Reaktion auf eine vertraute Welt.

Von besonderer Wichtigkeit ist die Beobachtung, daß „unangenehme" Stimuli durch Wiederholung als angenehm erscheinen können.

„Gewöhnt man sich" wirklich an eine wie auch immer unangenehme Umwelt, nachdem man ihr längere Zeit ausgesetzt war? Die Evidenz in diesem Punkte ist verschieden und nicht schlüssig. Herbert Gans berichtet, daß er in seiner Rolle als teils partizipierender, teils beobachtender Soziologe im Norden von Boston zunächst beunruhigt, ja sogar entsetzt war über die Fremdartigkeit seiner neuen Umwelt, die durch häßliche Mietshäuser, Abfall und leerstehende Gebäude charakterisiert war. Jedoch begann er nach einigen Tagen, derartige äußere Gegebenheiten der Slums im nördlichen Stadtgebiet zu akzeptieren und bemerkte sie schließlich gar nicht mehr. Umgekehrt wurde Gans zuerst von der „mediterranen" Qualität dieses Stadtgebietes angeregt, entdeckte aber nach kurzem Aufenthalt, daß der Norden für ihn seinen „exotischen" Charakter wieder verlor (Gans, H., 1962). Ein anderer Soziologe, Peter Willmott, der ebenfalls längere Zeit in Elendsvierteln lebte, berichtet ein Erlebnis, das dem von Gans insofern ähnlich ist, als der Anblick der Slums von Dagenham ihn nach ein paar Tagen Aufenthalt in diesem Gebiet nicht länger unangenehm berührte (Willmott, P., 1960).

Solche Fälle können jedoch nicht wirklich als Standard angesehen werden; die Soziologen waren nicht gezwungen, auf unbegrenzte Zeit in dieser neuen Umwelt zu leben, sie konnten nach Wunsch in eine vertrautere Umwelt zurückkehren. Auf der anderen Seite gibt es ausreichende Hinweise darauf, daß die dauerhafte Trennung eines Individuums von seiner bekannten Umgebung ihn unglücklich machen kann. Die von Fried und Gleichner zitierten Fälle wurden bereits erwähnt. Im allgemeinen kann es durchaus vorkommen, daß die gebaute Umwelt mit Qualitäten ausgestattet ist, die denjenigen etwas bedeuten, von denen sie täglich erlebt werden. Infolgedessen bringt das Vertrautsein einen dominierenden Einfluß der funktionellen Determinante ins Spiel. Im Ergebnis werden die tatsächlich verwandten Eigenschaften der Umwelt verhältnismäßig unbedeutend. Jane Jacobs Erfahrung in New York unterstützt diese Ansicht:

„In Greenwich Village nimmt, angrenzend an eines der belebtesten Viertel dieser Gemeinde, das alte Gerichtshaus am Jefferson-Markt, das nun nicht mehr als Gerichtshaus dient, eine hervorragende Lage ein. Es ist ein wertvolles Gebäude im viktorianischen Stil, und die Ansichten darüber, ob es architektonisch schön oder häßlich ist, gehen radikal auseinander. Jedoch besteht eine bemerkenswerte

Einstimmigkeit darüber, daß es erhalten und für irgend etwas genutzt werden soll, *sogar unter denen, die das Gebäude als solches nicht ausstehen können* (Jacobs, J., 1961)."

Daraus folgt jedoch nicht, daß wir dazu neigen, uns an eine Umwelt zu gewöhnen und sie als gegeben zu akzeptieren, ganz gleich wie feindselig, unansehnlich oder monoton sie ist. Die Evidenz ist in dieser Hinsicht zwar nicht schlüssig, doch legt sie den Gedanken nahe, daß dort, wo eine starke soziale Gruppe in fremdartiger Umgebung lebt, wie etwa im Norden von Boston, die Bewohner nicht nur bereit sind, Mängel der gebauten Umwelt hinzunehmen wegen der Vorteile, die mit dem Wohnen in einem derartigen Gebiete verbunden sind, sondern sogar ihre Umwelt als sinnvolle und notwendige Reflektion ihrer Gesellschaftsgruppe akzeptieren. Leonard Duhl beklagte die Tendenz von Planern, ihren eigenen mittelständischen Standard auf Entwicklungsgebiete zu übertragen, indem er herausstreicht, daß Geselligkeit, Lärm, Mangel an Ungestörtheit und scheinbares visuelles Chaos elementare Bedürfnisse der sozial und ökonomisch unteren Stufen seien (Duhl, L. J., 1963).

4. Probleme der Lernpsychologie.

Ergebnisse aus Untersuchungen über Gedächtnisfunktionen scheinen deutlich darauf hinzuweisen, daß die Befragung über und die Einstellung zur früheren Umwelt zwei schwierigen Problemen gegenüberstehen kann:

a) der Schwierigkeit der Differenzierung zwischen fehlerhafter Erinnerung und fehlerhafter Wahrnehmung. Somit kann eine Reaktion verzerrt werden entweder durch „fälschliche" Wahrnehmung der früheren Umwelt oder durch die Unfähigkeit, sich an Details der vergangenen Umwelt, die zur Zeit „korrekt" wahrgenommen wurden, zu entsinnen.

b) der Tendenz, sich an Objekte und Ereignisse, die für uns mit einer angenehmen Erfahrung verbunden waren, zu erinnern, und die unangenehmen Dinge zu vergessen.

Aus diesem Grunde enthält jede Reaktion auf das vergangene Bild einer Stadt oft Beimischungen von Nostalgie. Abstoßende Elemente der vergangenen Umwelt werden oft vergessen, und die gegenwärtige Umgebung leidet entsprechend unter dem Vergleich. Es ist schwierig, wenn nicht unmöglich, den aus dieser Tendenz resultierenden Grad der Verzerrung zu messen, doch sollte man vorsichtig sein und solchen Reaktionen ein angemessenes kompensatorisches Gewicht beimessen, um zu einem brauchbaren Vergleich zu gelangen.

In gewissem Umfang können jedoch beide Probleme durch die weitere Tendenz, sich an Ereignisse und Objekte zu erinnern, die ein bereits bestehendes Wertsystem bestätigen, aufgehoben werden. Somit kann man bei dem Versuch, Beziehungen zwischen Persönlichkeitsmerkmalen und der Reaktion auf eine sich verändernde Umwelt aufzudecken, damit rechnen, daß jede Variable die andere bestätigt. Auf diese Weise erhöht sich die Wahrscheinlichkeit ein wenig, die gewünschte Reaktion hervorzurufen.

2.2 Meßverfahren

Da sich diese Untersuchung mit der kollektiven Reaktion einer breiten Öffentlichkeit auf eine Veränderung im Bebauungsschema der Umwelt befaßt, erscheint es lohnend, Forschungsansätze heranzuziehen, die sich auf die Messung und Analyse öffentlicher Einstellung und Meinung erstrecken, um so eine angemessene Technik zur Feststellung dieser Reaktion zu entwickeln.

An dieser Stelle scheint es erforderlich, die bisher behandelten Faktoren in Relation zu setzen. Wahrnehmung, (in einigen Einzelheiten bereits diskutiert), wird nach Klineberg „durch die Form von Nerven determiniert, die dem zentralen Nervensystem Impulse von der Außenwelt zuführen (1954)." Diese Untersuchung befaßt sich insbesondere mit visueller Wahrnehmung und, wie bereits diskutiert, besteht dieses Konzept aus zwei Hauptkomponenten:

„Obwohl es wahr ist, daß der Vorgang des Sehens durch den Anprall gewisser Vibrationen gegen einen optischen Nerv und die Weiterleitung des Impulses durch den optischen Thalamus auf den okzidentalen Teil der Hirnrinde ermöglicht wird, so gibt es doch Aspekte des Sehens, die durch frühere Erfahrungen des Individuums determiniert werden, wobei in Verbindung hiermit die Zugehörigkeit zu einer Gruppe eine bedeutende Rolle spielt." (1954).

Eine *Reaktion* kann definiert werden als die äußere Gegebenheit oder als der Ausdruck einer *Einstellung*; Allport gibt die folgende Definition: „Einstellung ist die geistige und nervliche Bereitschaft, durch Erfahrung organisiert, die einen dirigierenden oder dynamischen Einfluß auf die Reaktion des Individuums hinsichtlich sämtlicher Objekte und Situationen, mit denen es in Beziehung steht, ausübt (Allport, G. W., 1935)." Ein Teil dieser Einstellung kann wiederum rückwirkend in der Weise mit der funktionellen Determinante der Wahrnehmung und Erinnerung verbunden sein, daß sie die individuelle „Auswahl" von Fakten und Objekten bestimmt. *Meinungen* sind eng mit der Einstellung verbunden, denn Meinung ist, „was wir in Hinblick auf ein Objekt oder eine Gruppe für wahr halten" (Klineberg, O., 1954, S. 206). Die Meinung spielt darum eine Rolle bei der Determinierung unserer Bereitschaft, eher in einer ganz bestimmten Weise auf das Objekt oder die Gruppe zu reagieren.

2.21 Testverfahren zur Einstellungsmessung

2.211 Einstellungen

Allport nennt vier allgemeine Bedingungen, die mit der Herausbildung von Einstellungen verbunden sind:

a) Der Zuwachs an Erfahrungen oder die Integration zahlreicher Erfahrungen eines ähnlichen Typs.

b) Individuation, Differenzierung und Segregation, wobei weitere Erfahrungen die Einstellung verstärken und von anderen Einstellungen unterscheiden.

c) Trauma oder traumatische Erfahrungen, die auf die Bildung von Einstellungen oft einen äußerst starken Einfluß nehmen.
d) Vorgefertigte Nachahmung von Eltern, Lehrern oder Verwandten. Diese Bedingung, bei der Einstellungen aus „zweiter Hand" statt durch eigene Erfahrung entwickelt werden, ist wahrscheinlich unter den vier die am häufigsten vorkommende (Allport, G. W., 1935).

Der Begriff des „*Stereotypen*" ist bei der Bildung von Einstellung und Meinung ebenfalls bedeutsam. Stuart Rice stellt fest, daß „ein präexistentes oder aufgespeichertes Kompositionselement — das nicht auf unmittelbaren Sinneseindrücken beruht — als stereotyp angesehen werden kann (Rice, S. A., 1928)." Somit besteht nur ein Teil unseres Konzeptes von einem Objekt aus unmittelbaren Sinneseindrücken. Der Rest gründet sich auf bereits formulierten Ideen über die stereotypen Klassifikationen, auf die sich das Objekt bezieht. Es gibt reichlich Hinweise darauf, daß viele Stereotypen sich ohne irgendeine Basis in der objektiven Realität entwickeln können und dieses auch tun, besonders hinsichtlich ethnischer Stereotypen (Gilbert, G. M., 1951).

Der symbolische Gehalt des visuellen Feldes in Städten kann durch das Hinzutreten von stereotypen Formen für die Bildung gewisser Einstellungen wichtig sein. So wird ein verfallener Stadtteil im allgemeinen mit Gruppen niedriger Einkommen in Verbindung gebracht. Die Einstellung des Individuums bei dem Anblick solcher Viertel wird folglich von seiner Meinung über Armut im allgemeinen abhängen. Er mag somit das betreffende Viertel entweder als deprimierend, bedrohlich, exotisch oder verseucht „sehen". So, wie sich seine Einstellung zu Armut durch innere oder kommunikationsbedingte Einflüsse ändert, so mag seine Wahrnehmung von und seine Einstellung gegenüber diesem Gebiet wechseln. In ähnlicher Weise mag jemand, der der Stadtverwaltung Anerkennung und Vertrauen entgegenbringt, all ihre Anstrengungen im Straßenbau und öffentlichen Bauten als attraktiv „sehen". Die alte Dame, die im obersten Stockwerk eines fünfstöckigen Miethauses wohnt und täglich zweimal die Treppen steigen muß, mag alle Hochhäuser mit Fahrstuhl als wünschenswert und folglich als visuell attraktive Gebäude ansehen. Zweifellos könnten unzählige Beispiele für die Implikationen solcher stereotypen Formen hinsichtlich der Einstellung zu verschiedenen visuellen Feldern angeführt werden. Es folgt daraus, daß eine Veränderung des Objektes oder der Institution, die die ursprüngliche Einstellung bestimmen, oft die Einstellung zu visuellen Symbolen des Objektes oder der Institution ändern.

2.212 Veränderung in der Einstellung

Bedingt eine Veränderung im Schema und in den Beziehungen der visuellen Stimuli in der städtischen Umwelt eine Veränderung in der Einstellung? Falls ja, richtet sich dann die neue Einstellung nur auf die gebaute Umwelt, oder ist die Umweltveränderung auch verantwortlich für eine Verschiebung in der Einstellung zu anderen Dingen oder Werten? Die Frage richtet sich nicht auf die

Einstellung hinsichtlich der Ursache solcher Veränderung. Wir befassen uns zum Beispiel nicht mit der Frage, ob eine individuelle Meinung über die Baubehörde günstiger ausfällt, weil letztere dafür verantwortlich ist, einen bestimmten Stadtteil attraktiver zu gestalten. Es interessiert uns mehr die Frage, ob eine Änderung in der Attraktivität eines Stadtviertels zum Beispiel das allgemeine Wohlbefinden des Individuums unmittelbar beeinflußt und folglich seine Bereitschaft, völlig verschiedene Dinge mit Gefallen oder Mißfallen zu betrachten, erhöht oder vermindert. Wiederum muß hervorgehoben werden, daß wir uns nicht mit einer Veränderung in der Effizienz oder Schönheit unserer gebauten Umgebung, die zweifellos anderweitig ausgerichtete Einstellung beeinflußt, befassen, sondern nur mit dem Erscheinungsbild dieser Umwelt.

Es ist wahrscheinlich, daß sowohl eine Veränderung im Erscheinungsbild als auch in der Schönheit in gewissem Umfang für eine Veränderung in der Einstellung verantwortlich ist. Sherif berichtet, daß eine Veränderung in der Einstellung eingeleitet wird durch eine Verschiebung in diesen Faktoren, die sich sowohl im Individuum als auch in der Umwelt, die den ursprünglichen Standpunkt determiniert, abspielt. Die umweltbedingten Faktoren schließen ein: die Verbindung mit Gruppenbeziehungen und die Kommunikation durch Zeitungen, Bücher, Plakate, Rundfunk, Fernsehen usw. (Sherif, M. und C. W., 1956). Die gebaute Umwelt könnte gut klassifiziert werden als ein Kommunikationsmedium, in dem Erscheinungsbild und Schönheit nicht nur mit ästhetischen Werten zu vergleichen sind, sondern auch Prestige, Status und allgemeines Wohlbefinden beeinflussen.

Im Endeffekt ist es schwierig zu definieren, welcher verhältnismäßige Anteil in der Veränderung der Einstellung, bedingt durch Alterationen der gebauten Umwelt, dem Erscheinungsbild und welcher der Schönheit zugeschrieben werden kann, doch scheinen in gewissem Umfang beide eine Rolle zu spielen. Es ist bereits erwähnt worden, daß das Erscheinungsbild der Umwelt keine erheblichen Probleme geistiger Gesundheit verursacht, doch hat Alvin Schorr über die Auswirkungen des Wohnens in Elendvierteln bemerkt:

„Folgende Auswirkungen können von dürftiger Unterbringung herrühren: ein Eigenverständnis, das zu Pessimismus und Passivität führt, Spannungen, denen das Individuum nicht gewachsen ist, schlechter Gesundheitszustand und ein Zustand der Unzufriedenheit; Vergnügen in der Gesellschaft aber nicht in der Einsamkeit, Zynismus, sich auf Menschen und Organisationen beziehend, ein hoher Grad sexueller Stimulierung ohne legitime Entspannung und Schwierigkeiten in Haushaltsführung und Kindererziehung; dazu Beziehungen, die sich ihrer Tendenz nach mehr auf die Nachbarschaft erstrecken, als tief in die eigene Familie. Die meisten dieser Auswirkungen bilden wiederum Hindernisse für die Verbesserung der fianziellen Umstände." (Schorr, A., 1963, S. 31).

Ein weiterer erwähnenswerter Aspekt in der Veränderung von Einstellungen ist mit der früher diskutierten Wahrnehmung oft wiederholter Stimuli verknüpft. Übermäßige Standardisierung von Material- und Gebäudekomponenten, gemeinsam mit einer zu starren Anwendung von Baugesetzen über Größe und Höhe, all dies trägt zu übermäßiger Wiederholung ähnlicher Elemente bei. Darüber hinaus reduzieren bauliche Verordnungen mit ihrer Einschränkung von Straßenbreiten, Seitenhöfen und Mauervorsprüngen die Möglichkeit, räumliche Beziehungen zwischen Gebäuden zu variieren. Ein Übermaß in der Wiederholung ähnlicher Komponenten im visuellen Feld, so anziehend sie auch im Einzelfall sein mögen, kann eine ablehnende Einstellung hervorrufen.

2.213 Die Messung der Einstellung

Es gibt ein reiches Angebot an verschiedenen Techniken zur Messung von Einstellungen und Meinungen. In gewissem Umfang befaßt sich diese Untersuchung auch mit der Veränderung von Einstellungen, weil in der Zeit, die vergeht bis eine Veränderung der Umwelt offensichtlich wird, sich auch die Einstellung des Befragten mit entsprechender Wahrscheinlichkeit ändert. So kann sich eine vorher günstige Einstellung, sagen wir auf ein spezielles Wohnviertel, in der Zwischenzeit in Ablehnung verwandelt haben.

Die große Einschränkung aller Techniken in Hinblick auf Einstellung und öffentliche Meinung liegt darin, daß, falls sie ein repräsentatives Bevölkerungsbeispiel zu umfassen haben und falls die Ergebnisse einer objektiven Analyse unterworfen werden müssen, ständig ein beachtlicher und oft aufschlußreicher Teil der Einstellung in der Endanalyse nicht erscheint. Raymond Cattell stellt fest:

„Der mit den soziologisch-psychologischen Untersuchungen über 'Einstellung' in der Wahlkabine und politischen Einstellungen vertraute Leser, sollte erkennen, daß die Definition von Einstellung in diesem System von Stimuli-Reaktionen völlig verschieden ist von dem, was man von Wahlen her kennt, wo nur von einer Einstellung *für oder gegen* ein Objekt die Rede ist ...

Es ist ziemlich sinnlos zu fragen, ob ein junger Mann, der ein Mädchen oder die Hinterseite eines Busses anschaut, für oder gegen sie ist, desgleichen ob er für einen Sonnenuntergang oder ein Beefsteak ist. Tatsache ist, daß Einstellungen viel stärker variieren als nur zwischen für oder gegen. Diese unglücklicherweise soziologisch-psychologisch ziemlich verbarrikadierte 'Einstellungs-Studie' ist ein schwacher Abglanz der wirklichen, dynamischen Komplexität von Einstellungen. Die Formulierung für oder gegen ist wie eine schwarz-weiße Photographie, eine blasse Imitation der vollen Farben des wirklichen Bildes." (Cattell, R. B., 1965).

Glücklicherweise haben sich die Techniken der öffentlichen Meinungsbefragung weit über den Punkt der Determinierung bloßer „für oder dagegen"-Einstellungen entwickelt. Klineberg hat fünf verschiedene Dimensionen der Einstellung entwickelt:

a) *Ausrichtung.* Sind wir *für oder gegen* ein bestimmtes Konzept?

b) *Grad. In welchem Umfang* ist Konzept A Konzept B vorzuziehen?

c) *Intensität. Wie stark* ist unser Gefühl hinsichtlich besonderer Situationen oder

Konzepte? (Grad und Intensität sind offensichtlich aufeinander bezogen, doch ist es möglich, gefühlsmäßig an einer Situation intensiv beteiligt zu sein, ohne Rücksicht auf einen eigenen äußerst schwierigen Standpunkt.)

d) *Konsistenz.* Würden wir, wenn unsere Einstellung zu Konzept A zustimmend, und gegenüber Konzept C ähnlich ist, die gleiche Zustimmung auf Konzept C ausdehnen?

e) *Äußerungsbereitschaft.* Wie bereit sind wir, unsere Meinung zu äußern?

Offensichtlich ist es durch die Anwendung verschiedener Techniken möglich, diese Dimension zwecks Erzielung einer nach Umfang und Tiefe ziemlich gründlichen Reaktion zu determinieren. Die besondere Schwierigkeit, der diese Studie jedoch gegenübersteht, besteht in der Bitte an Einzelpersonen, sich ihre Vorstellung einer früheren Umgebung in Erinnerung zu rufen, um dann diese Vorstellung mit der Art und Weise zu vergleichen, in der sie die gegenwärtige Situation empfinden. In dieser Verbindung ist es wichtig, die Beziehungen zwischen Einstellung und gebauter Umwelt bei der Entwicklung einer zufriedenstellenden Methode zu berücksichtigen.

Technisch gesehen sind viele Tests für die Bestimmung von Einstellungen entwickelt worden. Donald Campbell hat sie in vier Kategorien eingeteilt:

a) *unverhüllt, strukturiert:* hier sind die direkten Einstellungs-Tests von Thurstone und Likert eingeschlossen;

b) *unverhüllt, nicht-strukturiert:* Methode des freien Antwort-Interviews und des Fragebogens, dazu biographische Studien;

c) *verhüllt, nicht-strukturiert:* die typische „Projektions"-Technik, wobei soziale Einstellungen durch indirekte Befragungsmethoden ermittelt werden, zum Beispiel durch die Bitte um kurze, interpretative Beschreibungen von Bildern und Situationen;

d) *verhüllt-strukturiert:* Tests, die sich der objektiven Untersuchung von Einstellungen nähern (Campbell, D. T., 1950).

Jeder von diesen vier Tests kann durch Umfrage oder im Laboratorium durchgeführt werden. Das Hauptobjektiv bei der Anwendung von Tests des Umfragetyps besteht darin, mündliche oder schriftliche Äußerungen über Einstellungen zu erhalten, und zwar ohne gebührende Rücksichtnahme auf die zugrunde liegenden Prinzipien und Faktoren, wie etwa bei den Methoden der öffentlichen Meinungsforschung. Solche Umfragen sind zu kommerziellen oder praktischen Zwecken unternommen worden, um möglichst viele Menschen in kurzer Zeit zu erreichen. Auf der anderen Seite sind die Labor-Techniken zeitraubend und im allgemeinen ungeeignet für die Verarbeitung großer Zahlen von Beteiligten. Es sind in letzter Zeit einige Versuche unternommen worden, Einstellungstests auszuarbeiten, welche die theoretischen Implikationen von Laborstudien und die praktischen Vorteile der Umfrage umfassen.

2.214 Indirekte Tests

Eine Hauptschwierigkeit bei der Determinierung von Einstellungen besteht in der Tendenz der Einzelperson, dem Forscher eine stereotype Antwort zu geben, oder eine, die seinem Gefühl nach gewünscht wird oder gegenwärtig in Mode ist. Sherif und Sherif stellen fest: „Schließlich werden in unserem Kulturkreis die Religion, Familienangelegenheiten, Ausgaben und soziale Erwartungen einer Person als Privatangelegenheit angesehen. Je intimer sich diese Fragen mit dem persönlichen Leben befassen, um so reservierter wird man. Begegnet das Individuum einer solchen Frage, dann reagiert es wahrscheinlich auf eine stereotype Weise. Kein Wunder also, daß wir zusammen mit einem hohen Zuverlässigkeitskoeffizienten für die Testergebnisse Berichte über die Diskrepanz zwischen verbal geäußerter „Einstellung" und „tatsächlichem Verhalten" des Befragten vorfinden. Es kann sein, daß der berichtete hohe Zuverlässigkeitsgrad oft das Ergebnis eines stereotypisierenden Effektes der Testsituation ist." (Sherif, M. und CW., 1956)

Aus diesem Grunde besitzt der indirekte oder verhüllte Test ausgeprägte Vorteile. Der Befragte weiß in der Tat nicht, daß seine Einstellungen bestimmt werden. Sherif und Sherif zählten drei Bedingungen für solche Tests auf:

1. eine für das in Frage stehende Motiv und für die Einstellung relevante Stimulussituation;

2. Sicherung wenigstens einiger Mängel in den objektiven Stichproben oder Anhaltspunkten als Spielraum für Alternativreaktionen;

3. die Präsentierung der Aufgabe in einer Weise, die sich in den Augen des Befragten nicht direkt auf seine Motive oder die zur Debatte stehende Einstellung zu beziehen scheint. (1956)

Die Anwendung der indirekten Methode umfaßt einen weiten Bereich variierender Hilfsmittel, von denen die mehr indirekte „Projektions"-Technik in der klinischen, diagnostischen Psychologie bevorzugt wird. Der Wortassoziationstest von Kent-Rosanoff (Kent GH. und Rosanoff, AJA., 1910), der Rorschach Tintenklecks-Test (Rorschach, H., 1942), die Thematische Apperzeptionsmethode und der Picture-Frustration Test von Rosenzweig (Rosenzweig, S., 1945) werden weithin mit Erfolg angewandt. Eine weitere Methode der indirekten oder „verhüllten" Befragung wurde von Hammond entwickelt. Dabei hat der Befragte zwischen zwei oder mehreren Alternativen zu wählen. Er nannte dies die *Technik der irrtümlichen Wahl* (Error-Choice Technique). Es ist durch Gegentests erwiesen worden, daß die Einstellung des Individuums die Wahl der Alternative determiniert (Hammond, KR., 1948).

2.215 Direkte Tests

Direkte oder unverhüllte Methoden bei der Determinierung von Einstellungen werden nach ihrem Versuch unterschieden, eine Messung der Einstellung in Situationen zu gewährleisten, wo das Individuum sich dessen bewußt ist, daß seine

Ansichten erfragt werden. Die Hauptannahme, die solchen Prozeduren zugrunde liegt, besteht darin, daß Einstellungen durch die Stellung direkter und relevanter Fragen ermittelt werden können. Die verbale Reaktion dient dann als Hinweis auf die positive oder negative Einstellung des Individuums auf den zur Debatte stehenden Punkt.

Frühere Untersuchungen mit direkten Techniken wurden in den 20er Jahren zum Studium der sozialen Beziehungen zwischen verschiedenen rassischen Gruppen von ES. Bogardus (1925) durchgeführt. Thurstone und Likert entwickelten im Jahre 1932 Tests zur Bestimmung einer großen Anzahl von Einstellungen, die im zweiten Weltkrieg von einer Anzahl von Sozialwissenschaftlern und Psychologen in massiven, kriegsbedingten Forschungsprojekten aufgenommen und verfeinert wurden. Die ersten „öffentlichen Meinungsbefragungen" Mitte der 30er Jahre, auf journalistischem Gebiet von Gallup, Roper und anderen entwickelt, erlangten große Popularität durch genaue Wahlvorhersagen. Die Befragungen wurden anschließend von Regierung und Industrie übernommen. Die größere Anziehungskraft liegt darin, daß solche öffentlichen Meinungsbefragungen Resultate erzielen können, die für große Bevölkerungsgruppen repräsentative Bedeutung haben. Das Bevölkerungsbeispiel wird gewöhnlich durch die Auswahl eines repräsentativen Querschnitts bestimmt, eine bei der Planung von Umfragen weithin angewandte Technik. Das Für und Wider der verschiedenen Querschnittechniken wie der von E. Noelle (1963), H. Cantril (1947), H. Hyman (1963) und anderen ist den Planern im allgemeinen bekannt und braucht hier nicht erörtert zu werden.

Man hat festgestellt, daß die Antworten auf eine einzelne Frage über denselben Gegenstand mit dem Wortlaut der Frage, der Anordnung der Frage auf dem Fragebogen, der Art und Weise, in der sie gestellt wird, dem jeweiligen Stand oder der engeren Beziehung zwischen Fragesteller und Befragten variieren (Hyman, H., 1963). Cantril hat auch gezeigt, daß Fragesteller dazu neigen, eine unverhältnismäßig hohe Frequenz von Antworten zu erhalten, die mit ihren eigenen Ansichten in Einklang stehen.

Bei Untersuchungen, die der endgültigen Formulierung von Fragebögen vorangehen, verwendet man häufig „offene Fragen" wie zum Beispiel: „Was denken Sie über die Mitgliedschaft Großbritanniens im europäischen Gemeinsamen Markt?" Merton hat aufgezeigt, daß diese Art des Vorgehens die Möglichkeit erheblicher Irrtümer einschließt, es sei denn, der Fragesteller ist geübt und qualifiziert. Im Endeffekt muß die Reaktion vom Fragesteller subjektiv interpretiert und klassifiziert werden (Merton, EA., 1958). Lazarsfeld hat aufgezeigt, daß die Umfrageforschung sehr oft eine Kombination verfügbarer Methoden erfordert (Lazarsfeld, PF., 1944).

Trotz der Erfolge von Gallup, LW. Doob und D. Katz gelangen wir zu dem Schluß, daß alle Meinungsbefragungen mit „äußerster Skepsis" betrachtet werden müssen, besonders hinsichtlich wichtiger persönlicher Fragen, und zwar auf Grund des Übergewichtes stereotypisierter, der Mode entsprechender oder erwünschter Reaktionen, die wir bereits erwähnten. Allerdings werden die öffentliche Meinung betreffende Techniken oft in den Sozialwissenschaften angewandt und mit beträchtlichem Erfolg dort, wo im Gegensatz zur „Einzelfrage", oder gar „Einzelfragebogen", eine Kombination von Methoden angewandt wurde (Lazarsfeld, PF., 1944).

2.22 Techniken für skalenmäßige Erfassung von Einstellungsreaktionen

Es wäre nützlich, einige der verschiedenen Methoden kurz zu untersuchen, die zur Klassifizierung der fünf obengenannten Einstellungsdimensionen Klinebergs, nämlich Richtung, Grad, Intensität, Konsistenz und Äußerungsbereitschaft, ausgearbeit worden sind.

Borgardus stellte bei Untersuchungen der „sozialen Distanz", einer Form des Vorurteils zwischen sozialen und ethnischen Gruppen, eine Skala auf, die auch heute noch in der Originalform benutzt wird: Borgardus fand, daß die Reaktion der Befragten eher stark verallgemeinerte Einstellungen zeigte als spezifische Zuneigung oder Antipathie. Er stellte dann eine Liste von Behauptungen über die variierenden Grade sozialer Bindung auf und bat die betreffende Person, jene Klassifizierungen anzukreuzen, zu denen sie bereitwillig Mitglieder einer bestimmten Gruppe zulassen würde. Da die Befragten bei ihren Urteilen eine Rangfolge einhalten sollen, entsteht eine Skala sozialer Distanz in absteigender Ordnung.

Die Borgardus-Skala mißt Richtung, Grad oder Intensität der Einstellung. R. Likert entwickelte eine Technik, die bei der Messung von Grad und Konsistenz die Einstellung zu weit angelegten Themen, wie „Internationalismus", „Moral", „Konservatismus" und „Progressivismus", umfassend und erfolgreich angewandt wurde. Seine Orginalstudie umfaßt 18 Behauptungen in einer „Negro Scale". Die befragte Person drückt ihre Zustimmung zu der Behauptung durch mehr oder weniger starke Annäherung an deren Schwerpunkt aus.

Somit enthüllt jede Einzelfrage Richtung und Intensität des Standpunktes, während Konsistenz aus der Gesamtpunktzahl der 18 Behauptungen ermittelt wird. Die eingeschlossenen Behauptungen werden aus anderen Tests, Zeitschriften und Büchern ausgewählt und auf empirischem Wege ermittelt. Die Fragen sollten klar und eindeutig sein und eine definitiv zustimmende oder ablehnende Stellungnahme wiedergeben.

2.23 Das Guttman Skalogramm

Die Guttman-Technik zielt auf die Bestimmung der „Skalierbarkeit" eines Themas hin, falls man sich, wie beim Likerttest, für den unverhüllten, direkten Test entscheidet. Zuerst wird die zur Debatte stehende Frage auf einen beispielhaften Querschnitt der zu Befragenden zugeschnitten. Das Anliegen ist „skalenmäßig erfaßbar", wenn es (1) möglich ist, die betreffende Person, hoch und niedrig, derartig einzuordnen, daß wir lediglich auf Grund der Rangstufe eines

Befragten seine Reaktion auf jede einzelne Frage reproduzieren können; und wenn (2) „die Irrtümer, die diese Reproduzierbarkeit verhindern, nicht systematisch verteilt sind." Guttman entwickelte außerdem verschiedene andere Qualifikationen der „Skalierbarkeit", einschließlich der Notwendigkeit, solche Fragen auszulassen, die der Zustimmung oder Ablehnung durch ein Großteil der Bevölkerung sicher sind. In ähnlicher Weise rechtfertigt die Hinzuziehung einzelner Test-Punkte, besonders wenn diese stereotype Reaktionen hervorrufen, nicht die Folgerung, daß diese Punkte skalenmäßig erfaßbar sind. Guttman bemerkt, daß es in der Praxis keine perfekten Skalen gibt, und zwar auf Grund der Tatsache, daß sie auf der Basis von Erfahrungen sowie Entscheidungen zwischen falsch und richtig entwickelt worden sind. Er führt weiter aus, daß es auch dann, wenn eine Skala den beiden Kriterien seiner Analyse nicht entspricht, noch möglich ist, Tests auszuarbeiten, die das Individuum wirksam eingruppieren; er nannte solche Tests „Quasi-Skalen". Das Guttman Skalogramm hat in den Sozialwissenschaften und im Planungsbereich starke Resonanz gefunden (Hodge, G., 1963, und Guttman, L., 1947).

2.24 Die Thurstone Skalen

Die vielleicht am sorgfältigsten ausgearbeitete Technik zur Einstellungsmessung wurde von Thurstone und seinen Mitarbeitern vor dem 2. Weltkrieg entwickelt und ist seitdem häufig angewandt worden, um Einstellung und Einstellungsänderung hinsichtlich Kirche, Krieg, Verbrechen, Bestrafung, Prohibition etc. zu ermitteln. Diese Technik umfaßt eine Anzahl von Behauptungen, die von einer stark zustimmenden bis zu einer völlig ablehnenden Stellungnahme reichen. Wie bei der Borgadus-Skala hat der Befragte diejenige Behauptung anzukreuzen, die seinem Gefühl nach am besten mit seiner eigenen Einstellung zu dem betreffenden Sachverhalt übereinstimmt. Die Skalenwerte reichen von 0.0 bis 11.0.

Doppelt angekreuzt wurde bei der Auswahl von Behauptungen im finalen Test: (1) das „Kriterium für Mehrdeutigkeit". (Wenn die Aussortierung einer Behauptung einen zu großen Bereich umfaßte, wurde sie als mehrdeutig angesehen und ausgeschlossen); (2) das „Kriterium der Irrelevanz". (Ebenfalls ausgeschlossen wurden Behauptungen, die ständig von Dritten überprüft wurden, die wiederum andere bekannte Werte – durch andere Punkte definierte – betrafen).

2.3 Die Reaktion der Öffentlichkeit auf die gebaute Umwelt

In Kapitel I wurden bereits die frühen Arbeiten von Fechner und Richards über die Ermittlung von Reaktionen auf einfache Formen oder Dichtung erwähnt. Die von Cattel und Kretchner durchgeführten Experimente, in denen die Reaktion auf Kunstwerke mit Persönlichkeit und Körperbau in Beziehung gebracht wurden, sind ebenfalls erwähnt worden. Diese Arbeit ist wichtig für Erkenntnisse über das psychologische Verhalten angesichts visueller Stimuli.

Unterschiedliche interdisziplinäre Forschungsansätze 53

Allerdings steckt solche Arbeit noch in den Kinderschuhen, und das veröffentlichte Material konzentriert sich lediglich auf eine fundamentale Quelle — nämlich die der bedeutsamen Experimente, die Kevin Lynch und seine Mitarbeiter am Technologischen Institut von Massachusetts durchgeführt haben. Eine Studie ist bereits unter Anwendung von Lynch's Technik von Sieverts in Berlin durchgeführt worden, und eine Variation der Lynch-Methode wurde vom Autor in Toronto angewandt. (Waterhouse, A., 1964).

Vielleicht wird die am weitesten fortgeschrittene Arbeit gegenwärtig durch F. Stuart Chapin, Henry Hightower und Robert Wilson über Aktivitätsmodelle und Grade der Bewohnbarkeit in der Stadt durchgeführt. Während eine derartige Forschung zweifellos für andere Bereiche der Planung von Bedeutung ist, ist sie nicht direkt auf diese Studie anwendbar und braucht hier nicht diskutiert zu werden. Das Feld der städtischen und regionalen Planung hat in jüngster Zeit eine allgemeine Tendenz zu verstärkten empirischen Analysen gezeigt; besonders in der Entwicklung von Landnutzung, Transportwesen und mathematischen Entscheidungsmodellen, an der auch Chapin's Werk beteiligt ist. Auf dem Gebiet der Architektur haben Christopher Alexander (1964) und Allen Bernholz (1966) ähnliche Modelle entwickelt. Jedoch liegt eine Diskussion dieser Arbeit wiederum außer Reichweite dieser Studie.

Kevin Lynch ist in der Tat beispielhaft für diejenigen, die gegenwärtig städtische Planungsprobleme unter dem Gesichtspunkt empirischer Ananlyse studieren. Das bedeutet insofern einen radikalen Umschwung, als dieser Forschungsbereich — Erscheinungsbild einer Stadt — bis zur Stunde auf Intuition und verstandesmäßiger Überlegung basierte. (Lynch, K., 1960).

2.31 Vergleichende Studien zur menschlichen Reaktion auf die gebaute Umwelt

Im ersten Kapitel wurden bereits einige Hinweise auf Studien gegeben, die sich mit der Wirkung einer sich verändernden gebauten Umwelt auf das Individuum befassen. Die Arbeiten von Gans, Fried und Gleicher bilden in dieser Hinsicht eine nützliche Weiterführung. Die am Anfang dieses Kapitels erwähnten, sich auf die Wahrnehmung beziehenden Studien, befassen sich alle mit im Laboratorium entwickelten Reaktionen auf gesonderte Stimuli.

Weitere Forschungsansätze ergaben sich im Anschluß an die Experimente von J. B. Calhoum zwecks Bestimmung der Rolle, welche der Raum für Tiergemeinschaften spielt (1966). Man entdeckee, daß sich Tiere in einer bereicherten oder stimulierenden Umwelt normal benehmen und schneller entwickeln. Gegen eine Übertragung derartiger Ergebnisse auf menschliche Verhältnisse wandte sich zuerst J. F. Wohlwill, der in seinen Arbeiten nachwies, daß bei Kindern, die in übermäßig stimulierenden Slumgebieten aufwachsen, häufiger Entwicklungsstörungen auftreten.

Dabei legt er den Gedanken nahe, daß es möglicherweise eine besondere Ebene umweltbedingter Stimulierung gibt, welche einer optimalen Entwicklung förderlich ist. Er gibt zu bedenken, daß das Ziel des Individuums nicht darin besteht, unangenehme, umweltbedingte Spannungen zu deduzieren, sondern sich neuen, spannungsgeladenen, unerwarteten oder komplexen Stimuli auszusetzen (1966).

Verschiedene andere Forscher haben in letzter Zeit die Notwendigkeit des Neuen und Komplexen in der gebauten Umwelt postuliert. Amos Rapoport und Robert E. Kantnor (1967) stellen die traditionelle Forderung nach Einfachheit und Klarheit des städtischen Entwurfes in Frage. Sie geben — zusammen mit Edward Hall (1966) — zu bedenken, daß gegenwärtige Planungsentwürfe solche Formen der Monotonie entwickeln, daß sie psychische Schädigungen nachsichziehen können.

Das andere Extrem — Befriedigung der sinnlichen Wahrnehmung durch eine chaotische visuelle Situation — ist ebenfalls nicht erstrebenswert. H. Munsinger und W. Kessen (1964) testeten 617 Studenten und entdeckten, daß sie alle eine Vorliebe für einen gewissen Grad der Mehrdeutigkeit visueller und akustischer Stimuli hatten und daß das bevorzugte Maß an Mehrdeutigkeit positiv mit der Wahrnehmungsfähigkeit in Beziehung stand. Der Gestaltpsychologe Anton Ehrenzweig weist auch darauf hin, daß die Mehrdeutigkeit eine bestimmte Form in der Kunst darstellt.

Vermutlich sind die Bedürfnisse nach Mehrdeutigkeit und Komplexität in der gebauten Umwelt ganz erheblich. Diese Feststellung ist insofern für diese Studie von direktem Interesse, als „Veränderung" dann mit Mehrdeutigkeit gleichgesetzt werden kann, wenn sie:

1. unerwartet ist;
2. wenn sie sich von vorhergehenden Stimuli unterscheidet;
3. wenn sie im räumlichen und zeitlichen Kontext neu ist, (A. Rapoport und R. Kantnor, 1967).

Eine weitere, neuere Analyse der umweltbedingten Feldwahrnehmung wurde von Gary A. Hack von der Universität von Illinois (1967) und von A. L. Peterson (1967) durchgeführt. Hack legt eine experimentelle Technik vor, die auf die Indentifizierung und Messung der psychologischen Dimensionen in der individuellen Umwelterfahrung zugeschnitten ist. Die erwähnte Voruntersuchung richtet sich auf die Beantwortung einer Zahl grundsätzlicher Fragen, die sich mit der Aufgeschlossenheit des einzelnen hinsichtlich seiner Umwelt befassen. Peterson entwickelte, gestützt auf eine Analyse verschiedener wohnungsmäßiger und visueller Attribute, ein Modell umweltbedingter Besonderheiten in Wohnvierteln.

2.32 Gegenwärtige Umweltforschung und das Interesse an Städteplanung

Während seit Kevin Lynch's Untersuchungen sehr wenig anwendbares Forschungsmaterial veröffentlicht worden ist, hat man seit kurzem großes Interesse an der Frage umweltbedingter Wahrnehmung und ihrer Beziehung zur Planung gezeigt. Gegenwärtig findet zum Beispiel ein ganzjähriges Fakultätsseminar über „Psychologie und Umweltformen" in der Abteilung für Städte- und Regional-Planung im technologischen Institut von Massachusetts statt; die zweite nationale Forschungskonferenz über Psychologie in der Architektur fand im Mai 1966 in der Universität von Utah statt; im Jahre 1965 haben R. G. Studer und D. Stea ein äußerst nützliches Verzeichnis von Personen zusammengetragen, die sich mit Verhaltensweisen und Umweltgestaltung befassen (1965).

Kenneth Craik hat vermerkt, daß das ansteigende Interesse weithin mehr von Stadtplanern als von Architekten und Psychologen angeregt worden ist (1968). Ein gewisser Fortschritt wurde durch A. L. Winkel und R. Sasanoff von der Universität Washington hinsichtlich des semantischen Problems in der Umweltbeschreibung und in der Darstellung für Forschungszwecke erzielt (1966); weiter seien genannt: D. L. Bonsteel und R. Sasanoff (1967); T. G. Casey an der Universität von California (1966) und P. Thiel (1961).

Mehrere neuere Architekten haben sich mit relevanten Forschungsmethoden befaßt, unter anderem sind hier zu nennen: Francois Vigier's „Experimental Approach to Urban Design" (1965), S. Carr und Kurillo's fortführender Bericht über Seh- und Gedächtnisexperimente an der MIT – Harvard Joint Centre for Urban Studies (1964).

Angesichts des sich deutlich verbreitenden Interesses für das Feld von Verhaltensweisen und Umwelt unter Planern gibt es sicherlich andere gegenwärtig durchgeführte Versuche, deren sich der Autor nicht bewußt ist. Ein großer Teil an Literatur, die sich nur indirekt mit der vorliegenden Aufgabe befaßt, ist nicht erwähnt worden, um die Aufmerksamkeit nicht von den obengenannten Studien abzulenken, die gute Ergebnisse versprechen. Abgesehen von dem Werk Kevin Lynch's sind die übrigen Methoden noch nicht hinreichend entwickelt worden, um für diese Untersuchung von direktem Nutzen zu sein.

Trotz zahlreicher vorliegender Untersuchungen warnt Kenneth Craik's jüngster Kommentar vor übermäßigem Optimismus: „Wenn die Verwicklung und die Reichweite der durch die Analyse gegenwärtiger Probleme (Darstellung zur Umwelt) noch nicht erfaßten Forschungsmöglichkeiten in Betracht gezogen werden und wenn man anerkennt, daß dieses Problem nur eines ist auf dem Gebiet der Umweltpsychologie – welche wiederum nur ein Feld darstellt in der Wissenschaft von den umweltbedingten Verhaltensweisen – dann wird klar, daß jede Erwartung unmittelbarer Erkenntnisfreude trügerisch ist. Sogar mit einem denkbar großzügig finanzierten und groß angelegten Bombenforschungsprogramm macht es die gewaltige methodologische und empirische Vorarbeit, die als Basis für einen ausgereiften Zweig der Forschung geleistet werden muß, unbedingt erforderlich, eher in Zeiträumen von Dekaden als von Monaten oder Jahren zu denken; auch verlangt sie von dem Verhaltensforscher in diesem Feld Bescheidenheit in Mitteln und Äußerungen, so wie sie von den Umweltplanern und -gestaltern Geduld in ihren Erwartungen fordert (1968, S. 37)."

3. Ein Modell zur Analyse visueller Veränderungen in Städten

3.1 Abgrenzung des Untersuchungsbereiches

Bei der Aufstellung eines Forschungsplanes ist es wesentlich, die vor uns liegende Aufgabe abzugrenzen. Welche Art von Information möchten wir eigentlich ermitteln? Einige grobe Begrenzungen sind schon in Kapitel 1 festgelegt worden, insofern als diese Arbeit sich darauf konzentriert, die allgemeine Einstellung der Öffentlichkeit auf eine sich verändernd gebaute Umwelt aufzudecken. Die Methode dieser Forschungsarbeit wird, soweit wie möglich, auf objektiven Kriterien basieren und die Einstellung der Öffentlichkeit an Hand einer rein wissenschaftlichen Analyse herausarbeiten. Die in Kapitel 2 besprochene einschlägige Literatur hat uns ferner einen Einblick in mögliche anwendbare Methoden gegeben. Wir wissen z. B., daß eine recht gut durchdachte Auswahl von Einstellungen durch eine kritische Anwendung angemessener Methoden zu erhalten ist. Andererseits ist es klar, daß beim Messen der öffentlichen Reaktion auf Veränderungen visueller Phänomene einige Komplikationen auftreten werden, und zwar im Hinblick auf die Tatsache, daß vergangene Ereignisse unterschiedlicher rekonstruiert werden.

Zu diesem Zeitpunkt würde es jedoch angemessen sein, die *Skala oder die Ebene* der Veränderung im visuellen Erscheinungsbild der Stadt, die wir untersuchen möchten, in Betracht zu ziehen. *Eine sich verändernde städtische Szene wird durch eine Hierarchie von Stimuli manifestiert, welche man im allgemeinen klassifizieren kann als:*

1. Veränderungen auf der gesamten Stadtebene, hervorgerufen durch umfangreichen städtischen Wiederaufbau und Erweiterungen der bebauten Randgebiete;

2. Veränderungen auf Bezirks- und Nachbarschaftsebene, hervorgerufen durch große öffentliche und private Initiativen, die die Hauptverkehrsnetze, Funktionen und einen umfangreichen, ganze Gegenden einschließenden Wiederaufbau beeinflussen;

3. örtliche Veränderungen, die sowohl durch Schließen von Straßen oder durch Verkehrsumleitungen als auch durch sich verändernde Funktionen, Wiederaufbau und örtliche, öffentliche oder private Bauvorhaben hervorgerufen wurden;

4. Wiederaufbau, Veränderungen oder Restaurierungen vereinzelter Gebäude;

5. abgesehen von der obigen Hierarchie, die man vielleicht als eine grobe „Skala" einer Veränderung ansehen kann, zählen dazu noch die Detailveränderungen, einschließlich Bevölkerungsdichte und Bevölkerungsmerkmale sowie Lebens- und Konsumgewohnheiten.

So mag vielleicht das Anhäufen von Veränderungen auf der Mikro-Ebene im Endeffekt die Ursache oder das Ergebnis einer Veränderung irgendwo in der Werte-Hierarchie sein. Ein Ansteigen der „pro Kopf" Autobesitzer, zum Beispiel, würde sich visuell in der größeren Anzahl von Wagen, im fließenden und ruhenden Verkehr, manifestieren. Dieses Phänomen würde demzufolge das Planen von Straßenanlagen und Plätzen, als auch das Entwerfen von Verkehrskreuzungen, Anzahl und Lage von Verkehrszeichen, Zurücksetzen von Fassaden usw., beeinflussen. Das Verwerten von anderem Baumaterial und eine Änderung im architektonischen und graphischen Baustil würden gleichfalls für eine weitere überaus bedeutende Veränderung im visuellen Detail des Stadtbildes verantwortlich sein.

Eine funktionelle Veränderung in einer bestimmten Gegend ist hauptsächlich durch eine Veränderung von Einzelheiten wahrnehmbar und vollends in Wohngegenden offensichtlich. Dieses ist vielleicht am besten in Bernard Frieden's Fall-Studie von New York, Los Angeles und Hartford (Frieden, B., 1964) veranschaulicht worden, besonders in den sich zurückbildenden Gebieten, die direkt hinter der „Flutwelle der metropolischen Ausbreitung" (Blumenfeld, H., 1954) liegen. Der Verfall dieser Gegenden bedeutet tatsächlich eine Anhäufung von zahllosen einzelnen Veränderungen, die hauptsächlich durch Mangel an Instandsetzung entstehen. Die Veränderung ist oft komplex; Jane Jacobs hat die Aufmerksamkeit auf die oft auftretende Gegenüberstellung von sich zurückbildenden, neuen Strukturen und solchen des Wiederaufbaues gelenkt (Jacobs, J., 1961). Tatsächlich ist die visuelle Veränderung genau so komplex wie die Mischung von gesellschaftlichen Gruppen, Geschmacksrichtungen und ökonomischen Umständen, welche den Charakter von Straßen und Nachbarschaften bedingen. Die scharfen Gegensätze von Lebendigkeit und Eintönigkeit spiegeln alle auf diese Weise die vorherrschenden gesellschaftlichen, ökonomischen und kulturellen Merkmale der Bewohner wider.

Auf welcher Stufe oder Ebene, gemäß der obigen Wert-Hierarchie, nimmt die allgemeine Öffentlichkeit solche Veränderungen wahr? Aus den in Kapitel II durchgeführten Untersuchungen kann man wohl entnehmen, daß jeder einzelne leichter eine Veränderung in den Objekten, die seine persönlichen Werte und Interessen anregen, wahrnimmt. Demgemäß bemerkt er besonders stark die Veränderungen in seiner Straße und in seiner Nachbarschaft, auf seiner Arbeitsstelle und im Heim seiner Bekannten. Er wird sich der Veränderung in Stadtgebieten, die ihn persönlich nicht berühren, wenig bewußt sein, falls er sich überhaupt dafür interessiert. Sicher jedoch wird er den *allgemeinen* Veränderungen im Stadtbild Aufmerksamkeit schenken.

Daraus geht hervor, daß bei der Entwicklung eines Untersuchungsansatzes dieser stufenweise Prozeß mit in Betracht gezogen werden muß:

1. Als erstes muß eine von allen Befragten bemerkbare Ebene oder ein bemerkbarer Grad der Veränderung festgelegt werden. Offenbar mag dieses irgendwo innerhalb unserer hierarchischen Definition der Veränderung liegen — angefangen bei der allgemeinen städtischen Veränderung bis zu der örtlichen Verände-

rung von Straßen oder vereinzelten Häusern, vorausgesetzt natürlich, daß die Befragten sorgfältig ausgewählt wurden. Ferner wäre es möglich, die individuelle Wahrnehmung von — und die Einstellung auf neuaufgetretene Details, die eine Veränderung auf der Makro-Ebene bilden, zu untersuchen. Auf diese Weise können Fragen direkt auf die Ermittlung von einer Reaktion auf teilweise von jedem bemerkbare Veränderungen oder auf die gesamte Veränderung in den städtischen visuellen Merkmalen gezielt werden. Wenn auch nicht alle Befragten alle Veränderungen wahrnehmen oder daran interessiert sind, *kann man doch zum gegenwärtigen Zeitpunkt annehmen, daß es im Rahmen dieser Studie nur möglich ist, einen Entwurf, der sich auf einen Teil der Hierarchie und nicht auf die gesamte Hierarchie konzentriert, zu entwickeln.*

2. Wenn erst einmal eine angemessene Basis gefunden worden ist, dann tritt die Notwendigkeit auf, die dem Stimulusobjekt selbst exogenen Determinanten der Einstellung zu untersuchen. Mit anderen Worten: wir sind daran interessiert, Persönlichkeitsstrukturen der Befragten zu ergründen — seine Wertvorstellungen, seine Interessen, seinen Optimismus, sein allgemeines Gefühl des Wohlbefindens usw. Alles das spielt bei der Herausarbeitung endgültiger Einstellungen des einzelnen auf das in Frage gestellte veränderte Objekt eine Rolle und muß dementsprechend quantifiziert und mit der hervorgerufenen Reaktion in Zusammenhang gebracht werden.

3.2 Untersuchungsplanung

Wir haben sowohl die verschiedenen Ebenen der visuellen Veränderung in einer Stadt besprochen als auch in groben Zügen eine elementare Hierarchie von Veränderungen dargestellt, die sich auf die breite städtische Skala und die Detailebene verteilt. Es wird vielleicht möglich sein, durch Anwendung eines komplexen Systems verschiedener Techniken, die öffentliche Reaktion auf eine Veränderung überall in der Hierarchie hervorzurufen. Jedoch würde diese Aufgabe nicht im Rahmen dieser Untersuchung liegen, und es wird deshalb beabsichtigt, einen Forschungsentwurf zu entwickeln, der sich auf die Festlegung der Reaktion auf nur eine spezielle Ebene visueller Veränderungen konzentriert. Auf diese Weise hofft man, eine grundlegende Untersuchung zu entwickeln, die direkt nach angemessenen Abänderungen bei gründlichen Untersuchungen auf anderen Reaktionsebenen anwendbar sein wird.

Es wird in dieser Studie beabsichtigt, die Einstellung auf eine visuelle Veränderung auf einer breiten städtischen Ebene zu untersuchen. Die Gründe dafür werden in den folgenden Punkten dargelegt:

1. Eine in großen Zügen dargestellte Untersuchung von ganz West-Berlin mag vielleicht Gegenden von besonderem Interesse aufdecken, die als Anfangspunkte für weitere Studien der tiefer in der Hierarchie liegenden Veränderung benutzt werden könnte.

2. Es ist recht schwierig, irgendein kleines Gebiet, wie z. B. Bezirk oder Nachbarschaft, umfangsmäßig zu definieren, außer auf einer abstrakten Ebene.

3. Gewisse abstrakte Merkmale, wie z. B. Prestige, Armut oder Stolz sind mit bestimmten Bezirken oder Straßen verknüpft. Wenn auch der Einfluß dieser Variablen bei der Formung eines Images von einem Gebiet zweifellos groß ist und auch Teil eines nützlichen Forschungsgebietes sein könnte, ist er dennoch schwer zu messen (Waterhouse, A., 1966). Bei der Ermittlung der Veränderung auf der städtischen Ebene würde der Einfluß solcher komplizierten Faktoren geringfügig sein.

4. Tägliche innerstädtische Mobilität ist in West-Berlin hoch. Folglich haben wir keine Garantie, daß das Interesse einer jeden befragten Person sich auf einen abgegrenzten Stadtteil konzentriert. So wird die befragte Person, die in einem Bezirk arbeitet, in dem sie nicht wohnhaft ist, diese Gegend nicht so empfinden, wie z. B. eine Hausfrau. Dies gilt natürlich auch auf der gesamtstädtischen Ebene, aber der Effekt der unterschiedlichen Lage wird beträchtlich reduziert.

5. Die Daten über die Veränderung in der Wirtschaft, in der Bevölkerung und im Verkehr veranschaulichen die Situation in ganz West-Berlin. Wenn auch schon einige dieser Angaben über bestimmte Bezirke vorhanden sind, würde es dennoch schwierig sein, die ökonomischen und verkehrstechnischen Angaben auf der Bezirksebene zu interpretieren.

Der Entschluß, eine visuelle Veränderung für den Bereich der ganzen Stadt zu untersuchen, definiert den ganzen Umfang des Forschungsentwurfes. Auf diese Weise wird es möglich sein, die Untersuchung in Form einer Frage abzugrenzen: Wie reagieren Personen *im allgemeinen* auf eine bauliche Veränderung in West-Berlin?

Eine Berücksichtigung der Detail- oder Lokalveränderung kann deshalb zu diesem Zeitpunkt wegfallen, in der Annahme, daß alle befragten Personen das Stadtbild West-Berlins vor Augen hatten und eine Veränderung, die in den letzten Jahren stattgefunden hat und auch weiterhin stattfinden wird, wahrnehmen.

Wir haben gesehen, daß kontrollierte Laborexperimente eine größere Möglichkeit bei der Untersuchung tiefgründiger Einstellungen bieten, und zwar unter Verwendung anderer, sorgfältiger ausgeführter Techniken und Apparaturen. Allerdings sind sie in ihrem Anwendungsbereich begrenzt.

Diese Arbeit schlägt vor, eine den Zweck nicht verbergende Interview-Technik anzuwenden. Erstens gibt es keinen ersichtlichen Grund, warum der Befragte über die Absicht der Untersuchung, die sich ja nicht mit privaten oder persönlichen Informationen befaßt, im Unklaren gelassen werden sollte. Zweitens stehen dem heutigen Forscher noch keine Labor-Methoden zur Verfügung.

Die Interview-Technik dieser Studie besteht aus drei Hauptkomponenten:
1. aus Versuchen, die entworfen wurden, um die Einstellung der Befragten auf der gesamtstädtischen Ebene West-Berlins zu ermitteln;
2. aus Fragen, die mit bestimmten persönlichen Merkmalen in Verbindung stehen, die vielleicht für einen Teil der Variation in den Reaktionen verantwortlich sind;

3. aus Versuchen, die darauf abgezielt sind, die vorherrschenden Wertvorstellungen des Befragten zu ermitteln, da sie vielleicht auch für einen Teil der Reaktionsvariation verantwortlich sind.

Eine bedeutende Voraussetzung bei der Wahl dieser Komponente ist, daß, wie wir aus der Überprüfung in Kapitel II ersehen haben, die Reaktion auf einen gegebenen Stimulus eine Funktion der Stimulussituation und eine Funktion der Persönlichkeit der beobachtenden Person ist. Dieses kann man folgendermaßen ausdrücken:

$$R = f(S.P.) \quad \quad \quad \quad \quad (1)$$

wobei R = die Art und die Größe der Reaktion,
S = die Stimulussituation,
P = die Art der Persönlichkeit darstellt.

Für eine gegebene Stimulussituation S_j und für eine gegebene Persönlichkeit P_i:

$$R_{ij} = f(S_j P_i)$$

Falls die Funktion der Situation S_j durch viele strukturelle Determinanten-Indices repräsentiert ist, wie im Kapitel II besprochen, dessen Werte bja, bjb, etc. sind, ergibt sich:

$$S_j = bja, bjb \ldots \ldots bjn \ldots \ldots (2)$$

und falls die individuelle Persönlichkeit durch viele Merkmale A_i, B_i, etc., repräsentiert wird, dann ergibt sich:

$$P_i = A_i, B_i \ldots \ldots N_i \ldots \ldots (3)$$

Aus (1), (2) & (3) schließen wir, daß:

$$R_{ij} = bjaA_i + bjbB_i + \ldots \ldots bjnN_i \ldots \ldots (4)$$

Ferner kann man unserer Diskussion in Kapitel II entnehmen, daß die Summe aller Reaktionen auf eine Veränderung innerhalb einer gegebenen Zeitspanne das Produkt aller stattgefundenen Veränderungen ist, welche sämtliche ökonomischen und sozialen Veränderungen und die gesamten Persönlichkeitsmerkmale und Wertvorstellungen mit einschließen. Dieses kann man folgendermaßen ausdrücken:

$$E_k = C_{pk} \left(\overset{y}{\underset{x=1}{E}} \quad \overset{e}{\underset{i=1}{E}} \quad \overset{s}{\underset{r=1}{}} \quad \overset{h}{\underset{j=1}{p \cdot k}} \; E_k \right) (bcd) + a \ldots \ldots (5)$$

Abhängig von: (1) $C = P - \overset{n}{\underset{m=1}{E}} q \quad (m = 1, 2 \ldots \ldots n)$

Analyse visueller Veränderungen in Städten

(2) $\quad i = 1, 2, \ldots\ldots\ldots e$

(3) $\quad x = 1, 2, \ldots\ldots\ldots y$

(4) $\quad r = 1, 2, \ldots\ldots\ldots s$

(5) $\sum_{x=1}^{y} E_k : E_k = K \sum_{j=1}^{h} \quad (j = 1, 2, \ldots\ldots\ldots h)$

(6) $\quad m = 1, 2, \ldots\ldots\ldots n$

wobei

E = Summierung
k = Ort der Veränderung = konstant
p = Zeitspanne der Veränderung
Cpk = eigentliche Veränderung C am Ort k während einer Zeitspanne p
y = individuelle Reaktion
e = ökonomische Veränderung innerhalb einer Zeitspanne p
s = soziale Veränderung
h = Veränderung der Persönlichkeitsmerkmale und Werte.
a, b, c und d sind Parameter.
Summierung schließt alle Befragten am Ort k ein.

Eine weitere Annahme ist, daß die Gesamtreaktion direkt mit der Variation der gesamten Persönlichkeitsmerkmale und Werte variiert oder:

$$K \cdot \sum_{j=1}^{h} E_k = \sum_{x=1}^{y} E_k \ldots\ldots\ldots (6)$$

Deshalb ist die gesamte Stimulussituation, West-Berlin, eine Konstante und von der Gleichung (2)

$$k = S_j = b_j a \ldots\ldots\ldots b_j n.$$

Wir befassen uns außerdem mit der Festsetzung der relativen Bedeutung der verschiedenen Faktoren, die eine Reaktion beeinflussen. Aus der Gleichung (6) entnehmen wir, daß wir jedoch nur die Faktoren, die zu der Variation in den Persönlichkeitsmerkmalen und Wertschemata beisteuern, zu betrachten haben, um ein Variationsmodell der Reaktion zu konstruieren. Wenn diese Faktoren erst einmal quantifiziert worden sind, dann ist es möglich, diese miteinander in einer multiplen Regressionsanalyse zu vergleichen. Die typische Form dieses Modells ist:

$$Y = fa + fb + fc + fd + \ldots\ldots\ldots + fn \ldots\ldots (7)$$

wobei n die gesamte Anzahl der beeinflussenden Variablen ist, oder aus der Gleichung (4) und (6)

$$Y = a + b_1 x_1 + b_2 x_2 + \ldots\ldots\ldots + b_n x_n + e + K \ldots\ldots (8)$$

wobei Y eine abhängige, irgendeinen Maßstab für eine Reaktion gegenüber einer visuellen Veränderung reflektierende Variable ist;

x ein auf Persönlichkeitsmerkmalen und Werten basierender Faktor ist;

a und b von der Analyse abstammende Konstante sind; und

e die gesamte nicht bewertete Variation Y darstellt.

K ist die Stimulussituation und bildet nicht einen Teil des Modells.

Offensichtlich wird das multiple Regressionsmodell nicht die ganze Variation in Y bewerten können, und dieses aus zwei Gründen:

a) Wir ziehen Variablen in Betracht, die wegen ihrer abstrakten Natur schwer zu quantifizieren sind.

b) Unsere heutigen Kenntnisse von den Determinanten der Einstellungen sind unzureichend. Deshalb können nicht alle Einfluß nehmenden Variablen in unser Modell eingeschlossen werden.

Die unmittelbare Aufgabe besteht darin, die am besten geeignete Methode für das Herausarbeiten der Reaktion auf eine visuelle Veränderung zu bestimmen und die persönlichen Werte und Charakteristika, die, wie wir glauben, erheblich zu Unterschieden in der Reaktion beitragen, auszuwählen.

3.3 Die Ermittlung der Einstellung der Öffentlichkeit zur visuellen Veränderung

Wenn wir auf die Diskussion über Einstellungsmodi zurückgreifen, dann erinnern wir uns, daß wir bei der Ermittlung der Einstellung eine Anwendung verschiedener Techniken für notwendig hielten, statt auf eine einzige Basis angewiesen zu sein. *In dieser Untersuchung werden drei voneinander abhängige Methoden angewandt werden:*

1. die Verwendung eines persönlichen Interviews, das auf einer Serie von geeigneten offenen Fragen, die subjektiv interpretiert werden, basiert;

2. die Ermittlung einer Reaktion auf eine Serie von Photographien;

3. die Verwendung einer Serie von logisch aufgebauten, geschlossenen Fragen, deren Antworten quantifiziert und in Form von Variablen auf das multiple Regressionsmodell angewandt werden können.

Es wurde schon gesagt, daß eine reine Begehung des Untersuchungsgebietes eine ungenügende Basis für den Aufbau einer Versuchsserie ist; das Konzept des „trainierten Beobachters" ist verdächtig, weil es voraussetzt, daß Gebiete besonderen Interesses von der eigenen subjektiven Beobachtungsgabe des Forschers erkannt werden können. Aus diesem Grunde wurde ein Probe- und ein Phototest angewandt, bevor eine endgültige Methode formuliert wurde. So war es möglich, mehrere hervorstechende Faktoren, die die Basis für die Endversuche bilden, zu definieren.

3.31 Aufbau des Modellversuches – Quantifizierung der Reaktion

Kapitel II umreißt die verschiedenen Methoden, die eine Vermessung der Einstellung ermöglichen. Im Prinzip sind die schon formulierten Methoden für die augenblickliche Aufgabe gründlich genug, und es besteht keine Notwendigkeit, neue Techniken zu entwickeln, um die benötigten Werte zu erhalten.

Wenn man die fünf von Klineberg postulierten Veränderungsdimensionen neu interpretiert, könnte die Aufgabe des Versuchsmodells folgendermaßen dargestellt werden:

1. *Richtung:* Empfindet ein Berliner die visuellen Veränderungen, die auftreten und die seit 1930 aufgetreten sind, als angenehm oder als unangenehm?

2. *Grad:* In welchem Ausmaß empfindet er die Veränderungen als angenehm oder unangenehm?

3. *Intensität:* Wie stark empfindet er die Veränderungen?

4. *Konsistenz:* Empfindet er genauso gegenüber mehreren Arten von visuellen Veränderungen oder nur gegenüber vereinzelten Beispielen?

5. *Äußerungsbereitschaft:* Wie willig ist er, eine Meinung über seine Einstellung in dieser Hinsicht auszudrücken?

3.32 Richtung, Grad, Konsistenz

Das Konzept einer visuellen Veränderung ist natürlich komplex, und jede Einstellung auf Veränderungen in der gebauten Umwelt, in der die Gefühle des Gefallens, des Mißfallens oder der Gleichgültigkeit in einer Person gemischt sind, muß ambivalent sein. Die vorherrschende Einstellung wird ganz von der Stimmung des Betrachters und von der Art der vorliegenden Veränderung abhängen. Deshalb würde es mehr Erfolg versprechen, Reaktionen auf spezifische, zur Debatte stehende Fragen hervorzurufen, die mit Veränderungen auf Stadtebene verbunden sind, als allgemeine Fragen, die in dem unabgeschlossenen Interview benutzt wurden, zu stellen. Die Skalen von Bogardus und von Likert, die die Richtung und den Grad der Einstellung messen, würden diesem Zweck vortrefflich dienen.

Das Verfahren von Likert verwendet die Auswahl einer bestimmten zur Debatte stehenden Frage; die Personen werden darin gefragt, ob sie mit der Frage einverstanden sind oder nicht. Die Grade des Einverständnisses oder der Mißbilligung können zwischen den beiden Extremen *sehr einverstanden* oder *entschieden dagegen* eingestuft werden. Es ist jedoch offensichtlich, daß eine Reaktion auf eine einzelne Frage keine große Sicherheit dafür bietet, daß sie die wahre Einstellung der befragten Person wiedergibt. Die Verwendung einer Serie von Behauptungsfragen kann andererseits die Konsistenz der Einstellung andeuten und auch zur Kontrolle dienen. Auf diese Weise können die Richtung, der Grad und die Konsistenz der Einstellung der befragten Person festgestellt werden.

1. Es wurde darauf hingewiesen, daß die auffälligste Veränderung Berlins dadurch gekennzeichnet ist, daß die Höhe und die räumliche Beziehung neuer Gebäude zueinander stärker variiert als früher. Tatsächlich formten die zahllosen Wohnblöcke, die die Straßen säumten und aus vier oder fünf Stockwerken bestanden, ähnlich wie in anderen europäischen Städten, den visuellen Charakter Berlins. Ferner zeigte der Probetest, daß diese bestimmte Art der visuellen Veränderung von allen befragten Personen bemerkt wurde. Eine Behauptung wie die folgende, würde eine wichtige Einstellung auf Veränderungen im Stadtbild West-Berlins ausdrücken:

„Ein großer Teil von dem ursprünglichen Charakter Berlins beruht darauf, daß viele Häuser die gleiche Höhe hatten, nämlich 4 oder 5 Stockwerke. Manche meinen nun, daß (abgesehen von der Fahrstuhlfrage) die neuen Gebäude eher von gleicher Höhe sein sollten, damit dieser Charakter erhalten bleibe, als daß man viele Hochhäuser errichten sollte."

2. Diese Behauptung beschäftigt sich mit einem bestimmten, wenn auch einem weit formulierten Aspekt der visuellen Veränderung. Eine mehr allgemein gehaltene Nachprüfung würde sich nicht nur auf eine räumliche Beziehung der Gebäude beziehen, sondern auf alle visuellen Aspekte auf Stadtebene. Eine Nachprüfung sollte die Reaktion nicht nur auf eine Veränderung, die schon stattgefunden hat, sondern auch auf eine Veränderung, die weiterhin stattfinden wird, untersuchen.

„Berlin ist eine in zunehmendem Maße attraktive Stadt, in der man erleben und sehen kann, wie der Wiederaufbau vorangeht, und wie überall neue Gebäude errichtet werden."

In beiden Behauptungen wurde Wert darauf gelegt, daß die Aufmerksamkeit auf die stattfindende Veränderung im allgemeinen gelenkt wird. Die Reaktion auf beide, eingestuft zwischen starker Zustimmung und starker Ablehnung, bestimmt Richtung und Grad der Einstellung. Wenn man auch nicht behaupten kann, daß ähnliche Reaktionen gegenüber beiden eine Konsistenz andeuten (durch ihre irgendwie verschiedenartige Betonung), so bleibt doch die Tatsache bestehen, daß zwei Einstellungen gegenüber wichtigen Veränderungsaspekten bestimmt worden sind.

3. Die oben gegebene Behauptung beschäftigt sich mit der allgemeinen zur Zeit stattfindenden Veränderung. Wir möchten auch gerne wissen, wie die Öffentlichkeit das gegenwärtige Erscheinungsbild West-Berlins mit dem, sagen wir, vor dreißig Jahren vergleicht. In den vorangegangenen Untersuchungen gab es keine Andeutung dafür, daß die breite Öffentlichkeit vorwiegend das vergangene dem gegenwärtigen Aussehen Berlins, oder umgekehrt, vorzieht. Eine weitere Behauptung, die auch als Prüfung der vorherrschenden Meinung angesehen werden kann, wäre:

„Im ganzen gesehen war Berlin vor 30 Jahren viel schöner als es heute ist. Sind Sie von Ihrer Erfahrung her oder von dem, was Sie gesehen oder von anderen Leuten gehört haben, die die Stadt damals kannten, der gleichen Meinung? "

Die Reaktion auf die drei oben erwähnten Behauptungen könnte als Maß der Konsistenz benutzt werden. Wieder setzen alle drei einen unterschiedlichen Akzent und beziehen sich auf verschiedene Veränderungsaspekte; jedoch können die Antworten auf alle drei einige Anhaltspunkte für die Einstellung auf eine allgemeine Veränderung geben.

4. Bei einer Anwendung der Bogardus-Technik ist es möglich, eine umfassende Behauptungsauswahl einzuschließen, und auch gleichzeitig die Richtung und den Grad der Einstellung zu ermitteln, und zwar folgendermaßen:

„Welche der folgenden Maßnahmen hätte man Ihrer Meinung nach für West-Berlin ergreifen sollen:

a) Hätte man den Versuch machen sollen, wo immer es möglich war, die Stadt weitgehend wieder so aufzubauen, wie sie vor dem Kriege war, um ihre früheren Reize wiederzugewinnen?

b) Hätten alte und zerstörte Stadtteile sorgfältig in ihrem früheren Charakter wiederaufgebaut werden sollen, und ganz moderne Gebäude hätte man nur zulassen dürfen, wo es aus wirtschaftlichen Gründen notwendig war?

c) Hätte man die alten und zerstörten Gebiete abreißen und moderne Gebäude hinsetzen sollen, aber dabei darauf achten, daß diejenigen Teile und Gebäude von historischem und architektonischem Wert erhalten und wiederhergestellt werden?

d) Hätte ein völlig neuer Plan für ganz West-Berlin, der auf totalen Abriß und Neuaufbau ganzer Bezirke zielt und der den modernsten architektonischen und planerischen Prinzipien entspricht, entworfen werden sollen?"

Es ist notwendig, den ganzen Bereich der möglichen Alternativen in den vier Behauptungen zu erfassen, daher die breitangelegte Frage. Die Abstufung zwischen den vier — von einer maximalen Erhaltung der alten und bestehenden Anlagen, bis zu einer maximalen Veränderung im Stadtbild — wird als gleichwertig verstanden. Die befragte Person zeigt ihre Haltung gegenüber einer Veränderung in West-Berlin an, indem sie eine von den vier gegebenen Alternativen auswählt. Ihr Vorzug entstand vielleicht aus ganz anderen als rein visuellen Gründen; Effizienz und Zweckdienlichkeit werden auch ein entscheidender Faktor sein, die ganz von den Dominantwerten einer Person abhängen. Jedoch wird uns in Kapitel II gezeigt, daß die Wahrnehmung des Erscheinungsbildes bestimmter Objekte von der Wahrnehmung ihrer Funktion gefärbt ist. Diese Qualifikation trifft natürlich auf alle Testfragen zu.

5. Das Ziel dieser Studie besteht darin, eine Reaktion auf nur eine Ebene der visuellen Veränderung — auf städtischer Ebene — zu untersuchen, und die oben angeführten Behauptungen beziehen sich eher auf ausgedehnte Veränderungen als auf Einzelheiten oder eine bestimmte Gegend. Abgesehen von der Notwendigkeit, sich auf diesen einen Aspekt zu konzentrieren, ist es jedoch möglich, aus den Versuchen zu ermitteln, ob eine bedeutungsvolle Beziehung zwischen der Einstellung auf eine ausgedehnte Veränderung und der Einstellung auf eine Ver-

änderung eines bestimmten Objektes besteht. Das nicht geschlossene persönliche Interview beschäftigt sich mit dieser Frage etwas gründlicher, indem es Fragen über bestimmte Gebäude aufwirft, und es würde sich deshalb lohnen, wenigstens eine von den Fragen diesem Modell beizufügen. Es wurde immer wieder in den Vorversuchen bemerkt, daß alle befragten Personen wenigstens einmal die Kaiser-Wilhelm-Gedächtniskirche erwähnten. Ihre ungewöhnliche und auffallende architektonische Lösung durch das Errichten von zwei hexagonalen Formen, die jetzt vor der Ruine des alten Kirchturmes stehen, und ihre prominente Lage am Ende des Kurfürstendammes machten diese Kirche für die meisten Bewohner Berlins bedeutsam. Die Gedächtniskirche ist ferner international bekannt und wird von vielen Menschen als ein Symbol West-Berlins angesehen. Deshalb wäre es angemessen, nur die Einstellung auf die Veränderung dieses besonderen Objektes zu untersuchen. Die Geschichte einer Veränderung aus jüngster Zeit eignet sich besonders gut für die Aufstellung einer entsprechenden Testfrage:

„Wie hätten Sie sich den Wiederaufbau der Kaiser-Wilhelm-Gedächtniskirche in Berlin gewünscht?"

a) Hätte sie genau so wiederaufgebaut werden sollen, wie sie war?

b) Hätte die Ruine ganz niedergerissen werden sollen, damit eine moderne Kirche gebaut werden konnte?

c) Glauben Sie, daß die kirchlichen Neubauten neben der Ruine die beste Lösung sind?

d) Glauben Sie, daß die Ruine ganz hätte entfernt werden sollen, damit die Fläche anderweitig genutzt werden konnte?

Die vier Behauptungen sind gleichmäßig zwischen Minimum- und Maximumveränderung der Struktur eingestuft. Die Verwendung als eine Gedächtniskirche und das Ausmaß ihrer symbolischen Bedeutung für Berlin steigert die Wichtigkeit ihrer Erscheinung gegenüber der Wichtigkeit ihrer Funktion.

3.33 Intensität und Äußerungsbereitschaft

6. Die Konzepte der Intensität und Äußerungsbereitschaft sind insofern miteinander verbunden, als der Ausdruck einer Einstellung durch gewisse Handlungen oder mündliche Äußerungen ausnahmslos eine verhältnismäßig intensive Haltung gegenüber einer zur Debatte stehenden Frage beweist. Man kann ferner annehmen, daß die Intensität einer eingenommenen Haltung teilweise von der Stärke der ästhetischen Werte des Befragten, im Vergleich zu seinen anderen Dominantwerten, bestimmt wird. Mit anderen Worten, worauf ist er bereit für einen Gewinn im visuellen Bereich zu verzichten? Das ist eine schwierige Frage, und sie erfordert eine größere Auswahl von Behauptungsfragen als die, die durch die Likert-Technik entwickelt werden können. Die Thurstone-Technik würde für diesen Fall besser geeignet sein. Die Methode schließt die Formulierung einer Anzahl von Behauptungen über wichtige zur Debatte stehende Fragen ein, was man eventuell eine „Verzichtskala" nennen kann. Die befragte Person muß die-

jenige Frage auswählen, die ihrer Meinung nach die größte Berücksichtigung und Aufmerksamkeit erfordert. Alle Behauptungen sollten, so weit es möglich ist, von gleicher Bedeutung sein:

„Sollten die für West-Berlin verantwortlichen Planer Ihrer Meinung nach —
a) für mehr Grünflächen und Erholungsanlagen für alle Altersstufen der Bevölkerung sorgen;
b) dem Problem von Verkehrsstauungen mehr Aufmerksamkeit widmen;
c) den Wohnungsbau verstärken und den Anforderungen der Mieter besser entsprechen;
d) sich darum bemühen, das Bild und die Erscheinung der Stadt als Ganzes sichtbar noch attraktiver zu gestalten?

7. Bei der Anordnung der oben gegebenen Alternativen von einer ersten bis zu einer vierten Wahl, zeigt die befragte Person die Intensität ihrer Einstellung auf das Erscheinungsbild West-Berlins an in Beziehung zu anderen Fragen. Dieses wiederum deutet sowohl die Intensität und die Äußerungsbereitschaft ihrer Gefühle gegenüber einer Veränderung im Erscheinungsbild an. Die Richtung seiner Einstellung kann jedoch nicht nach der Reaktion beurteilt werden; wenn auch das Wort „attraktiver" irgendeine Art von Veränderung andeutet, zeigt es doch nicht an, ob dieses durch Wiederherstellung und Erhaltung oder durch Wiederaufbau erreicht werden soll. Eine direkte Methode zur Ermittlung der Intensität der Äußerungsbereitschaft und der Richtung würden wir in der Likert-Technik finden, wobei wir aber den Faktor des Verzichtes beibehalten:

„Manche sagen, man hätte mehr Geld dafür aufwenden sollen, um alte Bezirke von West-Berlin in ihrem ursprünglichen Charakter zu erhalten oder wiederaufzubauen, als für den Bau von U-Bahnlinien und Stadtautobahnen."

Ein Hinweis auf beides, öffentliche und private Beförderungsmittel, bietet uns die Gewähr, daß fast alle Befragten persönlich von dieser zur Debatte stehenden Frage betroffen werden. Abgesehen von der Ermittlung der Einstellung, wird es ferner möglich, den relativen Wert der Effizienz und der Zweckdienlichkeit zu ermitteln.

3.34 Das Image von West-Berlin

Abgesehen von der Ermittlung der Einstellung und von dem Vorzug, den die Öffentlichkeit einer visuellen Veränderung gibt, ist es wichtig, zu verstehen, in welchem Ausmaß eine solche Veränderung eine Komponente des allgemeinen Image von West-Berlin bildet. Mit anderen Worten, in welchem Umfang wird die Veränderung der Stadt im Vergleich zu anderen Faktoren, die das Bild West-Berlins ausmachen, wahrgenommen? So ist die Richtung, die Konsistenz, die Intensität, die Äußerungsbereitschaft und der Grad der Einstellung durch eine Anwendung der vorherigen Maßnahmen ermittelt worden; nun möchten wir ferner wissen, wie diese besondere Einstellung im Vergleich mit anderen Einstellungen gegenüber der Stadt aussieht.

Dieses kann auf zwei verschiedene Weisen erreicht werden: Erstens könnte die Technik, die von Kevin Lynch angewandt wurde, benutzt werden, wobei, wie in dem nicht abgeschlossenen Test, eine Reihe von allgemeineren, sich auf die Wahrnehmung des Stadtbildes beziehende Fragen gestellt werden. Die Antworten werden dann subjektiv ausgelegt und durch eine Datenskizzierung ergänzt. Auf diese Weise werden die wichtigen baulichen Komponenten des Image bestimmt. Es kann dann angenommen werden, daß irgendeine Veränderung dieser Elemente eine deutlich erfaßte Komponente des ganzen Image bildet. Die Größe dieser Komponenten ist natürlich nicht an Hand von objektiven Methoden meßbar. Die zweite Methode, die hier benutzt wurde, schließt abstrakte Konzepte mit ein und ist im Grunde unkompliziert.

8. Eine Serie von Adjektiven wird dem Befragten vorgelegt. Jedes Adjektiv könnte den Charakter, die Atmosphäre oder das Aussehen West-Berlins beschreiben und eines dieser Adjektvie ist „verändernd". Die teilnehmende Person wird dann gebeten, die Adjektive, so wie sie sie für die West-Berliner Situation passend findet, einzustufen. Aus einer Serie von Einordnungen könnte man das Image der Stadt, wie es von der breiten Öffentlichkeit gesehen wird, und die relative Wichtigkeit, die eine Veränderung bei der Formung eines Images spielt, erhalten. Der Nachteil dieser Methode ist, daß nur eine begrenzte Anzahl von Adjektiven benutzt werden kann, weil sonst die teilnehmende Person Schwierigkeiten bei der Einstufung haben könnte. Man beabsichtigte ein Maximum von zwölf Fragen — die man beinahe gleichzeitig übersehen kann — zu benutzen. Sie sollen visuelle, hörbare und abstrakte Situationen darstellen:

laut,	schön,	deprimierend,
gefährlich,	eintönig,	häßlich,
sich ständig verändernd,	aufregend,	geschäftig,
grau,	ruhig,	grün.

Es ist erkennbar, daß gewisse Adjektive, wie z. B. „geschäftig", „aufregend" und „laut" sehr eng mit einer Veränderung verbunden sind, während „ruhig" und „eintönig" enger auf eine beständige, sich nicht verändernden Umgebung bezogen sind. So wird das Wort „sich ständig verändernd" durch die Stellung dieser Adjektive in der Rangeinordnung unterstützt.

Die Benutzung von Worten wie z. B. „schön, „deprimierend", „aufregend", „eintönig", „gefährlich" und „häßlich" kann den Grad der Zufriedenheit einer befragten Person mit der Stadt andeuten. So legen wir nicht nur ihre Vorstellungen von West-Berlin fest, sondern stellen auch ihre Einstellung zum Image der Stadt fest.

9. Es wird zusätzlich noch ein direkter Test für eine genaue Festlegung der Einstellung einer befragten Person auf das allgemeine Leben in der Stadt benötigt. Dieses erreicht man durch eine direkt auf das Objekt gelenkte Frage, in der man die teilnehmende Person bittet, ihre Einstellung zur Stadt zu äußern:

„Wie würden Sie West-Berlin im allgemeinen von Ihrem Standpunkt aus als Wohnort einstufen? "

sehr gut
gut
annehmbar
schlecht
sehr schlecht.

10. Der letzte Einstellungstest versucht den Ort, der von der befragten Person als Wohnort bevorzugt wird, sei es Großstadt, Mittel- oder Kleinstadt oder das Land, herauszufinden. Der Grund für das Stellen dieser Frage ist die Ermittlung einer eventuellen Verbindung zwischen der Einstellung auf eine Veränderung, wie die, die wir in der vorangegangenen Testserie gemessen haben und zwischen der Wahl des Wohnortes. Im Kapitel I wurde dargelegt, daß die sich am schnellsten verändernde Umgebung die Großstadt ist, und die am wenigsten sich verändernde Umgebung auf dem Lande liegt. Dies läßt darauf schließen, daß eine positive Verbindung zwischen dem bevorzugten Wohnort und der Einstellung auf eine Veränderung bestehen könnte.

3.35 Einstufbarkeit des Einstellungstests

Die oben erwähnten zehn Einstellungsebenen sind aus einer größeren Serie von Versuchen ausgewählt worden, die dann an Hand verschiedener Methoden auf die obige Komponente reduziert wurde. Die Guttman-Kriterien, die für die zehn Messungen benutzt wurden, sind:

Test der Einstufbarkeit;
Kriterien der Schwankungen;
Kriterien der Irrelevanz.

Während die Einstellungsurteile oben gegeben werden, sind die detaillierte Methode der Staffelung, die Querschnittgröße, die Aufstellung des Fragebogens und die Methode der Verteilung hauptsächlich von der Gestaltung der anderen zwei Komponenten des Fragebogens — denen der Persönlichkeitsmerkmale und des Tests über Dominantwerte abhängig. Deshalb wird das Verfahren am Ende dieses Kapitels, im Anschluß an die Diskussion über weitere Komponenten, erklärt. In diesem Stadium genügt es zu erwähnen, daß eine vorbereitete Prüfung der zehn Messungen der Einstellung bei dreißig Personen zeigte, daß:

a) Die dabattierten Fragen wirklich meßbar waren gemäß Guttman's „Kriterien der Skalierbarkeit". Deshalb war es möglich, die Personen zwischen hoch und tief so einzustufen, daß man schon aus der Stufung der befragten Personen allein ihre Reaktion auf jeden Gegenstand deutlich herausarbeiten konnte.

Es wurde festgestellt, daß nicht alle auf einen Gegenstand in gleicher Weise reagieren; sie waren somit gültig. Die Resultate erscheinen in Kapitel IV.

b) Keinem der Tests wurde ein mehrdeutiger Inhalt zugesprochen, und die Reaktionen teilten sich richtungsmäßig sehr. Daraus wurde entnommen, daß die Formulierung zufriedenstellend war.

c) Bei der Anwendung von Thurstone's Kriterium der Irrelevanz wurde entdeckt, daß die Reaktionen mit den Persönlichkeitsmerkmalen oder den Dominantwerten, die durch die anderen Komponenten im Fragebogen festgelegt wurden, nicht vereinbar waren.

3.4 Ermittlung von Persönlichkeitsmerkmalen

Die oben aufgeführten Messungen der Einstellung auf eine Veränderung bilden die abhängige Variable oder die Y-Komponente der multiplen Regressionsanalyse. Die unabhängige Variable oder X-Komponente besteht aus den Persönlichkeitsmerkmalen und den Dominantwerten, die, wie man glaubt, zu der Variation in Y beitragen. Acht Persönlichkeitsmerkmale sind in dieser Beziehung erwähnenswert.

1. *Alter:* Man kann behaupten, daß das Alter bei der Ermittlung einer Einstellung auf eine Veränderung aufschlußreich sein kann. Es gibt einen recht starken Indizienbeweis für einen wachsenden Konservatismus, erhöhte Vorsichtsmaßnahmen und einen demgemäß verminderten Radikalismus mit zunehmendem Alter (Cattell, R. B., 1965). Deshalb würde man eine Abhängigkeit zwischen dem Grad der Bereitschaft, eine neue visuelle Situation zu akzeptieren, und dem Alter der befragten Person erwarten.

Abgesehen von dem Interesse, die Art dieser Verbindung festzustellen, würden wir auch ferner wissen, wie die verschiedenen Altersgruppen auf individuelle Einzelheiten im Fragebogen reagieren. Ältere Menschen werden eine tiefere Kenntnis von der früheren baulichen Situation haben; ungeachtet ihrer Einstellung auf die Veränderung *per se*, würden wir gerne die Vergleiche zusammenfassen, die sie zwischen der vergangenen und der gegenwärtigen Situation ziehen.

2. *Geschlecht:* Moore hat uns gezeigt, daß Frauen konservativer eingestellt sind als Männer (Moore, H. T., 1929), und Allport und Vernon haben uns bewiesen, daß die ästhetischen Werte bei Frauen dominieren (Allport, G. W., und Vernon, P. E., 1960). Möglicherweise mag das Geschlecht der befragten Person eine wichtige Rolle bei der Ermittlung ihrer oder seiner Einstellung auf eine visuelle Veränderung spielen und wird deshalb mit in die Analyse eingeschlossen. Ein weiterer wichtiger Faktor ist die große Anzahl alleinstehender Frauen in West-Berlin. Das könnte vielleicht bis zu einem gewissen Grad die Einstellung auf das allgemeine Stadtbild beeinflussen.

3. *Ausbildung:* Es gibt Untersuchungsergebnisse, daß, was nicht überraschend ist, Leute mit höherem Ausbildungsstand und -erfolg einen relativ stärkeren allgemeinen Wissensdrang haben (Cattell, R. B., 1965). Dieser Faktor steht demzufolge in positiver Verbindung mit den relativ höheren radikalen Werten (Cattell, R. B., 1965). Daraus abgeleitet könnte man erwarten, daß die Person, die eine kürzere Ausbildung genossen hat, bereitwilliger eine *status quo*-Situation vorziehen würde als eine gebildete Person. Dies kann sich auch auf eine visuelle Veränderung einer Stadt beziehen und wird aus diesem Grund in dieser Arbeit in Erwägung gezogen werden.

4. *Beruf:* Es gibt natürlich eine direkte Abhängigkeit von Beruf und Ausbildungsstufe. Man dachte jedoch, daß gewisse Wertschemata des Befragten wegfallen würden, wenn man seinen Beruf nicht auch mit in Betracht ziehen würde. Man kann sich zum Beispiel vorstellen, daß die Wertschemata eines Geistlichen konservativer sind, als die eines im Werbefach tätigen Mannes, und ihre Reaktion auf eine visuelle Veränderung könnte dementsprechend gelenkt werden. Der Grad von Stabilität und Konservatismus des Berufes und die Institution, bei der der Befragte angestellt ist, könnten tatsächlich eine vielsagende Rolle bei der Ermittlung der in Frage gestellten Einstellungen spielen.

5. *Wagenbesitz:* Wenn wir auch keinen überzeugenden Beweis geben können, der ein Einbeziehen des Wagenbesitzes als eine unabhängige Variable rechtfertigt, glauben wir dennoch, daß dies wenigstens in Erwägung gezogen werden sollte. Eine Hypothese ist, daß eine Veränderung von denjenigen, die einen Wagen besitzen, mehr begrüßt wird als von den Nicht-Autobesitzern, und zwar aus folgenden Gründen:

a) Sie würden mehr als die Nicht-Wagenbesitzer dazu neigen, die Annehmlichkeiten und den Nutzen eines Wagens zuzugeben.

b) Ihr Durchschnittseinkommen und dementsprechend ihre Ausbildungsstufe ist höher als die eines Nicht-Wagenbesitzers. Auf diese Weise kann Autobesitz als ein Beweis für eine bestimmte Einkommensstufe dienen.

c) Ein beträchtlicher Teil der Veränderung im Stadtbild West-Berlins ist durch Verbesserungsprogramme im Straßenbau herbeigeführt worden. Ein Autofahrer würde geneigt sein, diese Veränderung als einen Fortschritt anzusehen.

d) Der Automobilmarkt baut darauf, daß die neueren Modelle ohne Zweifel leistungsfähiger sind, und daß ihre Form moderner ist und aus diesem Grund für viele begehrenswerter erscheint. Man könnte vielleicht eine Parallele zwischen der Wahrnehmung eines Autobesitzers von seinem Wagen und seiner Einstellung auf die anderen Aspekte in seiner Umgebung ziehen.

6. *Wohnort:* Wir möchten gerne klären, ob irgendeine Abhängigkeit zwischen den sozial-ökonomischen Gruppen und der Einstellung auf eine Veränderung besteht. Da exaktere Methoden zur Ermittlung des sozial-ökonomischen Status nicht vorhanden waren, war es notwendig, auf eine in gewisser Hinsicht grobe Messung der Wohngegenden zurückzugreifen. Dieser ging die Kenntnis voraus, daß das Durchschnittseinkommen pro Familie und das gesellschaftliche Ansehen zwischen den zwölf Verwaltungs-Bezirken von West-Berlin variieren.

7. *Wohndauer in Berlin:* Es wird nicht angenommen, daß die Anzahl der Jahre, die die befragte Person in Berlin gewohnt hat, erheblich zu der Variation in der Einstellung beiträgt. Jedoch würden wir gerne wissen, ob irgendeine Abhängigkeit zwischen der Einstellung auf eine Veränderung und der Dauer der Konfrontation mit dieser Veränderung besteht.

8. *Ort der längsten Wohndauer:* Wir haben schon einmal in einem der früheren Kapitel festgestellt, daß sich die städtische Umwelt schneller verändert. Der

Bewohner einer Stadt hat sich ohne Zweifel eher als ein Landbewohner an eine ständig, durch Menschenhand verursachte Veränderung gewöhnt. Eine soziale und ökonomische Veränderung wirkt sich auch viel dynamischer in der Stadt als auf dem Lande aus. Die Gründe für eine Umsiedlung in die Stadt sind natürlich komplex, enthalten aber vielleicht einen Teil Unzufriedenheit mit der nichtdynamischen Art des Land- und Kleinstadtlebens, und falls das der Fall sein sollte, wird eine Veränderung von neu Hinzuziehenden begrüßt werden. Jedoch glaubt man, daß eine an das Stadtleben gewöhnte Person viel leichter umfangreiche Veränderungen im Stadtbild als tägliche Norm akzeptieren würde als ein Bewohner vom Lande. Die befragte Person wurde deshalb gebeten anzugeben, ob sie den größten Teil ihres Lebens in einer Großstadt, in einer Kleinstadt oder auf dem Lande gelebt hat.

3.5 Ermittlung von Dominantwerten

Es wird in unserer Analyse angenommen, daß der Y-Faktor, der die Reaktion mißt, innerhalb der Abwandlungen des X-Faktors, der die Persönlichkeitsmerkmale und Wertschemata darstellt, variiert. Aus diesem Grunde sind wir nicht daran interessiert, die vergleichsmäßige Intensität der Werte zwischen den Personen aufzudecken, sondern viel mehr die Verbindung, die zwischen den jeweils unabhängigen Variablen, die zu der Variation in Y beitragen. Für jede beliebige Person, nennen wir sie i und j, könnte dieses folgendermaßen ausgedrückt werden:

$$Y_{1i} = a + b_1 d_{1i} + b_2 d_{2i} + \ldots\ldots\ldots b_n d_{ni} + b_1 \overset{p}{(E_{1i})} + e;$$

$$Y_{1j} = a + b_1 d_{1j} + b_2 d_{2j} + \ldots\ldots\ldots b_n d_{nj} + b_1 \overset{p}{(E_{1j})} + e$$

dabei ist:

$$b_1 d_{1i} + b_2 d_{2i} + \ldots\ldots\ldots b_n d_{ni} = K;$$

$$b_1 d_{1j} + b_2 d_{2j} + \ldots\ldots\ldots b_n d_{nj} = K$$

und K = Konstant
b = Faktoreninhalt
d_i, d_j = Dominantwerte der Fälle i und j
P_i, P_j = Persönlichkeitsmerkmale der Fälle i und j
E = Zusammenfassung.

Aus diesem Grund wird angenommen, daß die Summe aller beteiligten Dominantwerte für jede Person konstant ist. Es wurde schon früher vermutet, daß die totale Reaktion direkt mit der Abwandlung in den totalen Persönlichkeitsmerkmalen und Werten variiert, oder:

$$K \cdot \sum_{j=1}^{h} Ek = \sum_{x=1}^{y} Ek$$

Wir können deshalb ferner vermuten, daß die Summe all dieser Dominantwerte für alle Befragten ebenfalls eine Konstante ist.

$$\sum_{h=1}^{d} E = k$$

wobei h = 1, 2, ...d.

Die konstante Gesamtsumme der beteiligten Dominantwerte eines jeden einzelnen und folglich die Summierung all der beteiligten Werte eines jeden einzelnen — beide bilden eine Konstante — können künstlich hergestellt werden. Mit anderen Worten, wir bemühen uns nicht, das absolute Ausmaß der Dominantwerte eines einzelnen zu kennen, sondern nur ihre Zusammenhänge. Auch möchten wir nicht ihr absolutes Ausmaß mit dem bei anderen Personen, sondern nur wieder ihre Zusammenhänge vergleichen.

Offensichtlich müssen indirekte Methoden zur Feststellung der Werte benutzt werden, um gewisse verwendbare Daten zu gewinnen. Selbst Auswertungstechniken werden oft in Persönlichkeitsanalysen benutzt, wobei die Person Fragen über spezifische Verhaltungsaspekte zu beantworten hat. Die registrierten Verhaltensweisen werden dann in Form von korrespondierenden Persönlichkeitsmerkmalen ausgewertet. Der ermittelte Beweis wird meistens als Q-Data bezeichnet (Bass, B. M., und Berg, I. A., 1959). Die Persönlichkeitsmerkmale, die Objekt einer Beobachtung sind, hängen natürlich von der vorgeschlagenen Funktion der Resultate ab (Cattell, R. B., 1965).

Persönliche Einstellungen sind von der Stärke und den Verbindungen aller Persönlichkeitsmerkmale, die uns hier aber nicht beschäftigen sollen, abhängig. Jedoch ist die Auswertungstechnik von Reaktionen auf sich auf spezifische Verhaltensaspekte konzentrierende Fragen auch ein Weg zur Ermittlung von Werten (Thurstone, L. L., 1959).

Die unmittelbare Aufgabe ist jedoch, bevor eine angemessene Technik gefunden werden kann, die Rationalisierung der Dominantwerte, von denen man annimmt, daß sie zu einer Einstellungsänderung bei baulicher Veränderung des Stadtbildes beitragen. Kluckhohn hat eine Wertorientierungsliste erstellt, wodurch die allgemeine Ebene der Dominanten festgestellt werden kann (Kluckhohn, F. R., und Strodtbeck, F. L., 1961). Diese Methode ist auch in der Stadt- und Regionalforschung erfolgreich angewandt worden, und sie mißt bestimmte Werte, wie z. B. Klassenbewußtsein, Toleranz und gesellschaftliche Einstellung. Die Kluckhohn-Untersuchung ist jedoch durch ihre Vielfalt für unsere Aufgabe nicht so geeignet, obgleich sie auch bei der Anwendung auf einen Entwurfsprozeß eine potentielle Brauchbarkeit findet (Michelson, W., 1966).

Brown und Adams haben dargelegt, daß eine Verbindung zwischen der Häufigkeit von Wortwiederholungen und Werten besteht (Brown, D. R., und Adams, J., 1954). Mayer und Samborski haben die Arbeit von Brown und Adams in späteren Experimenten unterstützt (Mayer, B., und Samborski, W. A., 1955). In einem mündlichen Interview, das dem nicht geschlossenen Test in dieser Arbeit ähnelt, würde diese Methode sehr nützlich sein. Die Interpretation der Worte erfordert jedoch die Kenntnisse von auf diesem Gebiet erfahrenen Spezialisten.

Ästhetische Werte: Bei einer Einschätzung der Faktoren, die bei einer Beeinflussung der Einstellung auf bestimmte visuelle Stimuli hervorspringen, würde es erforderlich sein, die relative Stärke der ästhetischen Werte einer Person in Betracht zu ziehen. Es wird nicht angenommen, daß starke ästhetische Interessen die Richtung der Reaktion auf eine visuelle Veränderung bestimmen würden, aber der Grad und die Intensität der Einstellung könnten wohl dadurch beeinflußt werden. So bevorzugt vielleicht eine Person mit starken ästhetischen Interessen entweder die Stabilität und Reife eines vergangenen Baustils oder den sich ständig verändernden Stimulus der heutigen Architektur. Sie wird beides als anregend oder als eintönig empfinden, was ganz von der jeweiligen Persönlichkeit eines einzelnen abhängt. Wir müssen noch einmal unterstreichen, daß kein Versuch zur Ermittlung der absoluten Ebene der Dominantwerte unternommen wird, sondern daß wir nur ihren Zusammenhang herausfinden möchten.

Ökonomische Werte: Kapitel II hat versucht, den möglichen Zusammenhang zwischen der Art, wie ein Objekt wahrgenommen wird und seiner symbolischen Darstellung in einer Gesellschaft oder einer Institution zu schildern. Falls diese Hypothese sich als wahr erweist, können wir erwarten, daß diejenigen mit verhältnismäßig hohen ökonomischen Werten eine Veränderung als einen Fortschritt begrüßen werden. Ihre Wahrnehmung von dem Auftreten dieser Veränderung würde stark durch die funktionellen Determinanten, die Einstellungen, Persönlichkeitsmerkmale und Erfahrungen wiedergeben, bedingt sein. Andererseits ist es auch möglich, daß die befragte Person mit hohen ökonomischen Werten nicht selbst von dem allgemeinen ökonomischen Gewinn profitiert hat.

Das kann besonders der Fall sein bei der älteren Bevölkerung, deren finanzielle Position sich während der Periode der Umgestaltung nicht verändert hat oder sich sogar manchmal verschlechterte. Diese Menschen stehen tatsächlich einer gewissen Veränderung, visueller oder anderer Art, ablehnend gegenüber. Abgesehen von der Notwendigkeit den Einfluß zunehmenden Alters, der als Persönlichkeitsfaktor miteinbegriffen war, in Betracht zu ziehen, ist es offensichtlich, daß eine die individuellen ökonomischen Werte messende Technik angewandt werden muß.

Soziale Werte: Eine Person mit hohen sozialen Wertvorstellungen beschäftigt sich mit dem Wohlbefinden anderer und besonders mit der persönlichen Situation der schlecht gestellten Bevölkerung. Man kann erwarten, daß solche Menschen irgendeiner Veränderung in der vorhandenen ökonomischen und sozialen Struktur feinfühliger gegenüber stehen, da sie sich auf die allgemeine Bevölkerung auswirkt; von diesem Standpunkt her betrachtet, ist die Ermittlung der relativen Stärke der sozialen Werte in dieser Studie von Bedeutung. Wie in der Wirtschaft, mag die Wahrnehmung der visuellen Eigenschaften eines Objektes in geringerem Ausmaß von der Einstellung auf die für das Objekt verantwortliche Gesellschaft oder Institution abhängen. In dieser Hinsicht hat Anhang A die Aufmerksamkeit auf den nach dem Krieg aufgetretenen Verfall bestimmter sozialer Faktoren, wie die einer allmählichen Überalterung der Bevölkerung und einer Unterrepräsentierung der männlichen Bevölkerung gelenkt. So mag vielleicht eine Person mit relativ hohen sozialen Werten die physischen Anzeichen einer Veränderung der gebauten Umwelt gar nicht als eine Verbesserung betrachten.

Andererseits sind, verknüpft mit den allgemeinen ökonomischen Gewinnen der Nachkriegszeit, soziale Vorteile eingetreten. Der Wohnungsbau hat sich zum Beispiel in allen Stadtvierteln verbessert; das Einkommen ist auch wesentlich angestiegen, wenn auch die alten Menschen daraus keinen direkten Gewinn gezogen haben. Eine Person, bei der die sozialen Werte dominieren, wird deshalb einige Aspekte der Veränderung als eine Verbesserung betrachten und wird demgemäß die damit verbundene visuelle Veränderung begrüßen.

Konservatismus/Radikalismus: Der Bereitschaftsgrad einer Person, eine gewisse Veränderung des *status quo* zu akzeptieren, wird hauptsächlich durch ein spezifisches Persönlichkeitsmerkmal bestimmt und kann als Wert untersucht werden. Trotz allem ist das Konservatismus/Radikalismus-Konzept in einer Studie dieser Art einer Überlegung wert. Man kann natürlich erwarten, daß eine Person mit verhältnismäßig konservativen Merkmalen eine Veränderung mit einiger Skepsis aufnehmen wird, und eine Person mit radikalen Merkmalen diese als Fortschritt begrüßen wird.

Verschiedene Persönlichkeitstests sind konstruiert worden, um die konservativen und radikalen Merkmale zu messen (Bass, B. M., und Berg, I. A., 1959); der anerkannteste Test ist die Cattell-Eber 16 P. F. Serie (Cattell, R. B., 1965). Leider sind alle bis jetzt aufgestellten Systeme, soweit sie dem Autor bekannt sind, entweder zu unhandlich für den vorliegenden Zweck, oder sie erfordern spezielle testpsychologische Kenntnisse. Bedauerlicherweise wird es nicht möglich sein, dieses Merkmal als eine unabhängige Variable der Analyse beizufügen. Zwar reduziert dieses Auslassen die Wirksamkeit des Modells, ist aber im definierten Bereich der Forschung unvermeidbar. Es gibt jedoch empirische Beweise, die vermuten lassen, daß eine Person mit hohen sozialen Werten konservativer ist als der Durchschnitt der Befragten (Cattell, R. B., 1965). In ähnlicher Weise ist gezeigt worden, daß eine hochsignifikante, umgekehrte proportionale Korrelation zwischen den Personen mit hohen politischen Werten und Konservatismus besteht (Cattell, R. B., 1965). Es wurde auch eine signifikante Abhängigkeit zwischen stark religiösen Interessen und Konservatismus festgestellt (Cattell, R. B., 1965).

Es erscheint deshalb möglich, die konservativen Merkmale durch eine Bestimmung der sozialen, politischen und reliösen Werte indirekt festzustellen. Diese

Verbindung ist natürlich dürftig und kann sogar von manchen Psychologen als unecht angesehen werden. Solange wir noch keine andere geeignete Technik gefunden haben, wird jedoch die Festlegung dieser Determinanten als ein Hinweis wertvoll sein und sogar an einer Variation in der Einstellung mitwirken.

3.51 Allport-Vernon-Interessentest: (study of values)

Eine der früheren Bemühungen, Dominantwerte zu bestimmen, wurde von den in den dreißiger Jahren tätigen Forschern Allport (Harvard Universität) und Vernon (Universität von London) durchgeführt. Seitdem ist das System weitgehend in der sozialpsychologischen Forschung verwendet und dreimal revidiert und verfeinert worden, zum letzten Mal durch Lindzey im Jahre 1960. Andere Forscher wie HE. Brogden (1952) und I. Iscoe und O. Lucier (1953) haben diese Methode zum Gegenstand ihrer Untersuchungen gemacht.

Die Allport-Vernon-Methode mißt die Verbindungen, die zwischen den sechs Dominantwerten bestehen; nämlich den theoretischen, religiösen, ästhetischen, sozialen, politischen und ökonomischen Werten. Die angewandte Technik basiert auf einer empirischen Auswertung der Reaktionen auf 120 Fragen, die sich auf Verhaltensweisen gegenüber bestimmten Ereignissen beziehen. Als solche ist die Methode vortrefflich für den Zweck unserer Untersuchung geeignet.

Der Befragte wird gebeten, den Fragebogen selbständig zu vervollständigen, indem er die bevorzugten Behauptungsfragen oder Verhaltenssituationen kennzeichnet. Es gibt zwei Arten von Fragen, und jede kann innerhalb einer 4-Punkte-Skala eingeordnet werden:

1. Welche Funktion moderner führender Persönlichkeiten würden Sie für bedeutender halten?

a) sich einzusetzen für die Vollendung praktischer Ziele;
b) seine Anhänger anzuhalten, den Rechten anderer größere Beachtung zu schenken.

Das obige Beispiel der Typ 1 – Frage testet die relative Dominanz der ökonomischen und sozialen Werte. Der Befragte erzielt eine Totalsumme von 3 Punkten für jede Frage. Demgemäß kann die Nebenfrage (a) 0, 1, 2 oder 3 Punkte erzielen mit der entsprechenden Nebenfrage (b), die 3, 2, 1 oder 0 Punkte erzielt.

2. Wenn Sie die Lehrpläne öffentlicher Schulen anderer Länder beeinflussen könnten, was würden Sie unternehmen?

a) das Studium und die Beteiligung in Musik und schönen Künsten fördern;
b) das Studium sozialer Probleme anregen;
c) zusätzliche Möglichkeiten in Laboratorien bereitstellen;
d) den praktischen Wert der Ausbildung verstärken.

Dieses Beispiel der Typ 2 – Frage untersucht die Verbindungen zwischen theoretischen, ökonomischen, ästhetischen und sozialen Werten. Der Befragte wird gebeten, jede Alternative gemäß seiner persönlichen Bevorzugung einzustufen; die meist bevorzugte Alternative erhält 4 Punkte, die zweite Wahl 3 Punkte und so weiter.

Am Ende des Versuches werden die individuellen Punkte von jeder sich auf die Werte beziehenden Frage zusammengezählt; die Gesamtpunktzahl von allen sechs Wertfragen ist 240 Punkte mit einem Durchschnitt von 40 Punkten für jede einzelne Frage. Die Gesamtsumme jeder sich auf die Werte beziehenden Frage basiert auf Reaktionen, auf 20 Fragen. Da leichte Diskrepanzen zwischen der erwünschten durchschnittlichen Gesamtsumme von 40 Punkten einer jeden Wertfrage und der eigentlich registrierten Werte aufgetreten sind, hielt man ein Korrekturverfahren für notwendig. Dieses Verfahren basiert auf folgende Modifikation der Endpunktzahl:

Theoretisch	ökonomisch	ästhetisch	sozial	politisch	religiös
+2	−1	+4	−2	+2	−5

Der Allport-Vernon-Test registrierte, daß bei Männern die theoretischen, ökonomischen und sozialen Werte stärker dominieren und daß Frauen stärkere ästhetische, soziale und religiöse Interessen aufweisen.

3.52 Anwendbarkeit der Allport-Vernon-Methode auf die Untersuchung

Soweit es dem Autor bekannt ist, ist die Allport-Vernon-Methode bis jetzt noch nicht in Deutschland angewandt worden, auch steht uns dafür noch keine offizielle deutsche Übersetzung zur Verfügung. Eine Modifikation des ursprünglichen Textes erschien notwendig, da:

a) die vorgeschlagene Untersuchung nicht nur Werte, sondern auch Persönlichkeitsmerkmale und Reaktionen auf eine visuelle Veränderung ermittelt. Als solches wäre der gesamte Fragebogen, hätte man die vollständige Allport-Vernon-Methode miteingeschlossen, zu lang geworden;

b) bei der Übersetzung des Originals verschiedene problematische Wortnuancen und kulturelle Unterschiede berücksichtigt werden mußten.

Daraus ergab sich, daß die Testfragen von 120 auf 84 reduziert wurden. Trotz der Reduzierung und einiger Inhaltsabänderungen kann dieser Versuch dennoch als ausreichend und wertvoll betrachtet werden.

Die Formulierung eines Korrekturplanes ist im gegenwärtigen Stadium, bis eine Analyse der Resultate unternommen worden ist, offenstehend. Dies zunächst offen zu lassen ist notwendig, da das obige von Allport-Vernon gebrauchte Korrektursystem nur auf eine nordamerikanische Situation angewandt werden kann.

3.6 Umfragemethode
3.61 Entwurf des Fragebogens

Es wäre durchaus möglich, das in der Allport-Vernon-Untersuchung benutzte Format für den endgültigen Fragebogen zu übernehmen. Das aber bedeutet, daß es durch die Anpassung der Fragen an eine Einstellung auf eine Wertmessungsmethode möglich wird, eine Reihe von vier Alternativen in ihrem Reaktionsgrad zu bestimmen. Der Befragte wird dann gebeten, eine 0, 1, 2 oder 3 neben jeder Nebenfrage in den 2 Reaktionsfragen einzutragen.

Es ist üblich, die Fragen im Fragebogen so zu verteilen, daß die Antworten auf vorangegangene Fragen nicht die entstehende Reaktion beeinflussen (Hyman, H., 1963). Aus diesem Grunde wurde ein dreiteiliger Fragebogen entworfen, worin die Fragen über Persönlichkeitsmerkmale im 3. Teil enthalten sind; die Einstellungsfragen sind verstreut in allen drei Teilen zu finden; die Wertefragen treten im 1. und 2. Teil auf.

Da die Ermittlungsmethode der Werte die allgemeine Fragebogentechnik vorschreibt, wird der Befragte gebeten, den Bogen selbständig auszufüllen und zu beenden. Es wurde geschätzt, daß das Verfahren ungefähr 10 – 30 Minuten in Anspruch nehmen würde.

3.62 Daten

Der obige Fragebogen ermöglichte, folgende Daten für jede befragte Person abzuleiten:

1. Elf Messungen der Einstellung auf die visuellen Charakteristika von Berlin, basierend auf folgenden Fragen:

	Frage			
Teil I	6	=	y_1	(wobei y = 0, 1, 2, 3)
	9	=	y_2	(wobei y = 0, 1, 2, 3)
	14	=	y_3	(wobei y = 0, 1, 2, 3)
	20	=	y_4	(wobei y = 0, 1, 2, 3)
Teil II	8	=	y_5	(wobei y = 4! matrix)
Teil III	1	=	y_6	(wobei y = 12! matrix)
	2	=	y_7	(wobei y = 4! matrix)
	10	=	y_8	(wobei y = 1, 2, 3)
	11	=	y_9	(wobei y = 1, 2, 3, 4, 5)
	12	=	y_{10}	(wobei y = 4! matrix)

Fragen $6 + 9 + 14 + 20 + 2 + 12 = y_{11}$

(wobei y_{11} = Reaktionssynthese auf eine visuelle Veränderung).

2. Acht Persönlichkeitsmerkmale auf folgenden Fragen basierend:

	Frage			
Teil III	3	=	p_1	(wobei p = 1, 2, 3, 4)
	4	=	p_2	(wobei p = 1, 2)

Analyse visueller Veränderungen in Städten

$$5 = p_3 \quad \text{(wobei } p = 1, 2, 3, 4, 5\text{)}$$
$$6 = p_4 \quad \text{(wobei } p = 1, 2, 3, \ldots\ldots 12\text{)}$$
$$7 = p_5 \quad \text{(wobei } p = 1, 2, 3, 4, 5\text{)}$$
$$8 = p_6 \quad \text{(wobei } p = 0, 1\text{)}$$
$$9a = p_7 \quad \text{(wobei } p = 1, \ldots\ldots n\text{)}$$
$$9b = p_8 \quad \text{(wobei } p = 1, 2, 3\text{)}$$

3. Sechs Messungen der Dominantwerte:

Theoretisch	=	d_9
Ökonomisch	=	d_{10}
Ästhetisch	=	d_{11}
Sozial	=	d_{12}
Politisch	=	d_{13}
Religiös	=	d_{14}

Die Schlußberechnung wird basieren auf:

$$y_{11} = a + b_1 x_1 + b_2 x_2 + \ldots\ldots b_n x_n + e$$

wobei $x_1 \ldots\ldots x_n$ eine spezifische Kombination der Variablen ist, die aus einleitenden Untersuchungen der Werte $p_1 \ldots\ldots p_6 \ldots\ldots d_7 \ldots\ldots d_{14}$ abgeleitet worden sind.

4. Analytisches Verfahren

4.1 Anwendungsbereich der Methoden
4.11 Skalen

Vier verschiedene Meßskalen finden Anwendung bei der Aussortierung der durch Fragebogen ermittelten Daten. Eine zweiteilige Skala beschreibt Geschlecht und Streuung von Autobsitz. Wohnsitz, Ort längster Wohndauer, Wahl des Wohnsitzes und adjektivische Rangordnung erscheinen als Nominaldaten, Bildungsstufe und Alter als Ordinaldaten. Die Berliner Wahlfragen 6 A, 9 B, 14 A, 20 A, 81 und 23 ergeben Ordinalskalen, außer im Falle der traditionellen Zählweise, die als Intervallskala angesehen und aus den Wahlfragen zusammengetragen werden. Die Allport-Vernon-Wert-Fragen ergeben ordnungsgemäße Intervalldaten.

4.12 Stichprobe

Es handelt sich nicht um eine Zufalls-Stichprobe. Eine besondere Einschränkung des Allport-Vernon-Testes besteht darin, daß er nur auf Personen mit wenigstens Universitätsausbildung angewendet werden kann. Diese Stichprobe ist somit entsprechend gewählt. Allerdings sind alle anderen Merkmale willkürlich mit dem Teil der West-Berliner Bevölkerung in Beziehung gebracht, der in etwa Universitätsausbildung genossen hat. Die Verteilung des Fragebogens, die am Ende dieses Kapitels diskutiert werden wird, trägt dieser Einschränkung Rechnung. Somit beziehen sich die auf den Daten beruhenden Annahmen und Hypothesen nur auf diesen spezifischen Teil der Bevölkerung.

Eine Hauptannahme ist die, daß die Gesamtbevölkerung und der Teil, auf den die Stichprobe gemünzt ist, einer normalen Streuung nahekommen. Da wir nicht beabsichtigen vorauszusagen, in welche Richtung die Beziehung zwischen zwei oder einer Serie von Variablen weist, werden sich die statistischen Tests nur auf *eine* Spur der Normalverteilungskurve beziehen.

4.13 Hypothese

Es wurde bereits festgestellt, daß das Verhältnis der Gesamtbevölkerung zu dem Teil, auf den die Stichprobe gemünzt ist, einer normalen Streuung entspricht. Dies ist der Haupttyp „a" oder die Annahme eines Modellfalles.

Bei dem Versuch, eine auf Daten bezogene Hypothese zu formulieren, soll daran erinnert werden, daß die Aufgabe dieser Arbeit darin besteht, das Fundament für den Aufbau eines schlüssigen Reaktionsmodells hinsichtlich baulicher Umweltveränderungen zu erstellen. Während somit gewisse Hypothesen hinsichtlich der Häufigkeitsstreuung und der *Natur* der Berliner Reaktion aufgestellt

Analytisches Verfahren

werden können, berührt eine derartige Information, wenn auch interessant in sich, die Hauptaufgabe nur am Rande. Die Basis für Voraussagen wird sich konzentrieren auf die Beziehung zwischen den Persönlichkeitsmerkmalen und den domnierenden Werten, die als unabhängige Variablen agieren, und die abhängige Variable, welche eine Art Synthese der Natur der Reaktion darstellt. Es ist darum beabsichtigt, eine Post-factum-Analyse der Häufigkeitsstreuung als reine Erkundungsmaßnahme durchzuführen.

Die Forschungshypothese besagt, daß eine Beziehung besteht zwischen der Synthese von Reaktionen auf eine gebaute Umweltsveränderung und einer bestimmten Kombination von Persönlichkeitsmerkmalen und dominierenden Werten. Zugegeben, es gibt strikte Abgrenzungen der oben genannten Hypothese. Zunächst natürlich die „Synthese der Reaktion"; „gebaute Umwelt" „Persönlichkeitsmerkmale und dominierende Werte" sind durch diese Arbeit *als funktionell definiert.* Somit sind „bauliche Umweltsveränderungen" wirklich spezifische Änderungstypen, die in Berlin vorkommen. *Zweitens bezieht sich die Hypothese nur auf die Stichprobe, nicht auf die Gesamtbevölkerung.* Eine weitere Annahme, wesentlich für das Modell unserer Prognosen, ist die Tatsache einer *kausalen Beziehung* in Hinblick auf die Reaktionen. Dies ist jedoch nicht Teil der Hypothese.

Die Null-Hypothese besagt, daß eine erhebliche Beziehung zwischen der unabhängigen und der abhängigen Variablen besteht.

4.14 Streuung der Stichprobe

Es wurde bereits gesagt, daß Post-factum-Analysen zur Ermittlung der Häufigkeitsstreuung durchgeführt werden. Sie werden im nächsten Teil dieses Kapitels dargestellt. Da wir nicht daran interessiert sind, Hypothesen über die Richtung relevanter Beziehungen aufzustellen, wird der kritische Bereich nur einen kleinen Teil der Stichprobenstreuung umfassen.

4.15 Signifikantniveau

In Abschätzung der Wahrscheinlichkeit, einen Fehler vom Typ I zu machen, der in Wirklichkeit wahre Annahmen verwirft, müssen verschiedene Faktoren in Betracht gezogen werden. Erstens sind die Möglichkeiten, einen Fehler vom Typ II zu begehen, wobei falsche Annahmen nicht verworfen werden, ziemlich gering. Zweitens ist die Zahl der Beispiele (429 Fälle) groß genug, die strikten Forderungen an die Analyse zuzulassen. Drittens sind die analytischen Methoden − multiple Regression und partieller Regressionskoeffizient − zwingend, wenn sie auf soziale Daten vom Intervalltyp angewandt werden. Viertens besteht die Möglichkeit, die stärkste Kombination unabhängiger Variablen durch vorhergehende Erkundung und Prüfung der Häufigkeitsstreuung auszuwählen.

Auf dieser Basis wird beabsichtigt, die Hypothese von einem in gewisser Weise konservativen .01 Signifikantniveau des F Wertes aufzustellen.

4.16 Teststatistik

Da sich diese Arbeit weitgehend mit Erkundungen befaßt und den Versuch darstellt, das Fundament für weitere Untersuchungen zu legen, wird die statistische Aufgabe mehr deskriptiver als induktiver Natur sein, d. h., daß wir alle die statistischen Merkmale der Daten aufdecken und einordnen müssen, bevor wir uns an eine versuchsweise Formulierung des Prognosemodells heranmachen. Im Hinblick darauf sollte man in drei Stufen vorgehen, nämlich:

1. Beschreibung, Anordnung und Häufigkeitsstreuung der Daten,

2. vorherrschende Testserie zum Auffinden von Assoziationsgraden zwischen Paargruppen von Variablen,

3. multiple Regressionsanalyse einer Serie von Variablen, die gemäß Stufe 2 ausgewählt worden sind.

Da die Analyse der zweiten Stufe Nominal-, Ordinal- und Intervalldaten einschließt, wird zuerst eine verhältnismäßig schwache Serie von Kontingenztests die primär auf die Darlegung der Existenz von Beziehungen und nicht auf deren aktuelle Stärke abgezielt sind, Anwendung finden. Als Hauptinstrument der Analyse wird sich der chi-Quadrat-Test für zwei durch Überschneidung ermittelte Variable erweisen; er wird definiert als

$$X^2 = E \frac{(f_o - f_e)^2}{f_o} \qquad (E = \text{Summierung}),$$

wobei sich f_o und f_e entsprechend auf die beobachtete und auf die erwartete Häufigkeit für jedes Feld in der Aufstellung von Überschneidungswerten beziehen.

Das chi-Quadrat wird die Existenz von Beziehungen zwischen jeder Variablen und die relative Beziehungsintensität zwischen Paargruppen darlegen. Noch zwei weitere Verfahrensweisen, unter Einbeziehung von Goodman und Kruskal's Tau und den Korrelationskoeffizienten, sollen Anwendung finden.

Goodman und Kruskal's Tau (r_a) ergibt eine Meßskala für die paarweise Assoziation von Variablen, die zwischen 0 und 1 variieren; sie ermittelt uns in einer A x B Kontingenz-Tabelle den proportionalen Rückgang von Fehlern bei der Einsetzung von Werten für A, wenn B gegeben ist, und kann ausgedrückt werden als:

Zurückführung auf den Zeilenfehler (A) (wobei die (B) Kolonnen bekannt sind).

$$= \frac{N E_j \frac{(E a_{ij}^2)}{(B_j)} - E_i A_i^2}{N^2 - E_i A_i^2}$$

Der Korrelationskoeffizient (r) enthüllt das Ausmaß der Assoziation des Hochwertes einer Variablen mit dem Hochwert für Y, bzw. der Tiefwerte der

Analytisches Verfahren

einen mit den Hochwerten einer anderen. Unter der Annahme einer normalen bivarianten Streuung kann die Schätzung des Koeffizienten der Wechselbeziehung eines beliebigen Paares von Variablen ausgedrückt werden als:

$$r = \frac{E(X - \bar{X})(Y - \bar{Y})}{\sqrt{E(X - \bar{X})^2 \, E(Y - \bar{Y})^2}}$$

dabei ist: $\bar{X}$ der Schätzwert von X hinsichtlich Y,
$\bar{Y}$ der Schätzwert von Y hinsichtlich X und
E Summierung.

Ein drittes Stadium wird den Versuch einschließen, aus einer Kombination unabhängiger Variablen $X_1, X_2 \ldots\ldots X_n$, die sich aus den im zweiten Stadium dargestellten Assoziationswerten ergibt, die Synthese der Reaktionen Y vorauszusagen. Es wird eine multi-variante Normalstreuung mit gleichen Standardabweichungen angenommen, um eine multiple Regressionsanalyse der typischen Form anzuwenden:

$$Y = a + b_1 X_1 + b_2 X_2 + \ldots\ldots\ldots b_n X_n + e;$$

dabei gleicht:
a dem Wert von Y für X = 0
$b_1, b_2 \ldots . b_n$ sind konstante Regressionskoeffizienten,
e ist die Anzahl der Varianten in Y, die von der unabhängigen Varianten nicht erklärt werden kann.

Wir möchten auch den relativen Anteil und die Bedeutung jeder unabhängigen Variablen für die Veränderung in Y kennen. Dieses wird erklärt durch eine partielle Wechselbeziehung $r_{ij}.k$, die dargestellt werden kann als:

$$r_{ij} \cdot k = \frac{r_{ij} - (r_{ik})(r_{jk})}{\sqrt{1 - r_{ik}^2} \sqrt{1 - r_{jk}^2}}$$

dabei ist:
i = Y
j gleicht der in Betracht kommenden X Variablen und
k bezeichnet die als Konstante angesehene Variable.

Um die totale Veränderung in Y, erklärbar durch die gewählten Variablen, bestimmen zu können, wird rechnerisch ein Bestimmungskoeffizient (R^2) von dem multiplen Koeffizienten (R) der Wechselbeziehung ermittelt, der geschrieben werden kann als:

$$R^2_{i.jk\ldots\ldots n} = r^2_{ij} + r^2_{ik.n}(1 - r^2_{ij})$$

dabei ist:
i die abhängige Variable,
r^2_{ij} die partielle Wechselbeziehung der unabhängigen Variablen j,

j .... n sind sämtliche abhängigen Variablen,
$r^2_{ik.n}$ ist die durch die Variablen k ..... n erklärte Variationsbreite und
$1 - r^2_{ij}$ der durch j nicht erklärte Teil

Die Entscheidung über Ablehnung oder Annahme der Nullhypothese hängt ab von dem Signifikantniveau (F) des multiplen Korrelationskoeffizienten, der ausgedrückt werden kann als:

$$F_{k, N-k-1} = \frac{R^2}{1-R^2} \cdot \frac{N-K-1}{K}$$

dabei ist:
N die Stichprobengröße,
k der mit der Variation assoziierte und durch die Regression erklärte Freiheitsgrad, der mit der von der Regression abweichenden Variation assoziiert ist, und
R^2 der Bestimmungskoeffizient.

Am Schluß der Ermittlung steht der Signifikanttest F für jeden partiellen Korrelationskoeffizienten $r_{ij.k}$ geschrieben:

$$F_{1, N-k-1} = \frac{r^2_{ij.k}}{1 - r^2_{ij.k}} (N - k - 1)$$

Die Auswertung durch Computer wurde in der Zeit zwischen August 1967 und Januar 1968 im Institut für Computerwissenschaften der Universität Toronto mit einer IBM 7094 durchgeführt. Es wurde eine Serie bio-medizinischer Forschungsprogramme benutzt, die von der Universität von Californien in Los Angeles entwickelt wurden.

4.2 Beschreibung, Anordnung und Häufigkeitsstreuung

4.21 Stichprobenmerkmale

Insgesamt wurden 920 Fragebögen an die Technische Universität von West-Berlin ausgegeben, an Freunde und Bekannte und an die Schöneberger Volkshochschule. Die angewandte Methode bestand darin, 620 Fragebögen an 16 Freunde und Verwandte zu verteilen, die diese wiederum an ihre eigenen Bekannten weitergaben. Sie nahmen sich auch die Zeit zu überprüfen, daß sie ordnungsgemäß ausgefüllt an den Leiter der Untersuchung zurückgegeben wurden. 300 weitere Fragebögen wurden durch das freundliche Entgegenkommen der Schulverwaltung an die Hörer der Schöneberger Volkshochschule verteilt.

Gleich zu Beginn der Verteilung wurde deutlich, daß für viele Beantworter, die keine Universitätsausbildung genossen hatten, wie etwa der Anteil der Volks-

Analytisches Verfahren

hochschüler, eine Reihe von Fragen zu schwierig und zu komplex waren; es wurde deshalb beschlossen, die Verteilung auf Personen mit wenigstens etwas Universitätsausbildung zu beschränken; dadurch wurde Frage 7 III hinfällig.

Die Stichprobenquelle wird in Tabelle 1 angegeben. Man wird bemerken, daß trotz zweimaliger Mahnung nur etwa 10 % der Fragebögen von der Volkshochschule zurückgegeben wurden. Von der Gesamtzahl der 594 zurückgegebenen Fragebögen erfüllten 7 % entweder nicht die bildungsmäßigen Erfordernisse, oder es deuteten beigefügte Bemerkungen an, daß die Fragen nicht ernst genommen wurden.

Tabelle 1

Fragebogenstreuung

	Verteilt	Zurück-erhalten	Inkorrekt ausgefüllt	Unbrauchbar	Im Beispiel verwertet
Volkshochschule	300	32	17	15	0
Andere	620	562	84	49	429
Insgesamt	920	594	101	64	429
%	100	64,6	11,0	7,0	46,6

Von den 429 benutzten Beispielen fehlten bei 35 Daten, die sich überwiegend auf Frage 13 des Adjektivtests bezogen. Sie wurden jedoch einbezogen in der Annahme, daß diese spezielle Frage, die nur Daten für die Nominal-Skala ergab und sich mehr mit dem Image von Berlin als mit Reaktionen auf Veränderungen befaßte, nicht in die multiple Regressionsanalyse einbegriffen werden konnte.

Die gesamte Verteilung und das Einsammeln dauerten etwas länger als 4 Monate, von März bis Juni 1967.

1. Die Stichprobe enthält 229 männliche und 200 weibliche Stellungnahmen. Der Anteil der Altersstufen, nach Geschlecht geordnet, ergibt sich aus Tabelle 2.

Tabelle 2

Stichprobe Altersverteilung, nach Geschlecht aufgeteilt

	unter 25	26 – 40	41 – 60	über 60
Männlich	64	84	52	29
Weiblich	47	73	50	28
Insgesamt	111	157	102	57
% Insgesamt	26,0	36,8	23,7	13,5

Die oben angeführte Tabelle deutet an, daß keine Alters- oder Geschlechtsgruppe in der Stichprobe dominiert. Das Beispiel operiert mit einem prozentualen Anteil von 27.2, 17.5, 27.2 und 28.1 für die entsprechende Altersgruppe von 25, 26–40, 41–60 und 60 Jahre Gruppen an der West-Berliner Gesamtbevölkerung von 1964. (Statistisches Jahrbuch, 1966, Seite 30.) Das Durchschnittsalter in dem Beispiel war 36.2 Jahre.

2. Es wurde der Versuch gemacht, Beantworter aus allen Teilen West-Berlins heranzuziehen. Die Streuung der Stichprobe nach Wohngebieten und Geschlecht wird in Tabelle 3 gezeigt.

Tabelle 3

Wohnbezirk, nach Geschlecht aufgeteilt

	Männer	Frauen	Insgesamt	% Insgesamt
Charlottenburg	7	14	21	4,9
Kreuzberg	15	9	24	5,6
Neukölln	22	10	32	7,5
Reinickendorf	17	17	34	8,0
Schöneberg	56	44	100	23,3
Spandau	11	22	33	7,8
Steglitz	20	18	38	8,8
Tempelhof	9	7	16	3,7
Tiergarten	13	15	28	6,5
Wedding	17	9	26	6,2
Wilmersdorf	31	22	53	12,3
Zehlendorf	10	13	23	5,4

3. Tabelle 4 enthält die Aufenthaltsperiode der Bewohner West-Berlins, nach Geschlecht aufgeteilt. Das Durchschnittsalter war 27.6 Jahre. Hiermit wird angedeutet, daß über die Hälfte der Befragten vor 1940 in Berlin wohnhaft war.

Tabelle 4

Aufenthaltsjahre, nach Geschlecht geordnet

Jahre	Männer	Frauen	Insgesamt	% Insgesamt
1 – 10	28	18	46	10,8
11 – 20	38	37	75	17,6
21 – 30	58	49	107	25,3
31 – 40	48	48	96	22,6
41 – 50	31	26	57	13,4
51 +	25	19	44	10,3

4. Tabelle 5, die über Gebiete mit längster Aufenthaltsdauer, nach Geschlecht geordnet, Aufschluß gibt, zeigt, daß 90 % der Befragten den größten Teil ihres Lebens in einer Großstadt verbracht haben. Nur 13, oder 3 % der Befragten, können als Bewohner mit vorwiegend ländlichem Hintergrund angesehen werden.

Analytisches Verfahren

Tabelle 5

Gebiete längster Aufenthaltsdauer, nach Geschlecht geordnet

	Männer	Frauen	Insgeşamt	% Insgesamt
Großstadt	205	179	384	90,0
Stadt	17	14	31	7,0
Land	7	6	13	3,0

5. Wie aus Tabelle 6 hervorgeht, besaßen entweder 40 % der Befragten einen Wagen oder hatten ständigen Zugang dazu. Wie zu erwarten ist, war der männliche Anteil hierbei etwas größer, fast jeder zweite männliche Bewohner hatte Zugang zu einem Wagen.

Tabelle 6

Ständiger Zugang zu einem Automobil

Männer	Frauen	Insgesamt
105	67	172

Ein Vergleich mit den zur Verfügung stehenden Daten für die Berliner Gesamtbevölkerung deutet an, daß die Stichprobenmerkmale, wie vorher angenommen, nur annähernd einer Normal-Verteilung entsprechen. Die Annahme einer Normalverteilung ist dessen ungeachtet gültig in Hinblick auf die Gesamtbevölkerung, auch kann sich die Untersuchungshypothese noch logisch auf das Beispiel beziehen.

4.22 Test für Dominantwerte

Die Ergebnisse für die sechs Dominantwerte werden zwecks Ermittlung von Überschneidungswerten neu gruppiert. Darstellung 1 illustriert das Profil dominierender Werte für die männlichen und weiblichen Komponenten und das Gesamtbeispiel (Gesamtquerschnitt). Die umgruppierten Ergebnisse sind in Tabelle 7 aufgeführt.

Tabelle 7

Testergebnisse der dominierenden Werte, nach Geschlecht aufgeteilt

1. Theoretisch

Ergebnis	Männer	Frauen	Insgesamt
21 – 32	12	12	24
33 – 35	11	10	21
36 – 38	16	27	43
39 – 41	44	69	113
42 – 44	29	37	66
45 – 47	34	20	54
48 – 57	83	25	108
Durchschnitts-ergebnis	43,04	42,21	42,65

2. Ökonomisch

Ergebnis	Männer	Frauen	Insgesamt
21 – 32	5	27	32
33 – 35	20	38	58
36 – 38	12	25	37
39 – 41	27	38	65
42 – 44	36	32	68
45 – 47	36	15	51
48 – 57	93	25	118
Durchschnitts-ergebnis	43,36	41,78	42,60

3. Ästhetisch

Ergebnis	Männer	Frauen	Insgesamt
21 – 32	68	11	79
33 – 35	59	10	69
36 – 38	34	19	53
39 – 41	32	38	70
42 – 44	17	27	44
45 – 47	11	49	60
48 – 57	8	46	54
Durchschnitts-ergebnis	37,60	39,84	38,64

Analytisches Verfahren

4. Sozial

Ergebnis	Männer	Frauen	Insgesamt
21 – 32	19	7	26
33 – 35	25	17	42
36 – 38	66	36	102
39 – 41	49	44	93
42 – 44	36	27	63
45 – 47	26	43	69
48 – 57	8	26	34
Durchschnittsergebnis	39,94	40,71	40,30

5. Politisch

Ergebnis	Männer	Frauen	Insgesamt
21 – 32	13	36	49
33 – 35	11	43	54
36 – 38	33	44	77
39 – 41	47	32	79
42 – 44	45	21	66
45 – 47	39	18	57
48 – 57	41	6	47
Durchschnittsergebnis	40,56	39,09	39,87

6. Religiös

Ergebnis	Männer	Frauen	Insgesamt
21 – 32	103	35	138
33 – 35	53	44	97
36 – 38	38	54	92
39 – 41	10	19	29
42 – 44	12	17	29
45 – 47	7	18	25
48 – 57	6	13	19
Durchschnittsergebnis	35,08	35,76	35,55

Das Werteprofil in Darstellung 1 illustriert ein Schema ähnlich dem des Allport-Vernon-Testes, der in Nordamerika unter zwei besonderen Aspekten durchgeführt wurde:

1. Männliche Personen neigen zu hohen Meßwerten in den theoretischen, ökonomischen und politischen Tests.

2. Weibliche Personen neigen dagegen eher zu relativ höheren ästhetischen, religiösen und sozialen Meßwerten als männliche.

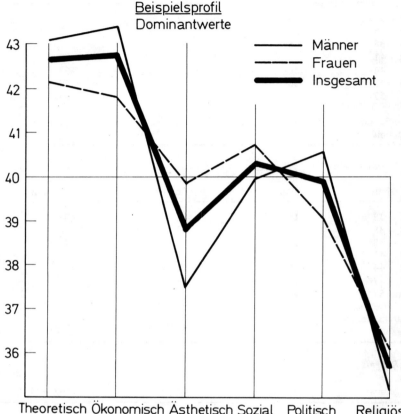

Darstellung 1

Unter anderen Aspekten jedoch weicht das Stichprobenergebnis erheblich von dem der nordamerikanischen Testpersonen ab. Zunächst weisen die amerikanischen Tests, nach Ausgleichung der Diskrepanz in den Fragen, für alle Testpersonen ein Durchschnittsergebnis von circa 40 Punkte für jeden Meßwert auf. Im Hinblick auf den *Gesamtquerschnitt* weist das Berliner Profil jedoch deutlich auf eine Dominanz theoretischer und ökonomischer Werte wie auch auf die Unterordnung von ästhetischen und religiösen Werten hin. Individuelle Ergebnisse, die von den 40 Punkten um mehr als 2 Punkte abweichen, deuten in typischer Weise entweder auf starke oder schwache Werte in dem nordamerikanischen Beispiel hin, wogegen bei 4 von 6 Werten der *Durchschnitt des Berliner Beispiels eine Abweichung von der Norm um 2 Punkte ergibt.* Nur die Ergebnisse betreffs sozialer und politischer Werte kommen den nordamerikanischen Erfahrungen nahe.

Analytisches Verfahren

Der zweite Hauptunterschied besteht darin, daß die männlichen Befragten in dem Berliner Beispiel in allen Tests, ausgenommen dem über soziale Werte, eine größere Abweichung von der Norm zeigen. In entsprechender Weise neigt der weibliche Teil zu Ergebnissen, die näher an die Norm herankommen. Als Ergebnis kann festgestellt werden, daß die weiblichen Befragten dazu neigen, eine weniger extreme Position einzunehmen als die männlichen.

4.23 Fragenkatalog zur gebauten Umwelt

Es ist bereits festgestellt worden, daß über die Art und Weise, in der das Beispiel auf gebaute Veränderungen West-Berlins reagiert, noch keine Hypothese formuliert worden ist. Nur Post-factum-Analysen wurden durchgeführt. Die Reaktionen auf diese Fragen jedoch bieten einen aufschlußreichen Einblick in die allgemeine Einstellung der Befragten bezüglich solcher Veränderungen.

Frage 6

Ein großer Teil vom ursprünglichen Charakter Berlins beruhte darauf, daß viele Häuser die gleiche Höhe — 4 oder 5 Stockwerke — hatten. Manche meinen nun, daß (abgesehen von der Fahrstuhlfrage) die neuen Häuser eher von gleicher Höhe sein sollten, damit dieser Charakter erhalten bleibe, als daß man viele Hochhäuser errichten sollte.
Finden Sie das auch?

Der Interviewte wertet seine Reaktion mit Punkten von 0 — 3. Bei der Umformung für statistische Zwecke bedeutet ein Punkt entschiedene Ablehnung der aufgestellten These, 4 Punkte eine entschiedene Bejahung.

Tabelle 8

Ergebnisse aus Frage 6: Erhaltung des Berliner Haustyps

Punkte	Männer	Frauen	Insgesamt	% Insgesamt
1	150	74	224	52,3
2	54	45	99	23,1
3	20	48	68	15,8
4	5	33	38	8,8
Durchschnittspunktzahl	1,48	2,20	1,81	

Es ist offensichtlich, daß über die Hälfte der Antworten entschieden ablehnend waren und daß ein weiteres Viertel die Idee einer gleichen Höhe für Gebäude ablehnten. Während der weibliche Teil zwar zu einer Ablehnung der aufgestellten These tendierte, zeigte es sich doch im Endergebnis, daß nur halb so viel Frauen wie Männer die aufgestellte These entschieden ablehnten.

Frage 9

Berlin ist eine in zunehmendem Maße attraktive Stadt, in der man erleben und sehen kann, wie es wieder aufblüht und wie überall neue Gebäude errichtet werden.

Wiederum variieren die Reaktionen zwischen null und drei je nach dem Ausmaß der Bejahung der aufgestellten These. Die statistische Umformung schließt eine Modifizierung der Wertungen von 1, entschiedene Bejahung, bis vier, entschiedene Ablehnung, ein.

Tabelle 9

Ergebnisse aus Frage 9: Wiederaufbau Berlins

Punkte	Männer	Frauen	Insgesamt	% Insgesamt
1	163	74	237	55,2
2	40	59	99	23,1
3	22	48	70	16,3
4	4	19	23	5,4
Durchschnittspunktzahl	1,42	2,06	1,72	

Wie in Frage 6 weist die Reaktion auf eine allgemeine Zufriedenheit mit der Veränderung der gebauten Umwelt hin. Die männlichen Personen haben das starke Gefühl, daß sich das Erscheinungsbild von West-Berlin verbessert. Der weibliche Teil wiederum, der im allgemeinen die männliche Einstellung unterstützt, nimmt eine etwas gemäßigtere Haltung ein. Das mittlere Gesamtergebnis von 1.72 weist auf einen ähnlichen, jedoch etwas extremeren Grad der Reaktion, verglichen mit der auf Frage 6, hin.

Frage 14

Manche sagen, man hätte mehr Geld dafür aufwenden sollen, um alte Bezirke von West-Berlin in ihrem ursprünglichen Charakter zu erhalten oder wiederaufzubauen, als für den Bau von U-Bahnlinien und Stadtautobahnen. Finden Sie das auch?

Wie in Frage 6 rangieren die umgeformten Ergebnisse von 1 –4, wobei ein niedriges Ergebnis eine entschiedene Ablehnung bedeutet.

Tabelle 10

Ergebnisse aus Frage 14: Verkehr

Punkte	Männer	Frauen	Insgesamt	% Insgesamt
1	183	90	273	63,6
2	29	57	86	20,0
3	13	37	50	11,7
4	4	16	20	4,7
Durchschnittspunktzahl	1,29	1,89	1,57	

Ein niedriges Ergebnis im 1- bis 4-Punkte-Bereich weist auf eine Bevorzugung wesentlicher visueller Veränderungen hin; umgekehrt bedeutet ein hohes Ergebnis den Wunsch nach Erhaltung der mehr traditionellen Charakteristika des Erscheinungsbildes.

Beinahe 90 % der Befragten wählten die Alternativen (b und c), wobei (c) von männlichen und weiblichen Personen am häufigsten gewählt wurden. Die bei weitem am wenigsten getroffene Wahl bezog sich auf den Vorschlag der geringsten Veränderung, wobei nur ein männlicher Befragter und 2,5 % der Gesamtstichprobe die Alternative (a) wählten. Der weibliche Teil der Befragten zeigte in seiner Reaktion auf visuelle Veränderungen wiederum eine Tendenz zum mehr Konservativen.

Tabelle 13

Frage 2 III: Wahl, nach Geschlecht aufgeteilt

		Männer	Frauen	Insgesamt	% Insgesamt
(d)	1	34	9	43	10,0
(c)	2	176	122	298	69,5
(b)	3	18	59	77	18,0
(a)	4	1	10	11	2,5
Durchschnitts-wahl		1,94	2,35	2,13	

Trotz der allgemeinen Tendenz, Veränderungen zu akzeptieren, wählten weniger Befragte (10 %) die etwas kompromißlose Alternative (d) und deuteten somit die Bereitschaft an, Spuren des bestehenden und des vergangenen Stadtpanoramas beizubehalten.

Frage 12 III

Wie hätten Sie sich den Wiederaufbau der Kaiser-Wilhelm-Gedächtniskirche in Berlin gewünscht?
a) Hätte sie genau so wiederaufgebaut werden sollen, wie sie war?
b) Hätte die Ruine ganz niedergerissen werden sollen, damit eine moderne Kirche gebaut werden konnte?
c) Glauben Sie, daß die kirchlichen Neubauten neben der Ruine die beste Lösung sind?
d) Glauben Sie, daß die ganze Ruine hätte entfernt werden sollen, damit die Fläche anderweitig genutzt werden könnte?

Wiederum deutet die Wahl der Befragten innerhalb des 1- bis 4-Punkte-Bereiches den Grad der Bereitschaft an, die Veränderung einer bestimmten, wichtigen Komponente der Berliner Umgebung zu akzeptieren.

Tabelle 14

Frage 12 III: Wahl, nach Geschlecht aufgeteilt

		Männer	Frauen	Insgesamt	% Insgesamt
(d)	1	50	13	63	14,7
(b)	2	86	53	139	32,4
(c)	3	75	99	174	40,5
(a)	4	18	35	53	12,4
Durchschnittswahl		2,27	2,78	2,51	

Über 40 % der Stichprobe sind mit der bestehenden Kompromißlösung für die Gedächtniskirche einverstanden, und fast die Hälfte würde entweder eine völlig neue Kirche oder eine andere Funktion an ihrer Stelle vorziehen. Es sieht deshalb so aus, als ob die allgemeine Tendenz dahin ginge, eher eine Veränderung dieses typischen Symbols zu akzeptieren und zu begrüßen, als zu einer alten Form zurückzukehren. Es ist jedoch schwierig, die Bevorzugung des bestehenden Entwurfes zu erklären. Es mag in der Tat entweder ein Hinweis auf den Wunsch, den status quo zu erhalten, oder andererseits ein Fortschrittssymbol sein. Ungeachtet der möglichen ambivalenten Vorstellung von der Gedächtniskirche, weisen die anderen Reaktionen eindeutig auf ein Verlangen nach Veränderungen hin.

Frage 1 III

Die Befragten wurden gebeten, zwölf Adjektive, die sich auf verschiedene Grade der individuellen Vorstellung von West-Berlin beziehen, rangmäßig einzuordnen. Es wurde beschlossen, die Adjektive nach ihrer Häufigkeit an erster oder letzter Stelle zu klassifizieren, um ein allgemeines Image von der Stadt zu erhalten. Die Rangeinstufung von 90% der Stichprobe ist in Tabelle 15 und 16 aufgeführt.

Tabelle 15

Auf Berlin bezogene Adjektive — Häufigkeit der Notierungen für die erste Stelle

	Männer	Frauen	Insgesamt
1. verändert	102	87	189
2. schön	42	29	71
3. geschäftig	24	30	54
4. laut	17	12	29
5. aufregend	12	15	27
6. grün	6	9	15

Analytisches Verfahren

Tabelle 16

Auf Berlin bezogene Adjektive — Häufigkeit der Notierungen für die letzte Stelle

	Männer	Frauen	Insgesamt
1. deprimierend	84	54	138
2. häßlich	66	66	132
3. ruhig	24	24	48
4. monoton	18	25	43
5. grau	7	8	15
6. gefährlich	3	5	8

Es scheint, daß die Stichprobe ein angenehmes und anregendes Image von Berlin widerspiegelt. Die beständige Auswahl von Worten wie „schön", „aufregend" und „geschäftig" und die Ablehnung von abwertenden Adjektiven wie „deprimierend", „häßlich", „grau" und „monoton" sowohl durch den männlichen als auch durch den weiblichen Teil der Stichprobe illustrierten eine allgemeine Zufriedenheit mit der Stadt.

Die Wahrnehmung und vielleicht Akzeptierung von vorsichgehenden Veränderungen in Berlin werden durch die Bevorzugung des Wortes „verändert" angezeigt und durch „geschäftig", „laut" und „aufregend" unterstrichen.

Frage 11 III
Bei einer Prüfung der vorhergehenden Reaktionsfrage 1,III wurden die Beteiligten gebeten, Berlin als Wohnort zu werten. Die Fünf-Punkte-Stufung der Reaktion variiert zwischen sehr gut und sehr schlecht.

Tabelle 17

Frage 11 III: Gesamturteil über West-Berlin

	Männer	Frauen	Insgesamt	% Insgesamt
sehr gut	91	60	151	35,3
gut	101	97	198	46,2
annehmbar	32	36	68	15,7
schlecht	4	7	11	2,6
sehr schlecht	1	0	1	0,2

Der Durchschnitt ist eindeutig und im allgemeinen mit West-Berlin zufrieden. Über 80 % beurteilen die Stadt entweder als „gut" oder „sehr gut". Nur zwölf Befragte, oder weniger als 3 %, können als unzufrieden mit der Stadt beschrieben werden. Die männlichen und weiblichen Teilnehmer reagieren ähnlich, und der einzige erhebliche Unterschied besteht darin, daß 30 % mehr Männer als Frauen West-Berlin als „sehr gut" beurteilen.

Frage 10 III
Im Test über den bevorzugten Wohnort sollten die Befragten zwischen „Großstadt", Stadt" und „auf dem Land" wählen.
Die Ergebnisse sind in Tabelle 18 aufgeführt.

Tabelle 18

Frage 10 III: Bevorzugter Wohnort

	Männer	Frauen	Insgesamt	% Insgesamt
Großstadt	198	160	358	84,0
Stadt	20	24	44	10,0
auf dem Land	11	15	26	6,0

Die Reaktion auf diese Wahl entspricht im allgemeinen den Ergebnissen der vorhergehenden zwei Fragen, die sich auf die Beurteilung Berlins beziehen. Die Mehrheit der Stichprobe kann eindeutig als städtisch in ihren Anschauungen, Wertbegriffen und Bevorzugungen beschrieben werden.

4.24 Synthese der Reaktion auf eine bauliche Veränderung

Während die Resultate jeder Reaktionsfrage gesondert mit den Ergebnissen der Persönlichkeitsmerkmale und den dominierenden Werten als Überschneidungswerte ermittelt werden, muß eine gewisse Synthese der Reaktion auf eine Veränderung für jeden Einzelfall konstruiert werden, um auf die multible Regressions-Analyse hinzusteuern. Deshalb wird vorgeschlagen, die Summe der Ergebnisse aus den Antworten zu Frage 6 (a), 9 (b), 14 (a), 20 (a), Frage 2 III und Frage 12 III zu benutzen, und zwar ohne Übertragung. In weiterem Sinne besagt die Annahme, daß die Ergebnisse addiert werden können und die Summe Intervalldaten ergeben. Eine weitere Voraussetzung besagt, daß das individuelle Ergebnis für jede beteiligte Frage einen brauchbaren Hinweis für die Reaktion auf die sich verändernden visuellen Charakteristika West-Berlin darstellt. Daraus ergibt sich; je höher das Ergebnis, um so geringere Bereitschaft, visuelle Veränderungen zu akzeptieren. Tabelle 19 enthält die nicht umgeformten, neugruppierten Ergebnisse.

Tabelle 19

Reaktionssynthese

	Männer	Frauen	Insgesamt	% Insgesamt
1	37	5	42	9,8
2	67	26	93	21,7
3	57	22	79	18,4
4	31	30	61	14,2
5	22	32	54	12,5
6	7	40	47	11,0
7	5	28	33	7,7
8	3	17	20	4,7
Durchschnitts-ergebnis	2,96	4,88	3,85	

Analytisches Verfahren

Ein Vergleich der Durchschnittswerte zeigt uns, daß der weibliche Teil der Stichprobe einer visuellen Veränderung bedeutend weniger ablehnend gegenübersteht als der männliche Teil.

Zu diesem Zeitpunkt sollte man festhalten, daß die Entscheidung gefällt wurde, die Ergebnisse von nur der Hälfte der Reaktionsfragen in dem multiplen Regressionstest als Komponente der gewählten Synthese anzuwenden. Die fünf übriggebliebenen Fragen, die wohl zur Nachprüfung und für Hintergrundinformationen dienen, produzieren keine Daten über die Einstellung auf eine eigentliche Veränderung.

4.3 Maße für die Assoziationsgrade

Nachdem die Daten geordnet sind, und die Entscheidung über die Zusammenstellung der Antwortsynthese, die als abhängige Hauptvariable Y agiert, gefällt ist, umfaßt die nächste Verfahrensaufgabe die Bestimmung signifikanter Beziehungen und das Maß des Assoziationsgrades zwischen den Reaktionsergebnissen und den 12 Merkmalen in jedem Einzelfall. Wie bereits festgestellt, wird über diesen Teil der Analyse keine Hypothese aufgestellt werden, obwohl wir a priori die Behauptung aufstellen können, daß solche Merkmale, die ein bezeichnendes Ausmaß der Assoziation mit Komponenten der Reaktionssynthese repräsentieren. Das unmittelbare analytische Verfahren besteht darin, eine chi-Quadrat-Analyse für jedes Paar durchzuführen. Ein weiterer Goodman- und Kruskal-Tau-Test wird dann die Existenz einer signifikanten Beziehung zwischen den gewählten unabhängigen Variablen und der Reaktionssynthese bestätigen oder verneinen.

4.31 Der chi-Quadrat-Kontingenz-Test

Der chi-Quadrat-Test, der gleichzeitig mit einem Korrelationskoeffiziententest durchgeführt wird, ergibt 5 Aussagen über das Maß der Assoziation zwischen 2 Variablen, nämlich das chi-Quadrat der Stichprobenstreuung, die Freiheitsgrade, das Signifikanzniveau, den Korrelationskoeffizienten und den Bestimmungskoeffizienten. Es wird daran erinnert, daß die chi-Quadrat-Verteilung dargestellt werden kann als:

$$X^2 = E \frac{(fo - fe)^2}{fo} \quad (E = \text{Summierung})$$

Hiermit haben wir das Assoziationsmaß zwischen der beobachteten (fo) und erwarteten (fe) Häufigkeit zweier Variablen.

In einer Reihen- und Kolonnen-Kontingenz-Tabelle können die auf die Analyse angewandten Freiheitsgrade aus der Formel errechnet werden.

$$df = (r - 1)(c - 1)$$

Die Signifikanz des Assoziationsmaßes stellt eine Beziehung zwischen der chi-Quadrat-Verteilung und den Freiheitsgraden dar. Die jeweilige Stufe nimmt die Form einer Wahrscheinlichkeit p an, entsprechend dem Endabschnitt einer normalen Kurve, und wird von dem folgenden Ausdruck, der als normale Abweichung mit einer Einheitsvarianten gebraucht werden kann, abgeleitet.

$$\sqrt{2_x{}^2} - \sqrt{2_{df} - 1}$$

Einige der in diesem Stadium benutzten Daten sind vom Nominaltyp und somit nicht besonders geeignet für einen Test des Korrelationskoeffizienten (r). Allerdings wird die r-Analyse zwecks versuchsweiser Feststellung der Beziehungsintensität zwischen den Paaren durchgeführt. Solch ein Vorgehen würde unter normalen Umständen als unzulässig für Nominaldaten angesehen werden, es wird jedoch als Stichkontrolle für p durchgeführt. Die Entscheidung, eine partikuläre Variable zu akzeptieren oder zu verwerfen, wird in jedem Falle auf dem Signifikantniveau von x^2 basieren.

Der Beziehungskoeffizient (r), der die Anzahl der erklärten Veränderungen ergibt, steht nicht in innerem Sinnzusammenhang mit Nominaldaten, und es wird auch nicht erwartet, daß er das Signifikantniveau in dieser Serie von Kontingenztests erreicht. Allerdings wird man ein r^2 feststellen, wo relativ starke Beziehungen auftreten.

Die Ergebnisse des chi-Quadrates und des Korrelationskoeffiziententestes sind in Tabelle 20 angeführt.

Tabelle 20 A

Chi-Quadrat Überschneidungstabellen

Frage 6 ist quertabuliert mit:	x^2	Fg.	P	r	r^2
Geschlecht	57.06	3	.001*	.36	.13
Wohnsitz	36.29	33	.50	−.01	
Wageneigentum	6.82	3	.01*	−.12	
Aufenthaltsdauer	13.59	15	.80	.02	
Längster Wohnsitz	3.24	6	.70	.04	
Alter	7.60	9	.90	.05	
Theoretisch	62.50	18	.01*	−.23	−.05
Ökonomisch	95.60	18	.001*	−.43	−.18
Ästhetisch	247.76	18	.001*	.62	.38
Sozial	14.97	18	.70	−.03	
Politisch	62.40	18	.005*	−.31	−.10
Religiös	98.62	18	.001*	.33	.11

Analytisches Verfahren

Frage 9 ist quertabuliert mit:	X^2	Fg.	P	r	r^2
Geschlecht	54.80	3	.001*	.35	.13
Wohnsitz	36.65	33	.50	−.06	
Wageneigentum	12.52	3	.01*	−.13	.02
Aufenthaltsdauer	10.24	15	.80	−.04	
Längster Wohnsitz	4.23	6	.70	.01	
Alter	4.57	9	.90	.01	
Theoretisch	35.82	18	.01*	−.19	−.04
Ökonomisch	62.00	18	.001*	−.31	−.10
Ästhetisch	147.45	18	.001*	.52	.27
Sozial	15.51	18	.70	−.01	
Politisch	41.48	18	.005*	−.28	−.08
Religiös	59.18	18	.001*	.23	.05

Tabelle 20 B

Chi-Quadrat Überschneidungstabellen

Frage 14 ist quertabuliert mit:	X^2	Fg.	P	r	r^2
Geschlecht	57.82	3	.001*	.35	.12
Wohnsitz	44.43	33	.10	.02	
Wageneigentum	17.08	3	.001*	−.19	−.04
Aufenthaltsdauer	19.89	15	.20	.05	
Längster Wohnsitz	3.23	6	.80	−.00	
Alter	18.96	9	.04	.11	
Theoretisch	58.15	18	.001*	−.16	−.03
Ökonomisch	123.84	18	.001*	−.42	−.18
Ästhetisch	202.60	18	.001*	.60	.36
Sozial	16.77	18	.60*	−.06	
Politisch	60.45	18	.001*	−.32	−.10
Religiös	84.36	18	.001*	.34	.12

Frage 20 ist quertabuliert mit:	X^2	Fg.	P	r	r^2
Geschlecht	78.95	3	.001*	.42	.18
Wohnsitz	31.97	33	.70	−.02	
Wageneigentum	22.48	3	.01*	−.22	−.05
Aufenthaltsdauer	16.84	15	.40	.10	
Längster Wohnsitz	3.57	6	.70	.03	
Alter	14.56	9	.10	.13	
Theoretisch	62.12	18	.001*	−.18	−.03
Ökonomisch	80.97	18	.001*	−.40	−.16
Ästhetisch	223.35	18	.001*	.64	.41
Sozial	24.23	18	.10	.01	
Politisch	63.50	18	.001*	−.32	−.10
Religiös	79.70	18	.001*	.25	.06

Tabelle 20 C

Chi-Quadrat Überschneidungstabellen

Frage 8 I ist quertabuliert mit:	X^2	Fg.	P	r	r^2
Geschlecht	10.60	3	.02	−.11	
Wohnsitz	33.29	33	.70	−.01	
Wageneigentum	13.57	3	.01*	−.13	−.02
Aufenthaltsdauer	26.70	15	.04	.01	
Längster Wohnsitz	3.29	6	.70	.04	
Alter	15.12	9	.10	.10	
Theoretisch	37.02	18	.01*	.02	.004
Ökonomisch	28.82	18	.05	.15	
Ästhetisch	62.36	18	.001*	−.20	−.04
Sozial	20.43	18	.30	.06	
Politisch	22.97	18	.20	.10	
Religiös	20.34	18	.30	.11	

Frage 2 III ist quertabuliert mit:	X^2	Fg.	P	r	r^2
Geschlecht	51.79	3	.001*	.34	.12
Wohnsitz	32.43	33	.70	−.05	
Wageneigentum	22.85	3	.001*	−.22	−.05
Aufenthaltsdauer	14.66	15	.50	.00	
Längster Wohnsitz	10.07	6	.10	−.02	
Alter	5.72	9	.80	.05	
Theoretisch	32.80	18	.02	−.14	
Ökonomisch	87.89	18	.001*	−.38	−.14
Ästhetisch	201.54	18	.30	.58	.34
Sozial	21.88	18	.001*	−.05	
Politisch	63.27	18	.001*	−.33	−.11
Religiös	64.64	18		.29	.08

Tabelle 20 D

Chi-Quadrat Überschneidungstabellen

Bevorzugter Wohnort ist quertabuliert mit:	X^2	Fg.	P	r	r^2
Geschlecht	2.92	2	.30	.07	
Wohnsitz	23.01	22	.40	−.02	
Wageneigentum	8.31	2	.02	−.10	
Aufenthaltsdauer	23.68	10	.01*	.04	.008
Längster Wohnsitz	68.18	4	.001*	.32	.10
Alter	8.10	6	.20	.08	
Theoretisch	15.50	12	.20	−.10	
Ökonomisch	16.43	12	.20	−.15	
Ästhetisch	17.79	12	.20	.12	
Sozial	5.30	12	.95	.02	
Politisch	14.12	12	.30	−.06	
Religiös	35.24	12	.001*	.12	.01

Analytisches Verfahren

Gesamturteil über Berlin ist quertabuliert mit:	X^2	Fg.	P	r	r^2
Geschlecht	6.57	4	.20	.10	
Wohnsitz	57.18	44	–	–.05	
Wageneigentum	8.49	4	.10	–.11	
Aufenthaltsdauer	18.40	20	.60	–.00	
Längster Wohnsitz	6.06	8	.60	.03	
Alter	11.79	12	.50	.03	
Theoretisch	38.52	24	.05	–.10	
Ökonomisch	44.18	24	.01*	–.17	–.03
Ästhetisch	71.14	24	.001*	.30	–.09
Sozial	33.57	24	.10	–.13	
Politisch	50.96	24	.01*	–.18	–.03
Religiös	69.98	24	.001*	.18	–.03

Tabelle 20 E

Chi-Quadrat Überschneidungstabellen

Frage 13 (erste Stelle) ist quertabuliert mit:	X^2	Fg.	P	r	r^2
Geschlecht	88.56	4	.10	–.09	
Wohnsitz	42.73	44	–	.06	
Wageneigentum	5.86	4	.20	–.00	
Aufenthaltsdauer	26.99	20	.20	.03	
Längster Wohnsitz	25.32	8	.01*	–.13	–.02
Alter	11.12	12	.50	.01	
Theoretisch	16.95	24	–	.00	
Ökonomisch	32.22	24	.30	.11	
Ästhetisch	41.51	24	.05	–.07	
Sozial	15.54	24	.90	–.04	
Politisch	20.59	24	.80	.01	
Religiös	33.19	24	.20	–.02	

Frage 13 (letzte Stelle) ist quertabuliert mit:	X^2	Fg.	P	r	r^2
Geschlecht	3.44	5	.70	.06	
Wohnsitz	63.81	55	–	.03	
Wageneigentum	9.76	5	.10	–.06	
Aufenthaltsdauer	13.88	25	–	–.06	
Längster Wohnsitz	8.73	10	.70	.04	
Alter	13.21	15	.60	–.00	
Theoretisch	38.93	30	.30	.09	
Ökonomisch	31.56	30	.70	–.01	
Ästhetisch	44.78	30	.10	–.03	
Sozial	13.94	30	–	–.01	
Politisch	32.57	30	.70	.02	
Religiös	61.23	30	.001*	–.05	–.003

Tabelle 20 F

Chi-Quadrat Überschneidungstabellen

Gedächtniskirche Frage ist quertabuliert mit:	X^2	Fg.	P	r	r^2
Geschlecht	36.53	3	.001*	.29	.08
Wohnsitz	33.12	33	.70	.05	
Wageneigentum	14.23	3	.01	−.17	−.03
Aufenthaltsdauer	16.89	15	.40	.03	
Längster Wohnsitz	9.79	6	.20	.00	
Alter	16.99	9	.05	.02	
Theoretisch	40.12	18	.01*	−.18	−.03
Ökonomisch	69.52	18	.001*	−.33	−.10
Ästhetisch	102.76	18	.001*	.43	.18
Sozial	15.19	18	.60	.04	
Politisch	44.34	18	.001*	−.25	−.06
Religiös	51.80	18	.001*	.30	.09

Reaktionssynthese ist quertabuliert mit:	X^2	Fg.	P	r	r^2
Geschlecht	118.13	18	.001*	.47	.22
Wohnsitz	179.95	198	−	−.02	
Wageneigentum	42.78	18	.001*	−.24	.06
Aufenthaltsdauer	29.29	35		.05	
Längster Wohnsitz	39.86	36	−	.02	
Alter	70.58	54	−	.03	
Theoretisch	98.13	42	.001*	−.25	.06
Ökonomisch	165.86	42	.001*	−.51	−.26
Ästhetisch	401.89	42	.001*	.77	.59
Sozial	37.93	42	−	−.02	
Politisch	119.86	42	.001*	−.41	−.17
Religiös	164.98	42	.001*	.39	.15

X^2 = Chi-Quadrat
Fg. = Freiheitsgrade
P = Signifikanzniveau
r = Korrelationskoeffizient
r^2 = Bestimmungskoeffizient
* = Bedeutungsvolle Beziehungen

Es wird daran erinnert, daß der chi-Quadrat-Test eine ziemlich schwache Analyse darstellt und daß das Signifikanzniveau mit der Zahl der Beispiele variiert. Es ist jedoch offensichtlich, daß mehrere Variablen folgerichtig Wahrscheinlichkeitswerte der .01 und der .001 Stufe hervorbringen und als solche als strategische Faktoren in der Analyse angesehen werden müssen.

Eine besondere Einschränkung bei der Interpretation des Signifikanzniveaus bezieht sich auf die mögliche Gegebenheit einer offensichtlichen direkten Beziehung zwischen einer x- und y-Variablen, die in Wirklichkeit indirekt ist und ausgeschieden werden muß. Ebenso mag eine direkte Beziehung zwischen x_1 und y und zwischen x_1 und x_2 bestehen, die dann eine unechte Assoziation zwischen x_2 und y erzeugt. Eine offensichtliche Beziehung zwischen abhängigen Variablen ist bereits im vorhergehenden Teil, der sich mit dominierenden Werten befaßt, die in einem bestimmten Maß vom Geschlecht des Befragten abhängig zu sein schienen, aufgezeigt worden. Weil jedes Ergebnis über einen dominierenden Wert im umgekehrten Verhältnis zum Gesamtergebnis der übrigen 5 variieren muß, besteht eine ziemlich große Wahrscheinlichkeit, daß Assoziationsbereiche zwischen wenigstens einigen der dominierenden Werte bestehen.

Ungeachtet der Notwendigkeit zur Vorsicht bei der Annahme vom Vorhandensein direkter signifikanter Beziehungen zwischen der x- und y-Variablen, besteht die Aufgabe in diesem Punkte darin, auszuwählen, was als *strategische Faktoren in Frage kommt*. Im folgenden Abschnitt wird die Korrelationsmatrix die Natur der Beziehungen zwischen den unabhängigen Variablen offenlegen.

Die Auswahl strategischer Variablen wird vereinfacht durch die beständigen und hohen Wahrscheinlichkeitsstufen von 7 der Faktoren, nämlich Geschlecht, Autobesitz und theoretischen, ökonomischen, ästhetischen, politischen und religiösen Werten, soweit sie in einer Überschneidungstabelle mit den Reaktionsfragen aufgeführt werden. Die übrigen Variablen — Wohnsitz, Dauer des Wohnsitzes, längster Aufenthaltsort, Alter und soziale Werte, ergeben, da von variierender Signifikanz, keine erheblicheren Wahrscheinlichkeitswerte als die .05 Stufe und können zeitweilig von der Analyse ausgeschlossen werden.

Die übrigen 7 besitzen folgerichtige Signifikanzen auf der .01 oder .001 Stufe, sowohl in der Überschneidungstabulierung mit den Komponenten der Reaktionssynthese als auch mit der Reaktionssynthese selbst. Besondere Beachtung verdient die Rolle der Variablen für den ästhetischen Wert, die offenbar über die Hälfte der Variationen in der Reaktionssynthese zu erklären vermag, indem sie einen Bestimmungskoeffizienten (r^2) von .59 ergibt.

Das offensichtliche Versagen der Alters- und Wohnsitz-Merkmale bei der Erklärung der Unterschiede in der Reaktion auf Veränderungen kommt vielleicht unerwartet und mag verursacht sein durch die unbefriedigende funktionelle Definition dieser Faktoren. Das Ausmaß dieser Unzulänglichkeit wird im nächsten Kapitel diskutiert werden.

Die erfolgreichsten Variablen — die 5 dominierenden Werte — waren ursprünglich natürlich nicht für Verfahrenszwecke vom Untersuchenden definiert worden, vielmehr haben sie sich in strengen und umfassenden Prüfungen durch Allport und Vernon bewährt. Die Schonungslosigkeit, mit der ihre Abgrenzung formuliert worden ist, hat wahrscheinlich zu ihrem offensichtlichen Erfolg im Überschneidungstabulierungsverfahren beigetragen.

Die erhebliche Bedeutung der chi-Quadrat-Streuung wird erhärtet durch die r-Koeffizienten, die für die 7 gewählten Variablen zwischen .19 und .77 variieren, wenn sie mit der Reaktionssynthese und ihren Komponenten Frage 6, 9,

14, 20, Frage 2 III und Frage 12 III in Wechselbeziehung gebracht werden. Die Koeffizienten zeigen auch die Variationsrichtung an. Somit variieren Geschlecht, ästhetische und religiöse Werte in direktem, Autobesitz, theoretische, ökonomische und politische Werte in umgekehrtem Verhältnis hinsichtlich von Reaktionen, welche die auf die Komponenten gerichteten Fragen betreffen.

4.32 Der Goodman- und Kruskal-Tau-Test

Es war daran gedacht worden, sich unter Anwendung des Goodman- und Kruskal-Tau-Kontingenztestes in einer weiteren Untersuchung mit der Auswahl der strategischen Faktoren zu befassen.

Angenommen, wir kennen die Reaktionssynthese, so möchten wir sicher die wahrscheinliche Reduzierung von Fehlern bei der Verteilung jeder potentiellen x-Variablen kennenlernen, indem wir folgende Formel anwenden:

$$r_a = \frac{N \underset{j}{E} \left(\frac{\underset{i}{E} E_{aij}^2}{B_j} \right) - \underset{i}{E} A_i^2}{N^2 - \underset{i}{E} A_i^2}$$

Die Ergebnisse sind in Tabelle 21 aufgeführt.

Tabelle 21

Goodman- und Kruskal-Tau-Test

Angenommen, daß die Reaktionssynthese, deren Ergebnisse gleichmäßig auf die Reihen EAi . . . . j verteilt werden, bekannt ist, dann ist die Fehlerreduktion r_a, auf die Kolonnen EBi . . . . j verteilt, folgende:

Variable	Tau r_a
Geschlecht	.250
Autobesitz	.079
Theoretisch	.056
Ökonomisch	.075
Ästhetisch	.157
Politisch	.045
Religiös	.074

Der Tau-Test besagt eindeutig, daß die gewählten Variablen, einzeln genommen, unwirksam sind bei der Bestimmung der Aufteilung der Reaktionssynthese.

Trotzdem haben wir uns entschlossen, das Verfahren weiterzuführen und unter Anwendung der sieben Faktoren die multiple Regressionsanalyse anzuwenden. Wir sind erstens primär an ihrem *gemeinsamen* Beitrag zur Bestimmung der Variationen in den Reaktionen interessiert. Zweitens wird eine konservative .01 Stufe für den F-Wert der Analyse strikte Einschränkung auferlegt; und drittens deuten die Korrelationskoeffizienten an, daß einschlägige Beziehungen, die für das Modell bedeutsam sein können, tatsächlich existieren. Viertens wird der Tau-Test am besten bei der Analyse von Nominaldaten angewandt, während er nicht direkt für die Untersuchung von zweigeteilten, nämlich Ordinal- und Intervallskalen, geeignet ist.

Ungeachtet dessen können die Resultate des Tau-Testes nicht ignoriert werden, insbesondere in Hinblick auf den ungewöhnlichen Erfolg des chi-Quadrates und des Korrelationstestes mit dieser Art Daten. Die Auswertung der multiplen Regressionsanalyse muß deshalb durch diesen Test abgegrenzt werden.

4.4 Multiple Regressionsanalyse

Diese Schlußanalyse versucht, den individuellen und den Gesamtteil der ausgewählten strategischen Variablen an Hand der Unterschiede der Reaktionssynthese darzulegen. Betreffs der Kausalität kann jedoch keine Behauptung aufgestellt werden, bis wir die Natur der Beziehungen zwischen den 7 Faktoren aufgedeckt haben. Eine einfache oder mehrfache lineare Abhängigkeit, die den Regressionstest verderben kann, entsteht, wenn zwei oder mehrere unabhängige Variablen in zwingender und direkter Beziehung zueinander stehen. Der Test für die Existenz einer linearen Abhängigkeit umfaßt die Bestimmung einer Korrelationsmatrize wie sie in Tabelle 22 gegeben ist.

Tabelle 22

Korrelationskoeffizienten der X-Variablen

	Autob.	Theor.	Ökonom.	Ästh.	Polit.	Relig.
Geschlecht	−.31	−.24	−.43	.53	−.40	.31
Autobesitz		.16	.18	−.25	.15	−.12
Theoretisch			.15	−.39	−.01	−.48
Ökonomisch				−.51	.08	−.48
Ästhetisch					−.43	.31
Politisch						−.33
Religiös						

Der *höchste* Koeffizient, .53, charakterisiert Geschlecht und ästhetische Werte. Wir haben den Verdacht, daß die Geschlechtsvariable möglicherweise hemmende Beziehungen linearer Abhängigkeit erzeugt und wollen deshalb als

Vorsichtsmaßnahme die Analyse für alle 7 Faktoren bestätigen, indem wir die Geschlechtsvariable in der zweiten Analyse ausschalten.

Wir gehen aus von einer multivarianten Normalverteilung wobei:

Y = Index der Reaktionssynthese
x_1 = Geschlecht
x_2 = Autobesitz
x_3 = Theoretische Werte
x_4 = Ökonomische Werte
x_5 = Ästhetische Werte
x_6 = Politische Werte
x_7 = Religiöse Werte und

$Y = a + b_1 x_1 + b_2 x_2 + \ldots\ldots b_7 x_7 + c$

wobei: a der Wert von Y ist, wenn x = 0 ist,
b der Regressionskoeffizient ist, und
c die Variation in Y, durch das Modell unerklärt, ist.

Das Postulat ist, daß F auf der .01 Stufe signifikant ist. Die Resultate der Analyse sind in Tabelle 23 gegeben.

Tabelle 23

Multiple Regressionsanalyse der Reaktionsynthese

Bestimmungskoeffizient R^2 = .58
Multipler Korrelationskoeffizient R = .76
Schnittpunkt a = 14.65
Standardfehler des Schätzwertes = 2.62

Variable	Standard-abweichung	Reg. Koef.	Partiell r	Partiell F
x_1	0.50	0.60	.09	3.36*
x_2	0.49	−0.36	−.06	1.69
x_3	6.00	0.83	.12	7.00**
x_4	9.96	−0.01	−.02	0.19
x_5	7.12	0.37	.50	140.00***
x_6	5.74	0.00	.01	.01
x_7	5.92	0.14	.20	16.90***

Regressionsbedingte Variationsquelle 7 Freiheitsgrade
Abweichung von der Regression 421 Freiheitsgrade
Insgesamt 428 Freiheitsgrade

Analytisches Verfahren 109

F-Wert der Regression 84.70***

*** signifikant auf der .001 Stufe
** signifikant auf der .01 Stufe
* signifikant auf der .05 Stufe

Tabelle 24

*Multiple Regressionsanalyse der Reaktionssynthese
(ohne Aufteilung nach Geschlechtern)*

Bestimmungskoeffizient R^2		=	.58
Multipler Korrelationskoeffizient R		=	.76
Schnittpunkt a		=	−12.42
Standardfehler des Schätzwertes		=	2.63

Variable	Standard-abweichung	Reg. Koef.	Partiell r	Partiell F
x_2	0.49	−0.45	−.08	2.79
x_3	6.00	0.07	.12	5.72**
x_4	7.00	−0.03	−.04	0.83
x_5	7.12	0.38	.50	143.00***
x_6	5.74	−0.01	.02	0.21
x_7	5.92	0.14	.19	15.65***

Regressionsbedingte Variationsquelle   6 Freiheitsgrade
Abweichung von der Regression   422 Freiheitsgrade
Insgesamt   428 Freiheitsgrade

F-Wert der Regression 97.70***

*** signifikant auf der .001 Stufe
** signifikant auf der .01 Stufe

Mit einem für die .001 Stufe eigentümlichen F-Wert müssen wir die dem Bestätigungstest unterworfene Null-Hypothese ausscheiden. Die Streichung der Geschlechtsvariablen X_1 ein, was unserer Vermutung nach eine lineare Abhängigkeit erzeugen kann. Die Resultate dieser Regression sind in der graphischen Darstellung 2 angegeben. Wiederum: der F-Wert ist für die .001-Stufe signifikant, und wir können deshalb das Ausscheiden der Null-Hypothese untermauern. Die Gültigkeit dieser Tatsache ist illustriert in der graphischen Darstellung 2, auf der die beobachteten Werte für Y den geschätzten gegenüberstehen.

Die hauptsächlichen Faktoren sind: ästhetische, religiöse und theoretische Werte sowie Geschlecht des Befragten, und zwar in dieser Reihenfolge. Ökonomische und politische Werte scheinen in ihrer funktionellen Definition eine untergeordnete Rolle zu spielen. Mit einem Bestimmungskoeffizienten .58 sind

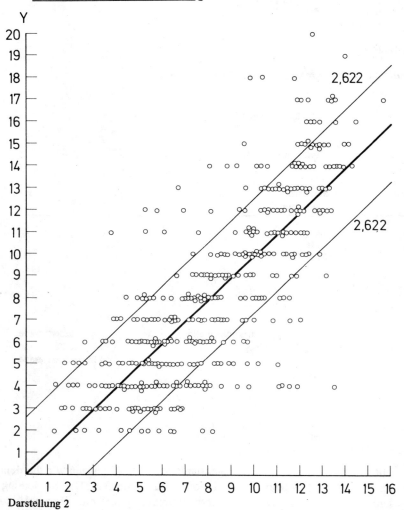

Darstellung 2

wir in der Lage, mehr als die Hälfte der Variationen in der Reaktionssynthese zu erklären, und wir müssen deshalb folgern, daß wir ein angemessenes strategisches Fundament für die Erstellung eines prognostischen Reaktionsmodells hinsichtlich augenfälliger Veränderungen gelegt haben. Die Resultate des Tau-Testes weisen vielleicht darauf hin, daß es Eigenschaften von Daten gibt, die zu diesem Zeitpunkt nicht leicht zu erklären sind.

Ungeachtet dessen wird es durch Bestätigung dieser Forschungshypothese möglich, einen ziemlichen Grad der Zuverlässigkeit betreffs der in dieser Untersuchung umrissenen Beziehungen zu erreichen.

5. Schlußfolgerungen

5.1 Das Prognosemodell

Indem wir die Forschungshypothese bestätigen, bekräftigen wir die Ansicht, daß die Eigenart der in dieser Studie untersuchten Verhaltensphänomene sich tatsächlich als Gegenstand einer mathematischen Analyse eignet. Es wird keinesfalls behauptet, daß die beste Strategie auf einer Untersuchung der Persönlichkeitsmerkmale basieren soll. Es scheint jedoch die Bemerkung angebracht, daß eine gewisse nutzbringende Perspektive weiterer Untersuchungen der Reaktion auf die städtische Umwelt die Persönlichkeit als solche ins Blickfeld rücken würde. Mit dieser Behauptung erhärten wir selbstverständlich nur die Grundlage der Allgemeinpraxis auf dem Gebiet der psychologischen Analyse und verschreiben uns den Prinzipien einer Wahrnehmungstheorie im Sinne Kevin Lynch's.

Im Hinblick auf die Bedeutung für die Stadtplanung soll festgehalten werden, daß diese Arbeit wenigstens zum Teil dahingehend erfolgreich gewesen ist, eine Grundlage für ein Suboptimalisierungsmodell der Reaktion auf städtische Umwelteinflüsse zu entwickeln. Offensichtlich sind viele der angewandten methodischen Grundlagen zugegebenerweise elementar, und das Fehlen einer gesunden theoretischen Grundlage und besserer Meßtechniken ist zu bedauern. Es wird ohne Frage eine Anzahl weiterer Arbeiten und intensive Forschung nötig sein, um das Modell funktionsfähig zu machen. In dieser Hinsicht scheint es wesentlich, eng mit Experten auf dem Gebiet der psychologischen Analyse zusammenzuarbeiten.

Die Kernfrage jedoch ist vielleicht im wesentlichen geklärt worden: Wir erhielten die vorläufige Bestätigung, daß für Planer interessante Eindruckssituationen wenigstens zum Teil durch statistische Untersuchungen erfaßt werden können. Es könnte so möglich sein, ein Suboptimalisierungsverfahren auf einer gemeinsamen Basis mit anderen verwandten Aspekten der Stadtplanung, nämlich Wohnwesen, Stadtneubau, Landnutzung und Transportwesen, zu entwickeln.

Die unmittelbare Aufgabe jedoch liegt in der Auswertung der Resultate dieser Arbeit. Nach Art der Natur unseres Versuchsmodells könnte man folgende Schlüsse ziehen:

1. Eine nützliche und vielversprechende Perspektive der verwendeten Prognose- oder Simulierungsmodelle für die Reaktion auf städtische visuelle Merkmale scheint die Beziehung zwischen Persönlichkeitsmerkmalen und irgendeinem Reaktionsindex einzuschließen. Dieser erklärende Versuch versetzt uns in die Lage, mehr als die Hälfte der Reaktionsvariationen als funktionsmäßig definiert zu erklären.

2. Wahrscheinlich beziehen sich die strategisch wichtigsten Faktoren in dieser Hinsicht sowohl auf individuelle Wertorientierungen als auch auf das Geschlecht

des Befragten, obwohl der begrenzte Bereich dieser Arbeit diese Behauptung nicht überzeugend erscheinen läßt. Merkmale wie Alter, Wohnlage und -dauer spielen in der Reaktion auf visuelle Veränderungen keine bedeutende Rolle. Intuitives Wissen deutet jedoch auf die Notwendigkeit für eine erneute genauere Untersuchung dieser Faktoren in einer späteren Arbeit hin. Es wird vermutet, daß Probleme der funktionellen Definition im nachteiligen Sinne Reaktionsdeterminanten unterdrückt haben, die möglicherweise von Bedeutung gewesen sein könnten. Die Lage des Wohnsitzes hätte zum Beispiel durch eine Rangordnung nach Qualität und Alter des Wohnbezirkes und durch Aufzeigen der Wohn- und Umzugsgeschichte der befragten Personen innerhalb der Stadt besser definiert werden können. Durch kompensierende Verbesserung der wirtschaftlichen Verhältnisse, die den Optimismus über zukünftige Entwicklungen verstärkt haben kann, kann die scheinbar geringfügige Rolle der Altersangabe herabgedrückt worden sein. Obwohl man intuitiv erwarten würde, daß die älteren Befragten im Rahmen der Probeerhebung normalerweise eine Beibehaltung des visuellen Status quo vorziehen würden, so mögen diese in Wirklichkeit einen Umgebungswechsel mit einer Verbesserung der Finanzlage oder ähnlichem assoziieren.

Die Tatsache, daß das Geschlecht eine wichtige Determinante ist, unterstreicht die intuitive und erfahrungsgemäße Erkenntnis (Cattell, R. B., 1965), daß Frauen weniger bereit sind als Männer, Umweltveränderungen zu akzeptieren.

3. Faktoren der Ausbildung und Intelligenz mögen eine Rolle spielen und würden einer Untersuchung bedürfen.

4. Ein wesentliches Problem ergibt sich aus der Schwierigkeit, die Reaktion auf visuelle Stimuli für Forschungszwecke zu abstrahieren. Der komplexe und weitgehend unbekannte Einfluß der *symbolischen Bedeutung* der Wahrnehmungsreize würde ein in sich abgeschlossenes, eigenes Studiengebiet bilden. Diese Erkenntnis ist nicht ein Ergebnis des Modelles an sich, sondern stellt eine wichtige Überlegung bei der Bestimmung seines isomorphen Wertes dar. Irgendeine simulierte Reaktion sollte lediglich als eine schlechte Wiedergabe des eigentlichen Zustandes angesehen werden, bis unser Wissen über die Art der Wahrnehmung uns eine deutliche Unterscheidung zwischen der Wahrnehmungkomponenten, — der durch dem Stimulus innewohnende visuelle Eigenschaften bestimmt wird, — und der durch die symbolische Assoziation hervorgerufenen Komponenten erlaubt.

5.2 Methodische Ansätze

1. Vielleicht die wichtigste, doch wahrscheinlich die am wenigsten tragbare Annahme dieser Forschungsarbeit besteht darin, daß die eingeführten Meßskalen verläßlich sind und für ihre besonderen Zwecke Gültigkeit haben. Am wenigsten sind die dichotomischen Wertskalen hinsichtlich Geschlecht und Automobil-

Schlußfolgerungen

besitz einem Zweifel unterworfen. Es muß auch in Betracht gezogen werden, daß die von Allport und Vernon benutzte Meßart berechtigterweise auf einer Intervallskala basiert. Nicht ganz so überzeugend sind jedoch die Ordinal- und Nominalskalen, die auf die Messung der Wohnungsmerkmale, Altersangaben und Reaktionssituationen angewendet wurden. Rückblickend ist es schwer, sich Modifikationen zu dem angenommenen System vorzustellen, die verläßlichere Resultate ergeben würden. Irgendwelche Fehler in der Messung der Reaktionssituationen müssen der Inkonsequenz in der Eingliederung wahlweiser Antworten zugeschrieben werden und nicht der Anwendung einer ungeeigneten Meßskala.

Bei der Verteidigung des gewählten Systems rückt das Bewußtsein der fast universellen Schwierigkeit bei Messungen auf dem Gebiet der Verhaltensforschung diese erklärenden Bemühungen in ein „versöhnenderes Licht" (Kaplan, A., 1964).

2. Wenn die Meßskalen als geeignet vorausgesetzt werden, so muß jedes Versagen, die Angaben in eine Serie strategischer Variablen zu gliedern, den Unzulänglichkeiten der durchgeführten Definition zugeschrieben werden. Es könnte z. B. Grund zur Annahme bestehen, daß die Formulierung der Reaktionsfragen nicht unmittelbar auf der am besten geeigneten Definition für Umweltveränderung einerseits als auch Reaktion andererseits basiert. Auch hier muß betont werden, daß mangels irgendwelcher Literatur auf diesem Gebiet, der Inhalt der Forschungsarbeit weitgehend von auf Intuition basierenden Definitionen abhängig war. In dieser Hinsicht sind zwei Faktoren zu berücksichtigen:

a) Der an sich einzigartige Handlungsort der Untersuchung bot diesbezüglich einige Beschränkungen: So hat die traumatische politische Situation der dreißiger und vierziger Jahre in Berlin offensichtlich bis zu einem gewissen Grade die Reaktionsrichtung auf Umweltveränderungen bestimmt. Man könnte daraus schließen, daß das Modell ein Widerstreben aufzeigt, zu viele Erinnerungen jener Periode zurückzubehalten.

b) Die Studienörtlichkeit war auch in anderer Hinsicht atypisch: Erheblich zerbombte Gebiete der Stadtmitte und des Großstadtgürtels sind noch nicht wieder aufgebaut worden. Viele Grundstücke liegen immer noch brach; auf anderen stehen noch Ruinen. So könnte eine fast universelle Reaktion sein, daß – wenigstens im Hinblick auf solche Bezirke – jegliche Veränderung (d. h. Wiederaufbau gleichwelcher Art) eine Verbesserung bedeuten würde.

Diese beiden Faktoren vermindern in keiner Weise die Gültigkeit der funktionellen Definitionen; sie stellen lediglich eine Basis für ein Vorwegnehmen der Reaktionsrichtung dar. Die Ergebnisse dieser Untersuchung bestätigen diesen Schluß.

3. Jede weitere Arbeit auf diesem Gebiete sollte sich vielleicht eine Tiefenanalyse *einiger weniger Beziehungen* zum Kern machen, um sich auf die Erreichung besserer funktioneller Definitionen zu konzentrieren. Eine Kritik der vorliegenden Forschungsarbeit könnte sein, daß sie zu breit angelegt ist. Es besteht jedoch

einige Berechtigung für diese Strategie in einer Pionierarbeit, wenn angestrebt wird, augenscheinliche Wechselbeziehungen aufzudecken. Eine zukünftige Ausarbeitung könnte sich jedoch mit der Erforschung der genauen Beziehung zwischen, z. B., ästhetischen Werten und der Reaktion auf eine einzelne Stimulussituation befassen. Es läßt sich kaum vorstellen, daß auf diese Weise keine Vergrößerung sowohl des Determinationskoeffizienten als auch des Vertrauens in das Modell erreicht werden würde.

4. Der Allport-Vernon-Test kann nicht auf eine wahllos durchgeführte, normal gestreute Umfrage angewendet werden. Ein funktionsfähiges Reaktionsmodell sollte einen anderen Werttest anwenden, der nicht auf eine Repräsentativbefragung der Bevölkerung beschränkt ist. Eine fruchtbare Perspektive würde zum Beispiel die Untersuchung der Variationen in typischen Reaktionsbeispielen zwischen verschiedenen sozio-ökonomischen Gruppen oder Bildungskreisen sein.

Wir haben bereits einige Beweise, daß die gebaute Umwelt eine relativ geringe Rolle im Leben der sozial niedrigstehenden Schichten spielt. Diese Behauptung würden wir gerne bestätigen oder widerlegen (Gans, H., 1964). Das Problem besteht darin, daß andere brauchbare Tests, wie z. B. die Kluckhohn-Methode, schwierig und kostspielig in der Anwendung sind. Die Kluckhohn- und Allport-Vernon-Tests gebrauchen darüber hinaus sehr stark von einander abweichende funktionelle Wertdefinitionen. Das Modell würde dadurch wahrscheinlich an Überzeugungskraft einbüßen.

5. In Zusammenhang mit dem Vorhergehenden steht die Notwendigkeit, in einer zukünftigen Arbeit eine Serie von äußerst genauen persönlichen Interviews durchzuführen, die auf offenen Fragen basieren. Das Modell kann selbst nur quantitativ bestimmbare Daten verarbeiten, die am besten durch geschlossene Fragen erstellt werden. Diese wiederum können besser durch die Kenntnis bedeutender, noch nicht bewußt wahrgenommener Merkmale formuliert werden.

6. Es wird darauf hingewiesen, daß der eigentliche Wertmesser der Reaktion auf einer breiten Ebene, oder besser der Stadt als ganzem, leichter verständlich ist, — wahrscheinlich formt sich eine Bevölkerung eher ein ausgeprägtes „Image" ihrer Stadt als Ganzes als von einzelnen Stadtteilen. Es würde daher eine weit umfangreichere Methode angebracht sein, um die Stimulussituationen auf einer der Stadt untergeordneten Ebene zu untersuchen. Im Bestreben, die bekannten Techniken zu diversifizieren, könnten Laboratoriumstests über umfassende Bevölkerungsumfragen notwendig werden. Es kann nicht angenommen werden, daß eine besser durchdachte Umfrage ausgedehntere Vorteile bringen würde, doch könnten besser kontrollierte Reaktionssituationen, die nur in einem Laboratorium möglich sind, einige wertvolle Einblicke in angemessene Forschungsmethoden liefern.

7. Diese Studie hat keine Schlüsse über die Bevölkerung gezogen und war nur an den Charakteristiken der Umfrage interessiert. Natürlich muß jedes Modell aus Faktoren bestehen, die die Gesamtbevölkerung verläßlich darstellen. Das Umfrageverfahren „without replacement" (ohne Ersatz) nach Donnelly scheint die

Schlußfolgerungen

vielversprechendste Technik in dieser Beziehung zu sein. (Donnelly, T. A., Chapin, F. S., und Weiss, S. F., 1964).

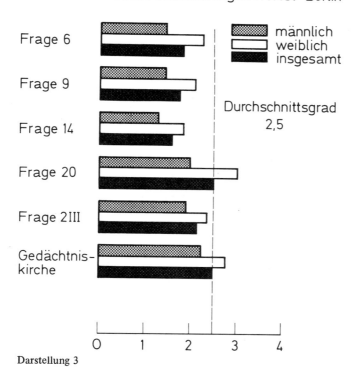

Darstellung 3

5.3 Datenverteilung

Die folgenden Resultate sind nur auf das Sample bezogen und lassen keine Schlüsse auf die Gesamtbevölkerung zu.

1. Offensichtlich begrüßt das Sample im allgemeinen eine Veränderung der städtischen Umwelt, wie Diagramm 3 aufzeigt. Nur zwei von neun Fragen ergaben weibliche Reaktionen, die konservativer als der Durchschnitt waren, und keines der Mittel des männlichen Teils ist so konservativ wie der Durchschnitt.

2. Männer sind allgemein mehr als Frauen geneigt, visuelle Veränderungen zu akzeptieren. Diese Entdeckung unterstreicht intuitives Wissen und andere diesbezügliche Forschungen über den konservativ-radikalen Unterschied zwischen Männern und Frauen. (Cattell, R. B., 1965).

3. Die Resultate aus Frage 8 II ergeben vorläufig, daß den Berlinern das Erscheinungsbild ihrer Stadt ein wichtiges Anliegen ist, obwohl die Auswertung von

Frage 14 verrät, daß die Berliner nicht bereit sein würden, Opfer in Gestalt von Ausgaben für, z. B., das Verkehrssystem oder zur Verbesserung des Gesamtbildes durch Restaurierung oder Konservierung alter Bauwerke zu bringen. Wir könnten dies als Andeutung eines Interesses auslegen, daß Berlin attraktiv gestaltet werden soll, jedoch eher durch progressive Neuentwicklung, wie durch Frage 2 III bestätigt wurde.

4. Wie die Umfrage ergeben hat, hält man Berlin für eine stimulierende und schöne Stadt, zugleich scheint die vorherrschende Veränderung der Umwelt mit diesem Stimulus zu assoziieren. Frage 9 deutet auch an, daß die Befragten im allgemeinen optimistisch über das zukünftige Aussehen ihrer Stadt denken.

5. Der Allport-Test der Umfrage zeigt die relativ hohen theoretischen, ökonomischen und politischen Werte, die in positiver Beziehung zur Bereitwilligkeit stehen, Veränderungen zu akzeptieren. Umgekehrt hat die Umfrage niedrige ästhetische und religiöse Werte ergeben, die dazu neigen, mit einem Widerstreben gegenüber der Veränderung des Status quo assoziiert zu werden.

6. Frage 2 III enthüllt den allgemeinen Wunsch für eine funktionsmäßig leistungsfähige Stadt, die Elemente von historischer und architektonischer Bedeutung beibehalten hat. Augenscheinlich besteht weder Vorliebe für die Konservierung alter Baulichkeiten und Bezirke im großen Stil, noch für ein kompromißloses progressives Wiederaufbauprogramm.

7. Trotz des Überwiegens solcher Antworten, die Umweltveränderungen begrüßen, ist die Meinungsumfrage in bezug auf den Vergleich zwischen dem Aussehen Berlins vor dem Kriege und dem der Gegenwart geteilt. Dies könnte als eine einsichtige Anschauung gedeutet werden, daß die Vorkriegsgestalt Berlins, wie reizvoll sie auch immer gewesen sein mag, für neuzeitliche städtische Erfordernisse und Betriebsamkeit weder visuell noch funktionell angemessen wäre.

5.4 Auswertung der Untersuchungsergebnisse

Bei der Auswertung der Resultate dieser Studie mag es angebracht sein, das endgültige Ergebnis weiterer Arbeit an dem Modell ins Auge zu fassen. Wir bezeichneten es bereits als ein „Modell", da wir bei 0,001 Signifikanz ziemlich sicher sind, daß es möglich ist, wenigstens die Hälfte der *Variationen* in der Reaktion auf visuelle Veränderung zu simulieren, indem eine bestimmte Kombination von Persönlichkeitsmerkmalen und dominanten Werten, die dem Befragten eigen sind, untersucht wird. Während ein Modell nicht unbedingt den ursächlichen Zusammenhang zwischen seinen abhängigen und unabhängigen Variablen aufzuzeigen braucht (Kaplan, A., 1965), können wir jedoch feststellen, daß tatsächlich eine definitive Kausalität zwischen der Reaktionsvariablen und den Persönlichkeits- und Wertmerkmalen besteht, — ein Zusammenhang, der in Cattells Behauptung mitinbegriffen ist: „Kommt eine multidimensionale Person mit einer multidimensionalen Situation in Kontakt, dann ist das Resultat eine Reaktion der Anhäufung von Eigenarten dieser Person..." (1965).

Obwohl sich die Reaktionen der Befragten nie völlig gleichen, haben wir nachgewiesen, daß bei sich ähnelnden Wesensarten wiedererkennbare Reaktions- und Einstellungsähnlichkeiten auftreten, die für Planer interessant sind. Man kann zum Beispiel feststellen, daß eine Frau von großem ästhetischen oder religiösem Wert eine visuelle Veränderung in ihrer Umgebung wahrscheinlich nicht begrüßen wird. Ein männlicher Autobesitzer mit hohen theoretischen und ökonomischen Werten wird hingegen bereitwillig eine solche Veränderung akzeptieren. Der tiefere Sinn liegt darin, daß die diesbezüglichen Werte tatsächlich die Reaktion *auslösen* und nicht nur indirekt mit der Reaktion assoziiert sind.

Eine oberflächliche Auswertung mag folgern, daß der Bau von Simulationsmodellen einer Reaktion auf irgendwelche visuelle Phänomene möglich sein würde. Es muß jedoch betont werden, daß eine sich verändernde Umwelt ein relativ eindrucksvoller visueller Stimulus ist, demgegenüber es wahrscheinlich leicht für den Betroffenen ist, Einstellungen zu formulieren, — und für Wissenschaftler, diese Einstellung zu untersuchen. Die feineren visuellen Situationen, wie z.B. ästhetische Reaktionen auf einen konstanten Stimulus, sind wahrscheinlich schwerer zu analysieren. Genau bestimmbare Assoziationen sind z.B. zwischen der Wahrnehmung der Rorschach-Tests und Individualität anschaulich gemacht worden.

„. . . es ist merkwürdig und interessant, daß keine Beziehung gefunden werden konnte zwischen dem Wahrnehmungsvorgang und den Rorschachtest-Reaktionen, die die Persönlichkeitsmerkmale aufzeigen sollen, die unsere Wahrnehmungsreaktion auf unsere Umwelt bestimmen" (Vernon, M. D., 1962, Seite 233).

So müßten die Fragen, die Architekten zum Beispiel am meisten interessieren würden, wie die öffentliche Reaktion auf ein spezifisches Planungsobjekt ausfällt, bis auf weiteres unbeantwortet gelassen werden, bis nämlich eine verfeinerte Forschungsmethode verfügbar ist.

Trotz dieser optimistischen Haltung ist eine vorsichtige Interpretation dieser Forschungsresultate geraten bis eine Bestätigung durch weitere Experimente herbeigeführt werden kann. *Es kann nicht genug betont werden, daß unsere Kenntnisse der exakten Art der Beziehungen, die durch diese Studie enthüllt werden, rudimentär ist.* Es muß weiterhin folgendes zugegeben werden:

1. Bisher sind keine Schlüsse über die Bevölkerung gezogen worden.

2. Die dargestellte Reaktion war anregend, mühelos wahrgenommen und atypisch, so daß das Ergebnis ausgedrückt in Reaktionsrichtungen deutlich genug war, um intuitiv vorausgesehen zu werden. Die Reaktionsrichtung würde bestimmt nicht so klar beweisbar sein, würde man zum Beispiel Rom oder Wien untersuchen.

3. Bisher wurde kein Versuch unternommen, Ausmaß, Art und Grad der baulichen Veränderung funktionsmäßig zu definieren. Das bedeutet offensichtlich ein größeres Unterfangen und ist eine notwendige Vorbedingung für die Anwendung

des Modells auf diesem Gebiet. Wir haben das Problem hier vermieden, indem wir eine Konstante K annahmen, die die Umweltveränderung in Berlin darstellt; dieser Vorgang jedoch würde offensichtlich in einem funktiosmäßigen Zusammenhang unbefriedigend sein. Die Messung baulicher Veränderungen wird ernste Probleme aufwerfen, obwohl die Vorarbeit durch Christopher Alexander (1964) einen ersten Ansatz in dieser Hinsicht bietet. Richard Meier (1959) hat ebenfalls soziale und kulturelle Veränderungen in städtischen Gebieten gemessen, und seine methodischen Grundlagen über ein Informationssystem (information systems methodology) sind eine Untersuchung wert.

5.41 Ein Versuchsindex visueller Veränderungen

Es wird vorgeschlagen, daß das Problem am besten in Angriff genommen werden kann, indem man einen *Index visueller Veränderungen* entwickelt, wobei spezifische Bebauungskategorien dem Aussehen nach eingestuft werden können und ungleichartige Flächennutzung den entgegengesetzten Enden einer Ordinalskala zugeschrieben werden.

1 ländlich
2 Randgebiete
3 Einfamilien-Einzelhäuser
4 Doppelhaus
5 Reihenhaus
6 Vorstadtgeschäfte, Leichtindustrie
7 vierstöckige Wohnblocks
8 Wohnhochhäuser
9 Innenstadt, Einzelhandel
10 Schwerindustrie, Bürohochhäuser.

Die Art der Veränderung würde folgendermaßen eingestuft: Man subtrahiert die Zahl für die bestehende Aktivität von der der neuen Aktivität. So würde ein Wechsel von „ländlich" auf „Reihenhaus" 4 Punkte ergeben; ein Wechsel vom Einfamilienhaus zum Wohnhochhaus 5 Punkte, und so fort. Wie man sieht, ist die obige Skala äußerst roh umrissen und bezieht sich nur auf Bebauungsarten. Sie würde einer Vervollkommnung bedürfen, die außerhalb des Bereiches dieser Studie liegt. Es würde eine weit größere Rangordnung als die von 1–10 notwendig sein, um Alter, Zustand, Material, Landschaftsgestaltung usw. einzubeziehen. Sobald jedoch ein solcher Index entwickelt und ausprobiert sein wird, wird es möglich sein, eine Typologie und Rangordnung der verschiedenen Arten visueller Veränderungen aufzustellen. Die Rangordnung wiederum könnte den verschiedenen städtischen Sektoren, die von Planungsvorschlägen betroffen sind, zugeteilt werden. Es würde dann nötig werden, einen Katalog typischer Beziehungen zwischen Reaktion und visuellem Index zusammenzustellen, indem man das Modell auf die Arten visueller Veränderungen hin prüft, die in obiger Typologie enthalten sind. Der Katalog würde Profile dominanter Werte und Persönlichkeitsmerkmale aufzeichnen im Einklang mit der beobachteten Reaktion, die Personen mit diesen Anlagen auf verschiedene Veränderungsarten gezeigt haben.

5.42 Die Notwendigkeit für eine systematische Auswertung für die Planung

Die Aufstellung der Ergebnisse und Vorschläge für künftige Arbeiten setzt als erwiesen voraus, daß die weitere Entwicklung und Verfeinerung eines Siumlationsmodells der Reaktion auf städtische Umwelteinflüsse durch ein Hervorheben der Persönlichkeitsmerkmale und Dominantwerte tatsächlich von Nutzen ist. Die in der Einleitung zu diesem Kapitel vorgebrachten Vorschläge für weitere Arbeiten — Revision der Verfahrensdefinitionen, Analysieren anderer möglicherweise dominierender Variablen, Entwicklung eines für alle Gruppen geeigneten Werttests und Erprobung einer Stichprobenumfrage — bedingen offensichtlich ein ausgedehntes Unterfangen und koordinierte Bemühungen einer Reihe von Forschungsdisziplinen.

Angesichts der Größe der Aufgabe, die der Bau eines funktionsfähigen Modells erfordert, wäre es gut, genau zu wissen, wie die Stadtplanung daraus Nutzen ziehen könnte. Um diesen Punkt klarzustellen, muß zuerst nachgewiesen werden, daß die in Kapitel I dargelegten Argumente tatsächlich begründet sind; d. h. die Art und Weise, wie die breite Öffentlichkeit die greifbaren Resultate der Planungsintervention verwertet und wie sie darauf reagiert, ist ein gewichtiger Faktor, — wahrscheinlich der wichtigste überhaupt. Zweitens ist dem Autor kein systematischer Versuch einer Planungsstelle bekannt, nachträgliche (post factum) Messungen durchzuführen, die dazu geeignet sind, die Reaktion der Öffentlichkeit auf irgendeine größere Planungsaktion aufzudecken. Grund für diesen Mangel scheint in den damit verbundenen hohen Kosten — und der starken politischen Relevanz — zu liegen.

Es wird jedoch darauf hingewiesen, daß die Vorteile, die sich aus der Durchführung einer Serie strikter Messungen, die systematisch städtische Planungsprogramme auswerten, ergeben, bei weitem die Kosten aufwiegen. Eine Abweichung in den Aufzeichnungen solcher Daten würde die Notwendigkeit für eine Modifikation oder Revision der Planungsstrategie und -ziele signalisieren. Richard Meier (1962) und Karl Deutsch (1966), um nur zwei Namen zu nennen, erhoben bereits ähnliche Forderungen. Darüber hinaus soll darauf hingewiesen werden, daß außerhalb Deutschlands bereits mit zunehmender Einbeziehung und wachsendem Interesse gewisser Gesundheitsbehörden (mental health agencies) in städtischen Angelegenheiten (Adrian, C., 1962) das notwendige Fachwissen und angemessene Medium zur Verfügung stehen, durch welche die Verpflichtung zu einem solchen Programm abgeleitet werden kann.

Es würde natürlich nützlich für das gesamte Spektrum der Planungsaktivität und nicht nur für unsere Belange der visuellen Probleme sein, die städtische Datenzentrale mit Material über weitergreifende Planungsziele anzureichern. Auf diese Weise können die erforderlichen Kosten, um ein Modell für die Reaktion auf visuelle Merkmale der gebauten Umwelt funktionsfähig zu machen, dem ganzen Bereich der Planungsmaßnahmen zugeschrieben werden.

Die unserer Studie zugrundeliegende Voraussetzung besteht darin, daß wir letzten Endes in der Lage sein werden, eine Reaktion auf städtische visuelle Merkmale aus einer spezifischen Kombination von Persönlichkeitsmerkmalen und dominanten Werten zu simulieren. Bei der Konfrontierung mit einer spezifischen Planungssituation, bei der wir unser Simulationsmodell anwenden möchten, würden die dem Zusammenhang entsprechenden Vorbedingungen folgendermaßen sein:

1. eine umfassende Datenzentrale, die Bevölkerungs- und Persönlichkeitsmerkmale sowohl als auch Indices dominanter Werte enthält;

2. ein Prognosemodell der städtischen und regionalen Wachstumsverteilung basierend auf einem weiten Bereich dominanter Entwicklungsfaktoren wie Pläne für Schnellstraßen und öffentliche Versorgungsbetriebe und Veränderungen in damit verbundener Flächennutzung. Das Modell könnte durch Modifizierung der vorausbestimmbaren Entwicklung je nach allgemeinen Gemeinde- und Flächennutzungszielen richtungweisend sein;

3. irgendein systematischer Index visueller Veränderung, der durch jede einzelne Wachstumsvariable erzeugt würde. Die mathematische Beschreibung und Rangordnung der visuellen Merkmale bilden natürlich ein Forschungsgebiet für sich, das kurz im vorhergehenden Abschnitt erörtert wurde. Es wird vorausgesetzt, daß das Ausmaß, die Art und typische visuelle Komposition in Form von Gebäudehöhen, Baumaterial, Landschaftsarchitektur, Verkehrsdichte und räumliche Verhältnisbeziehungen für jede einzelne Landnutzung systematisiert werden könnte;

4. ein Inventarverzeichnis typischer Beziehungen zwischen Reaktion und visuellen Unterscheidungszeichen. Dies würde wahrscheinlich ein Hauptbestandteil der Datenzentrale sein und würde aus früheren städtischen Reaktionsanalysen zusammengestellt werden.

Die oben erwähnten Voraussetzungen setzen offensichtlich großes Vertrauen auf die eventuelle Möglichkeit, die diesbezüglichen Variablen messen und Veränderungen in der Landnutzung mit Sicherheit voraussagen zu können. Die Aufgabe ist in einer bürgerlichen Gesellschaft wesentlich vereinfacht, die ziemlich strikte Planungskontrollen über die Verteilung der Flächennutzung generell akzeptiert, wie dies im Zusammenhang mit Europa der Fall ist, und die in der Lage ist, zukünftig städtische Aktivitäten vorzuschreiben. Eine solche Situation würde jedoch für die meisten nordamerikanischen Städte atypisch sein und darin resultieren, daß normalerweise anstelle eines vorschreibenden Modelles ein weniger deterministisch vorhersagendes benutzt werden würde.

Der Vorgang ist in vereinfachter Form umrissen worden. Offensichtlich sind wir nicht in der Lage, solche Entscheidungshilfen über Nacht anzuwenden. Zuerst einmal wird koordinierte Forschung nötig sein, um einen geeigneten visuellen Index der Flächennutzung aufzustellen. Das vorherbestimmte Verzeichnis der Reaktionen auf spezifische Umgebungen, das durch den Index beschrieben wird, kann nur durch eine große Zahl von Versuchen zusammengestellt werden.

Schlußfolgerungen

Um jedoch die in Kapitel I gemachten Beobachtungen zu wiederholen, scheint es, daß Städteplaner von ihren Aufgaben her zur Entwicklung von Simulationsmodellen verpflichtet sind. Wenn wir die Bedeutung der menschlichen Reaktionen und Einstellungen für die Planung akzeptieren, dann gibt es keinen Grund, weswegen eine brauchbare Serie von Reaktionsmodellen, die sich nicht nur mit visuellen Phänomenen, sondern mit den vielen anderen Seiten des Planungsprozesses befaßt, nicht in naher Zukunft Wirklichkeit werden sollte. Ein abschließendes Wort der Warnung kommt jedoch von Hans Blumenfeld:

„Wie erfolgreich auch immer Städtebauer sein mögen in der Entwicklung von Modellen, so können diese doch immer nur eine Ergänzung, niemals ein Ersatz sein für die sorgfältige Bewertung aller Auswirkungen der sich ständig verändernden Bedürfnisse und Absichten aller Mitglieder der Gemeinschaft auf die künftige Bebauung (1959)."

6. Eine analytische Untersuchung der Struktur West-Berlins

6.1 Die Situation

In Kapitel I sind bereits die Gründe für die Wahl von West-Berlin als eines geeigneten Gebietes für eine Studie dieser Art erwähnt worden. Die gleichmäßig schnelle Entwicklung der Stadt in den 80 Jahren vor 1940 bedeutet für Berlin eine moderne Geschichte umfangreicher Veränderungen. Die dann folgenden schrecklichen Umwälzungen durch Bombardierung, Bevölkerungsverlust, Teilung der Stadt und die Isolierung West-Berlins sind wohl bekannt und brauchen hier nicht erwähnt zu werden. Es ist jedoch offensichtlich, daß die Stadt ein einzigartiges Experiment großräumiger Veränderungen ihres Erscheinungsbildes, besonders in jüngster Vergangenheit, hinter sich hat und als solche einen hervorragenden Raum für die vorliegende Untersuchung darstellt. Darüber hinaus bietet die Isolierung West-Berlins einen Raum, der klar umgrenzt werden kann; auch kompliziert die Umgebung der Stadt nicht das Image West–Berlins selbst, da sie für die Bevölkerung unzugänglich ist. Infolgedessen ist West-Berlin, mit klar markierten Grenzen, ausdehnungsmäßig leicht zu überschauen. Seine Bürger sind nicht in der Lage, außerhalb dieser Grenzen zu leben oder einer Beschäftigung nachzugehen, noch täglichen Kontakt mit einem Bereich außerhalb des stadteigenen Gebietes zu pflegen. Es ist offensichtlich, daß eine derartige Situation einen beneidenswerten Grad der Kontrolle über die Konfrontierung des West--Berliners mit Veränderungen in seiner Umgebung bietet.

6.11 Bevölkerungsstruktur und Bewegung

Es würde sich lohnen, die jüngsten Bevölkerungsbewegungen, sowohl aus der Stadt heraus als auch innerhalb der Stadt, zu untersuchen. Solche Bewegungen waren in großem Umfang für die Veränderungen der gebauten Struktur West-Berlins verantwortlich und sind es noch. Wir brauchen nicht viel über die Zusammensetzung der Bevölkerung in der Stadt vor dem 1. Weltkrieg zu sagen, außer, daß Berlin als europäische Hauptstadt verhältnismäßig neu war. In der Tat fand erst nach 1860 eine wesentliche Entwicklung statt, die der vorherigen Provinzhauptstadt Weltgeltung verschaffte. Zwischen 1860 und 1910 versiebenfachte sich die Bevölkerung von 600.000 auf 3,7 Millionen Einwohner. Zwischen den beiden Weltkriegen fand ein weiterer wesentlicher Anstieg statt, der 1943 die Einwohnerzahl auf fast 4,5 Millionen brachte. (Statistisches Landesamt 1966 s. Darstellung 4. Somit ergibt sich für diese Periode von 80 Jahren eine jährliche Wachstumsrate von 5–10 %. Hier liegt die Ursache für beträchtliche und weit verbreitete Änderungen des Stadtbildes während der gleichen Periode. Ein gewisser Bevölkerungsrückgang – etwa 100.000 Personen zwischen 1931 und 1935,

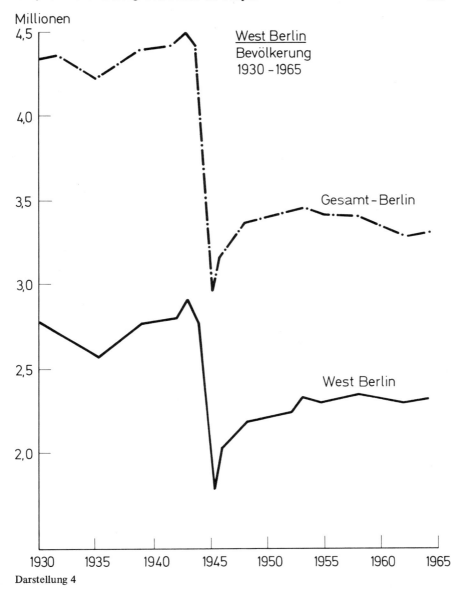

Darstellung 4

150.000 zwischen 1912 und 1919 – veranschaulicht die Konfrontierung der Stadt mit plötzlicher Fluktuation und darauf folgenden Änderungen des Bebauungsschemas (Statistisches Landesamt, 1966).

Massive Evakuierungen begannen 1943 und reduzierten die Bevölkerung auf 2,9 Millionen; die Zahl der im heutigen West-Berlin lebenden Einwohner fiel von 2,8 auf 1,7 Millionen (Schindler, K., 1962). Um 1950 war klar, daß Berlin nicht einmal mehr das Bevölkerungsniveau der Vorkriegszeit erreichen würde; zu diesem Zeitpunkt lebten 3,3 Millionen Personen in der geteilten Stadt, davon 2,1 Millionen in West-Berlin. Wegen ausgedehnter Kriegsschäden, Nachkriegs-Demontage der Industrie, Isolierung West-Berlins und der Blockade, kehrten viele Evakuierte nicht zurück. Die Situation wurde erschwert durch den Verlust vieler Vorkriegs-Funktionen, hauptsächlich der Dienstleistungsindustrien und der Regierungsfunktionen, die mit der früheren Reichshauptstadt verknüpft waren. (Thalheim, K. C., 1953).

Während die Bevölkerung West-Berlins in Grenzen weiter fluktuierte, wuchs sie in den 50er Jahren langsam an, (s. Tabelle 25), und zwar fast ausschließlich durch Flüchtlinge aus der DDR, von denen viele in der Stadt blieben. Der Überhang von Toten im Vergleich zu Lebendgeburten unter einer langsam alternden Bevölkerung, hat jedoch, zusammen mit dem Nachlassen der Zahl der Flüchtlinge aus Ost-Deutschland nach dem 13. August 1961, seit dieser Zeit das Bevölkerungsniveau mehr oder weniger stabil gehalten (s. Tabelle 26).

Tabelle 25

Bevölkerung von Berlin, 1933 — 1965

	Gesamt-Berlin	West-Berlin
1933	4 242 501	2 683 099
1939	4 338 756	2 750 494
1945	2 807 405	1 733 606
1946	3 187 470	2 012 532
1950	3 336 026	2 146 952
1956	3 352 700	2 223 777
1961	3 261 500	2 197 408
1965	3 274 200	2 200 600

Quelle: *Berlin 1966*, Statistisches Landesamt, Seite 32.

Tabelle 26

Bevölkerungsbilanz, West-Berlin, 1953 und 1960

	Lebend-geborene	Tote	Totenüberschuß	Abwanderungsn.	Einw.	Bilanz
1953	17 890	28 651	10 761	341 164	319 507	+ 10 896
1960	21 505	36 109	14 604	147 365	138 504	− 5 743

Quelle: Schindler, Hans Georg: *Atlas von Berlin*, Hannover, 1962.

Analytische Untersuchung West-Berlins als Beispiel

Die Ab- und Zuwanderung zwischen den verschiedenen Wohngebieten der Stadt hat den gleichen Verlauf genommen wie in den meisten Städten dieser Größe (Hoyt, H., 1939). Dieses Phänomen typisiert sich in einem frühen Wachstumsstadium durch eine Zusammenballung von Wohnbezirken direkt im Zentrum und im Umkreis des Zentrums. Es findet dann eine allmähliche Zerstreuung statt, sobald sich wirtschaftliche Unternehmen im Zentralgebiet ausbreiten. Ihr verderblicher Einfluß und die häufige Anwesenheit von Industrien inmitten verbliebener Wohneinheiten erzeugen die Slums, zusammen mit Übergangsunterkommen für Neuankömmlinge. Bei anhaltendem Wachstum werden viele vormals zentrale Geschäftsunternehmen dezentralisiert (Ratcliff, R. V., 1955). (Siehe Darstellung 5).

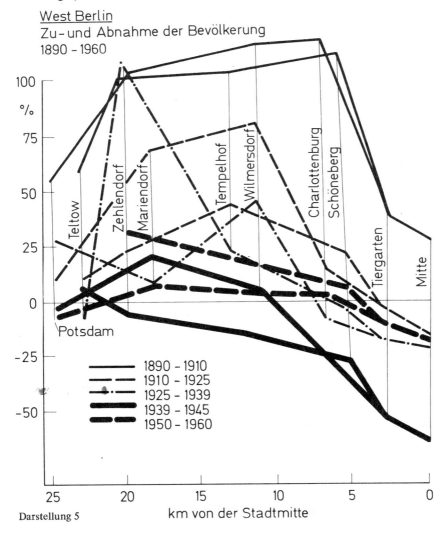

Darstellung 5

126   Die Situation

West-Berlin
Zu- und Abnahme
der Bevölkerung
1925 – 1960

1925 – 1939

1939 – 1946

1950 – 1960

Zunahme v. H.
über 100
25 – 100
0 – 25

Abnahme v. H.
über 25
0 – 25

Darstellung 6 veranschaulicht die Bevölkerungsverschiebung in West-Berlin, die zwischen 1925 und 1960 stattfand. Vor 1939 verloren Tiergarten, Wedding, Charlottenburg, Schöneberg und Kreuzberg bereits Einwohner an die Außenbezirke, von denen einige 100 %igen Zuwachs zwischen 1925 und 1939 erfuhren. Die Evakuierung im 2. Weltkrieg betraf praktisch ganz West-Berlin, und nur wenige außerhalb liegende Gebiete, besonders die im Norden und Westen, wiesen einen Bevölkerungsgewinn auf. Während dieser Zeit erfuhren die mehr zentral gelegenen Gebiete die stärksten Einbußen. Während der fünfjährigen Periode nach dem Krieg neigten die zurückkehrenden Evakuierten dazu, sich in den weniger zerstörten Außenbezirken niederzulassen, wodurch die stark verminderte Bevölkerung der Zentralgebiete mehr oder weniger konstant blieb. Seit 1950 hat, durch eine spezifische Wiederaufbau- und Entwicklungspolitik, die Entvölkerung der inneren Bezirke von Wedding, Tiergarten, Kreuzberg und von einem Teil von Neukölln angehalten. Andere Verluste ergaben sich in den Außenbezirken von Heiligensee, Hermsdorf, Gatow und in Teilen von Zehlendorf. Anderswo haben Bevölkerungsgewinne bis zu 100 % stattgefunden, besonders in den süd-östlichen Sektoren der Stadt (Schindler, H., 1962).

Verschiedene Bevölkerungsmerkmale wie Durchschnittsalter, Familiengröße und das Verhältnis männlicher zu weiblicher Bevölkerung blieben bis 1939 (Statistisches Landesamt, 1939) ziemlich konstant. Allerdings ereigneten sich im Hinblick auf obengenannte Merkmale zwischen 1939 und 1945 drastische Veränderungen, die sich noch nicht wieder auf eine Normalsituation eingependelt haben. Insbesondere spiegeln sich die schweren Kriegsverluste unter der männlichen Bevölkerung, die 1945 ein Verhältnis von 1500 weiblichen Personen auf 1000 männliche bedingten, heute in einer großen Zahl unverheirateter Frauen zwischen 45 und 65 Jahren, (siehe Darstellung 7) wider. Das Vorhandensein dieser unverheirateten Frauen in West-Berlin hat natürlich die durchschnittliche Familiengröße beeinflußt.

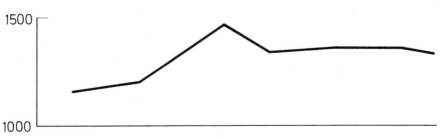

Darstellung 7

Tabelle 27

Zahl der weiblichen Bewohner auf je 1000 männliche.
Gesamt Berlin und West-Berlin, 1933 — 1965

1933	1 170[a]
1939	1 210[a]
1946	1 470
1950	1 350
1956	1 360
1961	1 360
1965	1 330

[a] Gesamt Berlin

Quelle: Statistisches Landesamt, *Berlin, 1937; 1945; 1953; 1957; 1963; 1966.*

Darstellung 8 veranschaulicht den Anstieg des Durchschnittsalters der Bevölkerung West-Berlins von 1939–1965. Seit 1946 hat die starke Abnahme von Geburten, weithin durch den Männermangel bedingt, verglichen mit der Zahl der Toten eine stetige Überalterung der Bevölkerung herbeigeführt. Erst kürzlich hat diese Überalterung einige Merkmale der Stetigkeit gezeigt, da die vor und während der Kriegszeit geborenen Kinder das heiratsfähige Alter erreicht haben. Im allgemeinen jedoch hält die Bevölkerung noch ein Durchschnittsalter von 45 Jahren, wobei 15,8 % der Bevölkerung über 65 Jahre sind, verglichen mit 10,1 % in West-Deutschland. Dieser Faktor, zusammen mit dem anormalen Verhältnis zwischen Männern und Frauen, scheint eine beträchtliche Rolle für die allgemeine Atmosphäre, den Charakter und den Grad an Optimismus im Leben der Stadt zu spielen.

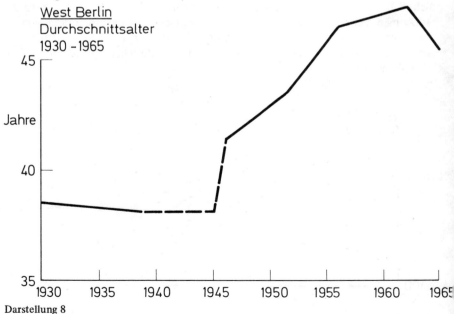

Darstellung 8

Tabelle 28

Allgemeine Flächennutzung, Berlin und West-Berlin 1936—1965 als Prozentsatz der Gesamtfläche

	1936[a]	1937[a]	1951	1956	1962	1965
Bebaute Gebiete	20,5 %	21,4	30,5	32,3	33,9	34,9
Straßen, Plätze usw.	9,4	9,4	11,0	10,9	11,1	11,4
Parkanlagen	2,5	2,6	3,2	3,7	3,9	4,0
Wald	18,8	18,7	16,7	16,2	16,0	16,0
Friedhof	1,1	1,1	1,2	1,4	1,4	1,5
Eisenbahn	2,3	2,3	2,7	2,6	2,8	2,6
Öffentl. Wasserwege	5,9	5,9	5,7	6,2	6,2	6,4
Übrige, einschl. Ackerbau	39,5	38,6	27,7	25,3	23,1	21,7

[a] Gesamt Berlin

Quelle: Statistisches Landesamt, *Berlin 1945; 1953; 1957; 1963; 1966.*

Tabelle 29

Bevölkerungsdichte — West-Berlin, 1933—1965

	Bebaute Gebiete	Insgesamt
1933	259,0 Einw./hect.	55,8
1939	237,0	56,5
1942	215,0	57,2
1946		42,0
1950		45,0
1951	147,0	45,0
1956	142,0	46,0
1962	134,0	45,2
1965	131,0	45,7

Quelle: Statistisches Landesamt, *Berlin 1937; 1945; 1953; 1957; 1963; 1966.*

6.12 Bauliche Veränderungen West-Berlins

Offensichtlich haben die oben genannten Bevölkerungsbewegungen die Ansiedlung früherer Unternehmen und das Verhältnis zwischen benutzter Fläche und Größe West-Berlins beeinflußt. Drei weitere Hauptfaktoren, eng verbunden mit dieser Bevölkerungsbewegung, die zur Änderung der Stadtstruktur beigetragen haben, sind: die ausgedehnten Kriegsschäden, die Teilung der Stadt und der Verlust vieler Vorkriegsfunktionen.

Schindler hat 4 Elemente in der Struktur Berlins hervorgehoben, die trotz der vielen drastischen Veränderungen die Stadt seit 1860 charakterisiert haben und immer noch die baulichen Hauptkomponenten darstellen (Schindler, H., 1962). Diese sind:

1. Stadtkern,
2. Wilhelminischer Großstadtgürtel,
3. die aufgelockerte Außenstadt,
4. der unbebaute Stadtgürtel.

Das Tempo der Entwicklung zwischen 1860 und 1910 verursachte die Konsolidierung des Großstadtgürtels, weithin durch 5–6stöckige „Mietskasernen" (Schindler, H., 1962). Das industrielle Wachstum in der gleichen Periode war ausgedehnt, und das Netz von Kanälen, Eisenbahnen sowie die Gründung wesentlicher Industriegebiete, insbesondere in Wedding, Tempelhof, Mariendorf und Charlottenburg, datieren aus dieser Periode. Später fand eine ausgedehnte industrielle Entwicklung im Bezirk Siemensstadt-Haselhorst statt (Thalheim, K. C., 1953).

Nach 1880 begünstigten Landspekulationen und die Entwicklung des Ackerlandgürtels den Beginn von Einfamilienhäusern auf der Grundlage von Hauseigentum in Berlin, ein Projekt, das sich, unter Einbeziehung des Großstadtgürtels und Konzentrierung um die ursprüngliche Dorfsiedlung, seit jener Zeit tatsächlich erweiterte (Pries, K., 1962). Diese Periode erlebte somit den Beginn von Dorfentwicklungen in Zehlendorf, Wannsee, Reinickendorf und Dahlem (Pries, K., 1962). Über die Altstadt, die nun fast gänzlich in Ost-Berlin liegt, braucht an dieser Stelle nicht viel gesagt zu werden. Die Disposition der 4 Hauptkomponenten ist in Darstellung 9 aufgezeigt. Darstellung 10 veranschaulicht die Änderung in der Struktur West-Berlins durch allgemeine Landnutzung. Das Verhältnis zwischen der unterschiedlichen Nutzung und dem betreffenden Gebiet hat sich seit 1930 wenig verändert, außer daß sich die bebauten Gebiete ein wenig auf Kosten des Ackerlandes ausgedehnt haben. Tabelle 28 zeigt, daß die Grundfläche für Straßen, Plätze und Parks im Verhältnis zum tatsächlichen Wachstum der bebauten Grundflächen angewachsen ist.

Ohne Frage, in vieler Hinsicht allerdings bedauerlich, war der Rückgang der Bevölkerung nach 1945 insofern ungünstig, als kein neuer Druck auf die verschiedenen Formen der Landnutzung und auf den begrenzten Raum in West-Berlin ausgeübt wurde. Tabelle 29 zeigt, daß die Bevölkerungsdichte im Verhältnis zur tatsächlichen bebauten Grundfläche ständig zurückgegangen ist. Somit hält, während die Gesamtbevölkerung ziemlich konstant bleibt, die Ausdehnung der Stadt an. Die Bevölkerungsdichte im Verhältnis zur Gesamt-Grundfläche ist natürlich auch konstant geblieben (siehe Darstellung 11).

Durch Bombenschäden bedingte Veränderungen in der Struktur Berlins haben eine wichtige Rolle bei der Bestimmung des gegenwärtigen Erscheinungsbildes der Stadt gespielt. Insgesamt wurden etwa 225 000 Gebäude, oder 30 %, schwer beschädigt oder völlig zerstört (Schwedler, R., 1953). Der Hauptteil dieser Gebäude lag in der City und den inneren Sektoren des Großstadtgürtels, wie in Darstellung 12 veranschaulicht wird, obwohl kein einziges Gebiet unbeschädigt davonkam. Von besonderer Wichtigkeit für diese Studie sind die irreparablen Schäden, die den hauptsächlichen, zentralen Handels-, Kultur- und Regierungs-

Analytische Untersuchung West-Berlins als Beispiel

West-Berlin
Die vier Strukturkomponenten

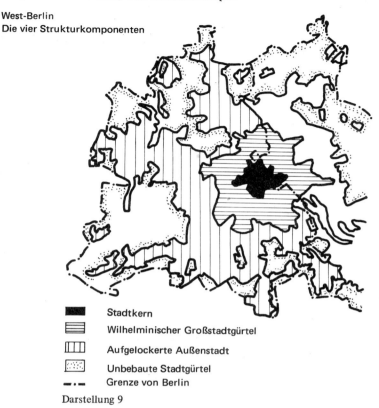

■ Stadtkern
☰ Wilhelminischer Großstadtgürtel
⫴ Aufgelockerte Außenstadt
▨ Unbebaute Stadtgürtel
—·— Grenze von Berlin

Darstellung 9

funktionen zugefügt wurden. Tatsächlich wurden sie fast völlig ausgelöscht. Tiergarten, die östlichen und nördlichen Teile Charlottenburgs, die nördlichen Teile von Wilmersdorf, Kreuzberg und Schöneberg und Sektoren von Wedding wurden aufs schwerste betroffen. Es wurde beim Wiederaufbau der zerbombten Gebiete eher der Weg der Rekonstruktion als der Restauration eingeschlagen. Als Ergebnis sind große Teile im Zentrum West-Berlins völlig neu, obwohl die Straßenanlagen weithin beibehalten wurden.

6.13 West-Berlin als Wirtschaftsfaktor

Es wird das Postulat aufgestellt, daß wenigstens eine kurze Analyse der sich verändernden ökonomischen Verhältnisse in West-Berlin notwendig zur Lösung der vorliegenden Aufgabe ist. Es wird ebenfalls angenommen, daß sich das politische Klima seit 1945 verbessert hat und hier nicht untersucht zu werden braucht. Mit anderen Worten: falls unsere Hypothese korrekt ist und andere Variablen — wie architektonischer Stil und Funktion, wechselnde Wahrnehmung sowie ökonomische und soziale Verhältnisse — konstant gehalten werden, wird eine Tendenz entstehen, das neue City-Image als eine Verbesserung gegenüber dem alten anzusehen.

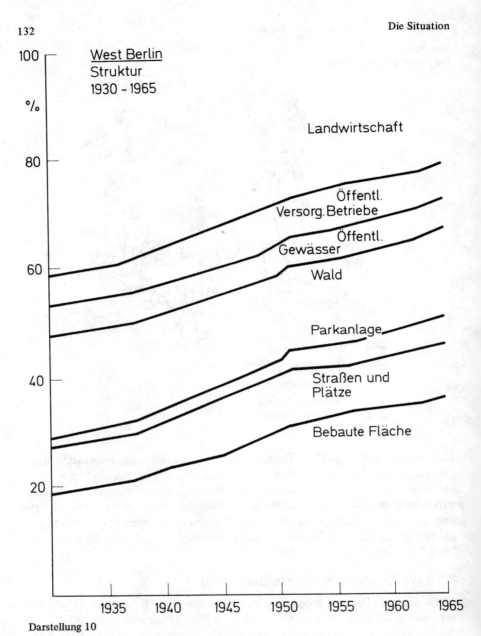

Darstellung 10

Analytische Untersuchung West-Berlins als Beispiel

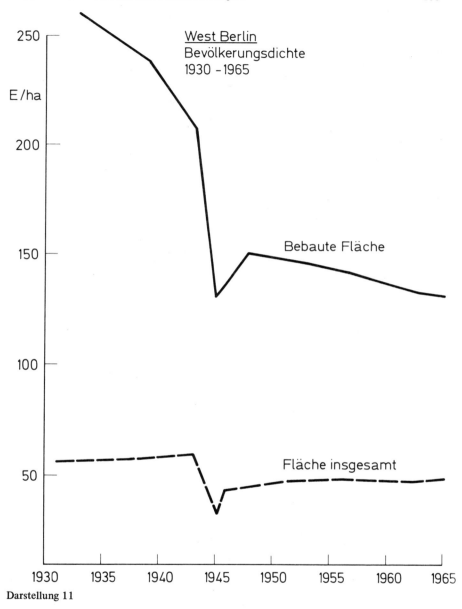

Darstellung 11

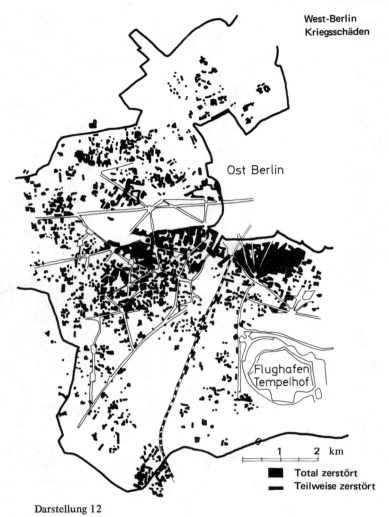

Darstellung 12

Bei der Untersuchung ökonomischer Veränderungen in West-Berlin werden 6 verschiedene Indikatoren in Betracht gezogen, nämlich: der Preisindex für Wohnungen, der neue Index für Industrieaufträge sowie Industrielöhne und Gehälter. Man wählt eher die Indikatoren, die ein klares Bild von der ökonomischen Situation in ihrer direkten Einwirkung auf den Verbraucher geben, als andere, mehr indirektere Indikatoren wie Börsenmarkt oder Industrieproduktion. Darstellung 13 zeigt die Fluktuation dieser Indikatoren seit 1930.

1. *Arbeitslosigkeit:* Die Jahre 1930–31 sahen eine mit der weltweiten Depression zusammenhängende Wirtschaftskrise. Zu dieser Zeit hatte Berlin 709 000 Arbeitslose, das sind 17 % der Gesamtbevölkerung (Statistisches Landesamt,

Analytische Untersuchung West-Berlins als Beispiel

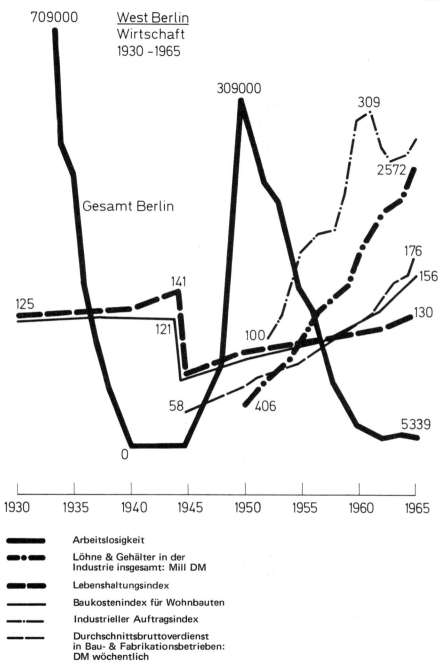

Darstellung 13

1937). Die Arbeitslosigkeit ging zwischen 1932 und 1939 rapide zurück und war während des Krieges praktisch gleich Null. Kriegsschäden, Demontage der Industrien und Untätigkeit im Bauwesen verursachten eine katastrophale Arbeitslosigkeit in den 5 Nachkriegsjahren. 309 000 West-Berliner, oder nahezu 15 % der Bevölkerung waren ohne Arbeit. Die Wiederaufbauperiode in den 50er Jahren brachte jedoch ein Absinken der Arbeitslosigkeit auf 13 000 im Jahre 1961. Seit dieser Zeit sind sogar noch weniger Menschen in West-Berlin ohne Arbeit gewesen. 1965 gab es in der Stadt praktisch keine Arbeitslosigkeit, der Anstieg seit dieser Zeit ist nur geringfügig.

2. *Einkommen der Arbeitnehmer in der Fertigungs- und Bauindustrie:* Für einen Vergleich der Vor- und Nachkriegseinkommen gibt es keine zuverlässigen Indikatoren. Als jedoch die Arbeitslosigkeit in den 30er Jahren zurückging, stieg der Wochenlohn pro Kopf ständig, während der gleichzeitige Anstieg des Lebenshaltungsindex nur gering war (Statistisches Landesamt, 1937). Gegen Ende des Krieges und kurz danach erzeugte der extreme Mangel an Konsumgütern und die Währungsreform eine Situation, die finanziell gesehen bei weitem schlimmer war als vor dem Kriege bzw. während des Krieges.

Der Wiederaufbau der West-Berliner Industrie jedoch brachte ein ihn begleitendes Ansteigen der Wochenlöhne von Arbeitnehmern in Industrie und Baugewerbe, die seitdem ständig gestiegen sind. Im Endergebnis hat sich das Bruttoeinkommen zwischen 1950 und 1960 verdoppelt, während die Zuwachsrate der Produktion sogar noch schneller gestiegen ist als vorher. 1965 war der durchschnittliche Verdienst 176,00 DM pro Woche und ist seit dieser Zeit ständig gestiegen (Statistisches Landesamt, 1966).

Tabelle 30

Indikatoren der ökonomischen Aktivität, Gesamt-Berlin und West-Berlin, 1931 – 1965 (Teil A)

Jahr	Arbeitslose	Industriegehälter u. -löhne, Mill. DM	Industrieindex der Neuaufträge
1931	709 000[a]		
1937	100 000[a]		
1939	30 000		
1948	76 000		
1950	309 000	406	
1951	275 000	540	
1952	242 000	612	100
1953	227 000	690	118
1954	188 000	801	147
1955	143 000	982	180
1956	114 000	1 149	192
1958	59 000	1 365	199
1959	39 000	1 475	236
1960	19 217	1 707	300
1961	13 027	1 920	309

Analytische Untersuchung West-Berlins als Beispiel

Jahr	Arbeitslose	Industriegehälter u. -löhne, Mill. DM	Industrieindex der Neuaufträge
1962	8 135	2 101	279
1963	8 491	2 185	264
1964	7 947	2 313	266
1965	5 339	2 572	280

a Gesamt Berlin

Quelle: Statistisches Landesamt, *Berlin, 1937; 1945; 1953; 1957; 1963; 1966.*

Tabelle 30 (Teil B)

Preisindex

Jahr	Lebenshaltungskosten	Wohnungen	wöchentl. Bruttoeinkommen DM
1931	125,1a		
1937	125,1a	121,3a	
1939	126,2a	121,2a	
1944	141,4a	121,2a	
1950	100	100	58,06
1951			64,72
1952			68,38
1953	106,0	103,1	73,47
1954	105,7	104,6	75,86
1955	107,0	104,8	78,77
1956	109,9	104,8	85,86
1958	112,0b	106,0b	99,15
1959	113,4	108,0	103,82
1960	115,8	113,0	110,97
1961	117,8	119,0	121,22
1962	122,4	127,0	136,08
1963		134,0	148,00
1964	127,0	145,0	155,00
1965	130,8	156,0	176,00

a 1913/14 = 100

b Angeglichen auf 1950 = 100

Quelle: Statistisches Landesamt, *Berlin, 1937; 1945; 1953; 1957; 1963; 1966.*

3. *Index der Lebenskosten:* Die 30er Jahre hindurch blieben die Lebenskosten ziemlich stabil, während die Einkommen ständig anstiegen. Gegen Ende des Krieges jedoch stiegen die Preise für Konsumgüter etwas, wenn auch nicht drastisch. Am Kriegsende waren Lebenshaltungskosten anormal hoch und führten zur Währungskatastrophe der Nachkriegszeit.

Seit 1950 sind die Lebenskosten um etwa 30 Punkte gestiegen, gegenüber einem 120 %igen Anstieg der Bruttoverdienste in der Industrie. Während immer wieder Warnungen vor einer Inflation laut wurden, hat der Anstieg in Wirklichkeit nicht die Form einer Spirale angenommen, auch ist er beträchtlich kleiner geblieben als Lohn- und Gehaltssteigerungen während derselben Periode. Im Ganzen gesehen hat die größere Kaufkraft der Einkommen mit dem beständigen wirtschaftlichen Aufschwung in der Bundesrepublik der Nachkriegszeit Schritt gehalten (Statistisches Landesamt, 1953, 1957, 1963, 1966).

4. *Baukostenindex für Wohnbauten:* Wie bei den Lebenskosten ist es schwierig, einen Kostenvergleich für Wohnungen vor und nach dem Kriege aufzustellen. Der Vorkriegsindex in Tabelle 30 nimmt 1913/14 als Vergleichsjahr und besagt, daß bis 1939 Wohnungs- und allgemeine Lebenskosten mehr oder weniger gleichmäßig angestiegen sind. Während des Krieges, als der Wohnungsbau praktisch zum Stillstand kam, blieben Wohnungspreise stabil.

Nach 1945 blieb die Wohnungslage kritisch mit einem Kostenanstieg im Verhältnis der Steigerung der allgemeinen Lebenshaltungskosten bis 1960. Seit dieser Zeit hat sich die Preiserhöhung beschleunigt, obwohl sie noch etwas unter dem Anstieg der Einkommen liegt. Zwischen 1960 und 1965 sind die Wohnungskosten um 43 Punkte gestiegen, verglichen mit 15 Punkten des Lebenskostenindex und 65 Punkten im wöchentlichen Bruttolohn für Arbeitnehmer in Industrie und Baugewerbe (Statistisches Landesamt, 1966).

5. *Index für Industrieneuaufträge:* Der Grad des wirschaftlichen Optimismus der Stadt reflektiert vielleicht, wie David McClelland ausgeführt hat, die Bereitschaft, Veränderungen nicht nur im wirtschaftlichen, sondern auch im kulturellen, sozialen, religiösen und ästhetischen Bereich zu akzeptieren (Mc Clelland, D., 1967). Ein anderer Maßstab für diesen Optimismus, wenngleich ein grober, ist der Index für Industrieneuaufträge. Es mag deshalb der Mühe wert sein, einen kurzen Blick auf diesen Indikator zu werfen.

Vor dem Kriege war Berlin bei weitem das größte Manufakturzentrum in Deutschland; etwa 7,2 % der Industriearbeiter des Landes lebten in dieser Stadt (Schröder, K., 1962). Kriegsschäden und Demontage der Industrie jedoch trafen mit einem Verlust von 75 % der gesamten Industriekapazität (Schröder K., 1962) Berlin unter allen deutschen Städten am härtesten (siehe Tabelle 31).

Der Wiederaufbau in der Nachkriegszeit hat Berlin wieder in seine frühere Position als größtes deutsches Manufakturzentrum eingesetzt, allerdings mit geringerem Vorsprung; etwa 4,2 % oder 420 000 von Deutschlands Industriearbeitern sind in Ost- und West-Berlin beschäftigt. West-Berlin führt in der Bundesrepublik mit 305 000 Arbeitern, sein nächster Rivale ist Hamburg, das 300 000 Industriearbeiter beschäftigt (Schröder, K., 1962).

Darstellung 13 zeigt die Fluktuation des Index für Industrieneuaufträge für West-Berlin seit 1950 an. Bis 1960 stieg dieser Index rapider an als der für Lebens- und Wohnungskosten, als pro-Kopf-Einkommen in der Industrie oder die Gesamtgehälter und -löhne, welche die Industrie zahlte. Vertrauen in die Wirtschaft der Stadt und Geschäftsoptimismus waren groß in dieser Periode. Weithin als Folge des Baus der Berliner Mauer 1961 fiel der Index der Industrieneuaufträge ein wenig, doch seit 1963 hat der Index wieder Anschluß an seine frühere Aufwärtsentwicklung gefunden und reflektiert somit ein anhaltendes Vertrauen in die Industrieproduktion der Stadt.

Tabelle 31

Verlust von Industrieanlagen durch Kriegseinwirkungen oder Demontage, Berlin 1945.

Metallindustrie	90 %	Verlust
Fahrzeugbau	70 %	
Feinmechanik & Optik	80 %	
Elektroindustrie	85 %	
Pharmazeutische Erzeugung	50– 60 %	
Kunststoff & Kautschuk	100 %	
Druckgewerbe	75 %	
Papierverarbeitung	60 %	

Quelle: Karl C. Thalheim, „Herausforderung und Antwort einer Hauptstadt", *Berlin – die unzerstörbare Stadt*, Carl Heymanns-Verlag, Berlin, 1953, Seite 25.

6. *Von der Industrie gezahlte Gesamtlöhne und -gehälter:* Insofern als das äußere Erscheinungsbild einer jeden Großstadt von einer Entfaltung ihres Reichtums abhängt — in Kleidung, Autos und Gebäuden — lohnt es sich, die Veränderung des Gesamtwohlstandes in West-Berlin zu untersuchen. Etwas von diesem Reichtum ist der Unterstützung durch die Bundesrepublik zu verdanken und wird hauptsächlich in neuen öffentlichen Unternehmen angelegt, wie im Bau von Schnellstraßen und öffentlichen Verkehrsmitteln. Das Vorhandensein eines solchen Reichtums beeinflußt offensichtlich die visuelle Anlage der Stadt. In der privaten Sphäre jedoch ermutigt die bloße Möglichkeit, an Geld zu kommen, den Kauf von neuen Wagen, Wohnungen und Kleidung, wobei das Gesamtergebnis die städtische Anstrengung bei weitem übertrifft, obwohl Änderungen in den städtischen und privaten Ausgaben durch Steuerhebungen direkt aufeinander bezogen sind.

Seit 1950 sind Bevölkerung und Beschäftigungszahl in West-Berlin konstant geblieben. Jedoch sind während dieser Periode die von der Industrie ausgezahlten Gesamtlöhne und -gehälter um 600 % gestiegen, und zwar von 406 Mill. DM im Jahre 1950 auf 2572 Mill. DM im Jahre 1965 (Statistisches Landesamt Berlin, 1953, 1957, 1963, 1966). Offensichtlich hat ein derartiger Anstieg eine einschneidende Wirkung auf das Image West-Berlins, indem ein wesentlicher Teil dieses Reichtums einerseits in Gütern angelegt wird, und andererseits städtischen Aufwendungen für öffentliche Unternehmen zufließt.

Die sechs für die Veränderung in der ökonomischen Aktivität West-Berlins ausgewählten Indikatoren ergeben natürlich ein übermäßig vereinfachtes Bild von der geschäftlichen Gesamtsituation in der Stadt. Jedoch reichen sie aus anzuzeigen, in welchem Maß die allgemeine Öffentlichkeit von diesen Veränderungen, die eine stetige Verbesserung während der vergangenen 20 Jahre darstellt, berührt worden ist. Es ist möglich, einen Einblick in ihr Verhältnis zu Änderungen in der gebauten Struktur der Stadt zu gewinnen. Natürlich sind nicht alle Bewohner West-Berlins von der allgemeinen wirtschaftlichen Verbesserung berührt worden, — die alten Leute sind ein typisches Beispiel. In analoger Weise sind die Steuern entsprechend gestiegen, doch hat sich noch keine Studie mit den städtischen Finanzen befaßt, obwohl angenommen werden kann, daß ein Großteil der erhobenen Steuern in die Veränderung der Stadt durch städtische Unternehmen zurückgeschleust wird. Wiederum gilt: nichtwirtschaftliche Faktoren wie der Verlust der Familie, zunehmendes Alter und Krankheit, allgemeine seelische Haltung in Richtung auf einen „universalen Pessimismus" und die extreme politische Situation in Berlin können in der Wahrnehmung von und in der Einstellung zu Veränderungen irgendeinen wirtschaftlichen Gewinn übertreffen. Unglücklicherweise sind viele dieser Faktoren zu diesem Zeitpunkt nicht meßbar und können somit in dieser Studie nicht in Betracht gezogen werden.

6.14 Wohnungsbau

Während der Bau neuer Wohnungen das Erscheinungsbild jeder Stadt unmittelbar verändert, kann er auch die Art und Weise, in der das Erscheinungsbild wahrgenommen wird, auf viel subtilere Weise, vermittels funktioneller Determinanten der Wahrnehmung, beeinflussen. Marshall McLuhan stellt fest:

„Wenn die Kleidung eine Ausdehnung unserer eigenen Haut zwecks Sammlung und Weiterleitung unserer eigenen Wärme und Energie darstellt, dann sind Wohnungen für Familien oder Gruppen ein kollektives Mittel zur Erreichung desselben Endzweckes. Wohnung ist als Obdach eine Erweiterung des Kontrollmechanismus unserer Körperwärme — eine kollektive Haut oder ein kollektives Gewand. Städte sind eine noch weitere Ausdehnung unserer körperlichen Organe zur Befriedigung der Bedürfnisse großer Gruppen (McLuhan, M., 1964)."

Es ist offensichtlich, daß dann, wenn wir nicht in der Lage sind, aus der allgemeinen gebauten und wirtschaftlichen Verbesserung in der Stadt einen persönlichen Nutzen zu ziehen, unsere Wahrnehmung solcher Verbesserungen, einschließlich der äußeren Gegebenheiten und des Ausdrucks von Fortschritt, beeinträchtigt wird. Umgekehrt werden wir dazu neigen, mit Wohlgefallen auf die allgemeine Verbesserung zu schauen, falls wir uns als Individuen, die ihren Teil davon abbekommen haben, daran erfreuen können.

Eines der leuchtendsten Symbole für unseren persönlichen Anteil ist der Status unserer Wohnung. Eine kurze Untersuchung über die Veränderungen in der Wohnungssituation Berlins ist darum für diese Studie wichtig.

Analytische Untersuchung West-Berlins als Beispiel

Tabelle 32

Gesamtanzahl der Wohneinheiten und Anzahl der Wohnräume pro Einwohner, West-Berlin 1930 – 1965

	Gesamt Wohn.-Einh.	Gesamt Wohnr.	Wohnr./Person
1930	840 000		
1931	859 000		
1932	864 000		
1933	869 000	2 860 000	1,07
1939	967 000	3 200 000	1,16
1940	973 000		1,15
1941	977 000		1,14
1946	640 000[a]	2 120 000[a]	1,05[a]
1950	704 000	2 300 000	1,08
1956	789 930	2 600 000	1,17
1961	858 609	2 820 000	1,28
1965	920 630	3 030 000	1,37

[a] viele schwer beschädigt

Quelle: Statistisches Landesamt, *Berlin, 1939; 1945; 1953; 1957; 1963; 1966.*

Tabelle 33

Wohnungsneubauten, West-Berlin, 1930 – 1965

	Neubauten	Wiederaufbau	Wiederherstellung
1930	27 600		
1931	5 000		
1936	9 800		
1939	9 000		
1944	54		
1950	937	3 323	3 762
1953	2 670	9 309	3 000
1956	10 756	8 512	1 200
1960	11 196	11 365	1 100
1962	11 213	7 782	1 000
1965	16 848		

Quelle: Statistisches Landesamt, *Berlin, 1937; 1945; 1953; 1957; 1965; 1966.*

142 Die Situation

Darstellung 14 zeigt die Gesamtzahl von Wohnungseinheiten in West-Berlin zwischen 1930 und 1965, ebenfalls die Veränderungen in der Wohnraumzuteilung pro Einwohner. Darstellung 14 zeigt den Umfang des Wohnungsneubaus in der gleichen Periode sowie den Wiederaufbau zerstörter Wohnungen nach dem Kriege an. Die Zahlen sind in Tabelle 32 und 33 enthalten.

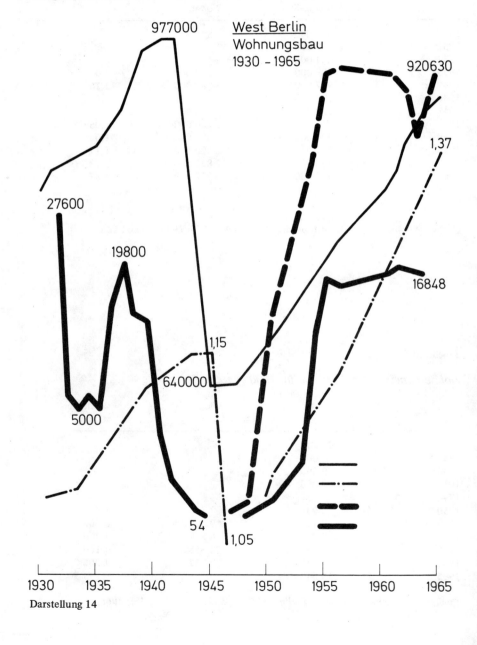

Darstellung 14

Zwischen 1930 und 1939 nahm die Gesamtzahl von Wohnungen und Wohnräumen pro Einwohner ständig zu, trotz wesentlicher Fluktuation in der Anzahl von Wohnungsneubauten in dieser Periode. Während des Krieges wurden praktisch keine neuen Wohnungen gebaut, obwohl bis 1943 die Bevölkerung ständig anstieg. Infolgedessen verschlechterte sich die Wohnungssituation von 1939 an (Statistisches Landesamt, 1945).

1946 wurden nur 370 000 Wohnungen als „bewohnbar" bezeichnet, obwohl weitere 300 000 leicht beschädigte Einheiten tatsächlich bewohnt waren. In ganz Berlin waren etwa 650 000 Einheiten total zerstört, 100 000 schwer beschädigt und 360 000 leicht (Schwedler, R., 1962).

Bei der Wiederherstellung nach dem Kriege verfolgte man zunächst die Politik von Wiederaufbau und Restaurierung beschädigter Häuser — 1950 wurden nur 937 Wohnungen neu gebaut, gegenüber 7 000 restaurierten oder wieder aufgebauten. Jedoch waren gegen 1953 viele neue Wohnungen im Bau. Dieser Faktor, zusammen mit dem Bevölkerungsverlust von 1942—1945, erleichterte die Wohnungssituation beträchtlich. Gegen 1956 übertraf der Durchschnitt von 1,17 Wohnräumen pro Einwohner die Vergleichszahl von 1939 (Statistisches Landesamt, 1957).

Seit dieser Zeit bewohnte jede Person durchschnittlich 1,37 Räume. Die bereits erwähnten steigenden Wohnungskosten haben in Wirklichkeit nicht stärker zugenommen als das durchschnittliche Einkommen. Zweifellos hat sich die Wohnungssituation in West-Berlin seit dem Kriege ständig verbessert, sie hat den Vorkriegsstand übertroffen und entwickelt sich weiter in dieser Richtung.

6.15 Verkehrssituation

Eine der fundamentalsten Veränderungen im Charakter West-Berlins während der vergangenen 30 Jahre ist durch die ständig wachsende Zahl von Kraftfahrzeugen hervorgerufen worden. Abgesehen von ihrem bloßen Vorhandensein, sowohl als ruhender als auch als fließender Verkehr, bedingten sie in der ganzen Stadt eine ausgedehnte Aktivität im Straßenbau.

Ein weiterer, wenn auch nicht einschneidender Faktor, ist die Zunahme des Flugverkehrs über der Stadt. Der Zentralflughafen in Tempelhof liegt am Rande des Großstadtgürtels, nur 4 km vom Brandenburger Tor entfernt. Der Flughafen Tegel und der Militärflughafen Gatow liegen weiter vom Zentrum entfernt — 7 km und 13 km vom Brandenburger Tor. Sie sind jedoch immer noch für einen erheblichen Fluglärm in den nördlichen und westlichen Bezirken verantwortlich.

Tabelle 34 zeigt die Zunahme im Flug- und Fahrzeugverkehr in West-Berlin der letzten Jahre. Zahlen über den Fahrzeugbesitz vor dem Kriege sind für West-Berlin nicht zugänglich, jedoch kann ein Maßstab für den Zuwachs aus der Tatsache abgeleitet werden, daß West-Berlin allein im Jahre 1959 so viele neue Motorfahrzeuge auf seinen Straßen hatte wie ganz Berlin im Jahre 1939. Die Zahl der Fahrzeuge, besonders privater Automobile, ist seit 1959 ständig gestiegen; in der Zeit von 1960—1965 betrug der Zuwachs an neuen Fahrzeugen 50 %.

Tabelle 34

Flugzeug- und Fahrzeugverkehr, West-Berlin, 1939—1965

	Neue Motorfahrzeuge aller Klassen	Flugzeuge, Abflüge von Berlin
1939	30 460[a]	
1951	13 146	6 974
1955	19 784	10 881
1956	21 998	12 739
1958	27 182	14 201
1961	33 184	19 948
1964	43 310	31 858
1965	46 182	35 505

[a] Gesamt-Berlin

Quelle: Statistisches Landesamt, *Berlin, 1945; 1953; 1957; 1963; 1966.*

Die Zunahme im Flugverkehr ist sogar noch bemerkenswerter. Tatsächlich hat sich die Zahl der Maschinen, die von West-Berliner Flughäfen starten, seit 1960 verdoppelt. Insgesamt starteten 1965 35 505 — fast 100 pro Tag. Die daraus resultierenden Phonstärken sind zu einer immer stärker werdenden Belastung für die Bevölkerung in den Anliegerbezirken geworden. Derartige Störungen, die vor 5 Jahren nur halb so stark zu bemerken waren, haben auf das Individuum, abhängig von seinen Wertvorstellungen, zweifellos einen gewissen Eindruck gemacht.

Die individuelle Wahrnehmung West-Berlins könnte natürlich durch derartige Änderungen im Ausmaß des Fahrzeug- und Luftverkehrs erheblich betroffen werden. Wahrscheinlich sind die hervorgerufenen Eindrücke ambivalenter Natur, Mischung aus Fortschritt, Wirksamkeit, Störung, Reichtum, Chaos oder sogar Gefahr. Einige dieser Eindrücke sind natürlich visueller Art.

6.2 Analyse der baulichen Veränderungen West-Berlins

6.21 Baustile

Die Hauptaufgabe dieser Studie besteht nicht darin, Daten über die gebauten Veränderungen West-Berlins zu untersuchen, um das Ausmaß dieser Veränderungen zu definieren. Wir befassen uns vielmehr mit der Bestimmung öffentlicher Einstellungen hinsichtlich visueller Veränderungen in der Stadt. Aus diesem Grund erfolgte die vorhergehende Darbietung von Änderungen in Bevölkerung, Struktur, Ökonomie, Verkehr etc. nur oberflächlich. Nachdruck wurde auf diese überwiegend nichtvisuellen Faktoren in der Überzeugung gelegt, daß sie unmittelbar die Einstellung des Individuums gegenüber visuellen Veränderungen zu beeinflussen vermögen. Sie sollten deshalb in dieser Studie berücksichtigt werden. Darüber hinaus sind wir uns dessen bewußt, daß die wenigen erwähnten

Toronto. Auf diese Weise adoptiert es auch viele von den in diesen Städten vorherrschenden Unzulänglichkeiten im Transportwesen (Chicago Regional Transportation Study, 1962).

6. Als Resultat der obengenannten Umstände bedeutet der dauernde Verlust vieler der zentralen Handels- und Kulturfunktionen die Notwendigkeit zur Erstellung einer neuen „Innenstadt". Dies geschah in Charlottenburg, wo das Zoo-Viertel und der Kurfürstendamm die Rolle eines neuen „Zentrums" für West-Berlin übernommen haben. Der Verlust der Humboldt-Universität, die jetzt in Ost-Berlin liegt, machte die Errichtung der Freien Universität in Dahlem notwendig. Verwandte akademische Forschungs- und Kultur-Institutionen haben sich in der Nachbarschaft der neuen Universität angesiedelt.

7. Die Änderung durch Beseitigung von Details und die Verwendung von Stuck bei einer wesentlichen Anzahl von teilweise beschädigten Wohnstrukturen, hauptsächlich im Großstadtgürtel.

8. Während die Hauptanlage des Verkehrsnetzes im wesentlichen der vor 1943 entspricht — weithin auf Grund der Übernahme breiter Verkehrsadern, die vor dem Kriege gebaut worden waren — hat die Teilung der Stadt und die Zunahme des Fahrzeugverkehrs eine weitere Ausweitung der Hauptstraßen, den Neuentwurf von Kreuzungen und die Konstruktion einer Stadtautobahn notwendig gemacht.

Darstellung 15 zeigt die Stellen dieser Hauptveränderung an, von denen natürlich jede eine wesentliche Wirkung auf das Erscheinungsbild West-Berlins ausübt. Die Gebiete größter Veränderungen liegen im Zentrum und am Rande der Stadt. Seit dem Kriege ist kein einziges Stück Grundfläche unverändert geblieben, jedoch mit Ausnahme vielleicht der unberührten Waldgebiete jenseits der bebauten Peripherie. Weithin ist es offensichtlich, daß sich visuelle Veränderungen die ganze, an früherer Stelle in Kapitel II in Vorschlag gebrachte, Werteskala hindurch vollzogen haben, und zwar von der allgemeinen stadtweiten Skala bis hinunter zu lokalen und detaillierten Änderungen.

6.22 Komponenten der Imagebildung

Wir haben also ein breit angelegtes Bild über das Ausmaß der Veränderungen West-Berlins seit der Zeit vor dem 2. Weltkrieg vor uns. Natürlich ist es viel schwieriger, die *Qualität* der Veränderungen objektiv zu definieren und zu bestimmen. In der Tat können die Ergebnisse dieser Studie als ein Maßstab für die Qualität der visuellen Veränderungen angesehen werden; mit anderen Worten: das Ausmaß, in welchem der Durchschnittsberliner die Veränderungen mit Gefallen oder Mißfallen betrachtet, kann als besonderer Qualitätsindikator akzeptiert werden. Wir befassen uns allerdings mit der Qualität von Veränderungen in einem weniger abstrakten Sinne; die Frage: „wir wissen ungefähr, wie viel an baulicher Veränderung in West-Berlin stattgefunden hat, doch inwiefern ändert sie das vorherige Image dieser Stadt? "

Punkte keineswegs die Faktoren erschöpfend behandeln, welche die Einstellungen, die wir bestimmen möchten, beeinflussen können. Die Darbietung der Tatsache ist den Umständen entsprechend kurz und sehr verallgemeinert, sie umreißt eher stadtweite Merkmale, als daß sie sich, in die Tiefe gehend, auf ein besonderes Stadtgebiet konzentriert. Vieles an der tatsächlichen Skizzierung der Veränderung in West-Berlin ist darum mangelhaft, doch muß wiederholt werden, daß die primäre vor uns liegende Aufgabe letzten Endes nicht darin besteht, derartige Veränderungen durch eine direkte Interpretation statistischer Daten nachzuweisen. Die Andeutung jedoch genügt, um die Aufmerksamkeit auf die breit angelegten Veränderungen zu ziehen, damit wir so auf den Forschungsentwurf übergehen können.

Bevor wir dieses erreichen können, ist es notwendig, einen analytischen Überblick über die Fakten zu gewinnen. Es wird daran erinnert, daß Lynch, bevor er die Interviews in Angriff nahm, eine Serie von Feldstudien unternahm, um über Gebiete, die von Interesse zu sein schienen, relevante Fragen stellen zu können. Wir empfehlen jedoch, einer solchen Technik mit Skepsis zu begegnen. Des Autors eigene Studien über die Imaginationskraft deuten darauf hin, daß die Verwendung von „geübten Beobachtern" zwecks Bestimmung von Gebieten „besonderen Interesses" den Forschungsentwurf von Gebieten, die für die Allgemeinheit wichtig sind, ablenken kann. Man kann nicht davon ausgehen, daß der Beobachter in der Lage ist, mit Hilfe seiner intuitiven oder rationalen Fähigkeiten Gebiete besonderen Interesses zu entdecken (Waterhouse, A., 1966). Somit wird die Notwendigkeit eines sehr allgemeinen Überblicks über das gesamte Gebiet der Studie deutlich.

Einzig auf der Basis der oben gegebenen Daten ist es möglich, die relevanten Veränderungen in der gebauten Struktur seit der Zeit vor dem 2. Weltkrieg folgendermaßen zusammenzufassen:

1. Zuwachs um etwa 12 % der bebauten Grundfläche, besonders an der Peripherie.

2. Die Zerstörung und Ersetzung von etwa 45 % anderer als Industriebauten, die vor 1943 da waren, sowie die Ersetzung von weiteren 10 % aller Gebäude auf Grund funktioneller oder struktureller Veraltung, weithin in zentralen Gebieten. 670 000 Gebäude waren total zerstört. 100 000 schwer und 360 000 leicht beschädigt.

3. Ein 7 %iger Rückgang der Bevölkerungsdichte durch bauliche Erschließung von Grundflächen seit 1939 und ein 20 %iger Rückgang der Bevölkerungsdichte im Vergleich zur gesamten Grundfläche.

4. Die Ersetzung von ungefähr 57 % aller Industriegebäude, die West-Berlin vor 1943 besaß.

5. Die Teilung der Stadt, die seit August 1961 voll wirksam wurde. Als Ergebnis dessen macht sich West-Berlin die halbkreisförmige Aufteilung der Nutzfläche zu eigen wie viele See- und Küstenstädte, gleich Chicago, Neapel, Bombay und

Analytische Untersuchung West-Berlins als Beispiel 147

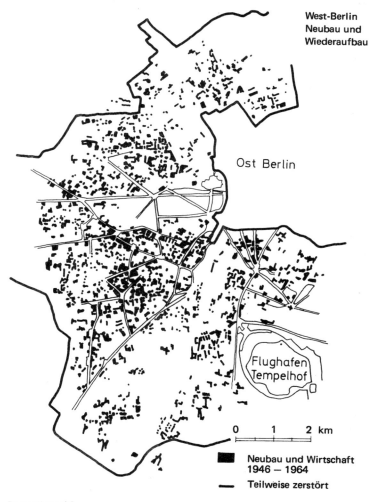

Darstellung 15

Der Versuch, eine Antwort auf diese Frage zu finden, ist insofern wichtig, als das Bewußtsein vom vorliegenden Veränderungstyp bei der Suche nach der Aufstellung eines Forschungsmodells hinsichtlich der Bestimmung eines angemessenen Untersuchungsraumes von Hilfe sein wird. Der Terminus „Qualität" beschreibt natürlich die Über- oder Unterlegenheit eines gegebenen Modells im Verhältnis zu anderen. Somit ist es vielleicht nicht legitim, doch notwendig und gültig, von der „Qualität" des Erscheinungsbildes von West-Berlin im Jahre 1967 als dem von 1935 oder 1957 unter- oder überlegen zu sprechen. Die von uns angewandten Maßstäbe für Qualität gründen auf der Einstellung der Öffentlichkeit gegenüber einer wechselnden Umgebung. In Kapitel I wurden die visuellen

Eigentümlichkeiten der gebauten Umwelt durch drei Hauptkomponenten definiert, von denen jede die Aufmerksamkeit des Individuums, je nach Geschmack, Erfahrung, Bedürfnissen und Wertvorstellungen, auf sich zieht.

Diese sind:
1. Ästhetischer Inhalt;
2. Informationsinhalt;
3. Objekte insofern sie ein Gefühl der Sicherheit oder der Unsicherheit vermitteln.

Wir nehmen an dieser Stelle an, daß die Qualität einer vorliegenden Umgebung sich unmittelbar mit diesen drei Hauptkomponenten verändert. Es ist überflüssig zu sagen, daß diese drei komplex sind und, mit unseren gegenwärtigen Kenntnissen auf diesem Gebiet, unmöglich in objektiver Weise definiert werden können; sie überschneiden sich auch in gewissem Umfang und werden noch gesondert diskutiert werden. Wir werden uns in Hinblick auf „ästhetische Werte" insofern einige Freiheiten erlauben, als wir den Schönheitsbegriff der breiten Öffentlichkeit und nicht den einiger Intellektueller oder Praktiker aufspüren möchten.

An dieser Stelle stößt die Untersuchung auf die Frage nach ästhetischen Werten und auf die Gefahr des Werturteils, die durch diesen Gegenstand unweigerlich heraufbeschworen wird. Die Konzepte von „moderner" und „traditioneller" Architektur z. B. sind komplex, besonders in Berlin, das lange vor dem 2. Weltkrieg ein Experimentierfeld bedeutender Architekten war (Fehling, H., 1966). Der Berliner war deshalb schon vor den umfangreichen Veränderungen der Nachkriegszeit an den Anblick „moderner" Gebäude gewöhnt. Jedoch waren die wirklich modernen Gebäude verhältnismäßig gering an Zahl. Es gab viele neue Gebäude, die meisten in Biedermeyer, Jugendstil, pseudo-klassischem oder faschistischem Stil (Fehling, H., 1966). Doch sind der tatsächliche Architekturstil oder des Architekturkritikers Konzept von „gut" und „schlecht" eines Entwurfes für diese Studie irrelevant. Die Frage nach dem Geschmack der Öffentlichkeit ist viel wichtiger. Trotz der Rolle, welche der Geschmack bei der Reaktionsbestimmung zweifellos spielt, gründet er sich nicht allein auf das ästhetische Urteil des Individuums, wie in Kapitel II klar dargelegt wurde. Man könnte sich natürlich eine weite Definition des vagen Begriffes „Geschmack" aneignen, der all die persönlichen Werte, Charakteristika, Erfahrungen usw. des Befragten umfaßt, doch haben wir bereits „Einstellung" als den durch all diese Faktoren determinierten Terminus gewählt. Es ist unnötig zu sagen, daß die Untersuchung der Einstellung gegenüber traditioneller und moderner Architektur eine gesonderte und umfassende Studie verlangt (Cattell, R. B., 1965), doch werden wir erst gar nicht den Versuch machen, dieses zu erreichen, es sei denn indirekt insofern, als diese Einstellung eine Komponente – und wahrscheinlich eine wichtige – in der „Gesamt"-Einstellung gegenüber Veränderungen darstellt.

Bei der Diskussion über die Qualität visueller Veränderungen in West-Berlin ist es wichtig, daran zu erinnern, daß, während wesentliche Teile im Zentrum völlig

Analytische Untersuchung West-Berlins als Beispiel

neu wiederaufgebaut worden sind und umfangreiche neue Wohnungs- und Industrieprojekte das Gesicht anderer Gebiete verändert haben, anderswo alte und neue Gebäude gemischt sind, je nach Verlauf des örtlichen Entwicklungsvorhabens. Ein weiterer Punkt ist der, daß vieles in der Vorkriegsarchitektur im Stil etwas „charakteristisch" für Norddeutschland war, wohingegen ein solcher Anspruch für die neueren Gebäude nicht erhoben werden kann. Es bestehen viele ausführliche Beschreibungen über den früheren architektonischen Charakter Berlins, und wir wollen hier nicht den Versuch machen, diese zu wiederholen (Engel, H. U., 1962, Schinz, A., 1964, Rave, P. O., 1962).

Darstellung 16 versucht, solche Bauwerke von besonderem architektonischem Interesse zu lokalisieren, die zerstört wurden, wesentlich verändert worden sind oder in Ost-Berlin liegen. Darstellung 16 führt solche hervorragenden Bauwerke, die noch in West-Berlin liegen, mit den Daten ihrer Vollendung auf. Die Kriterien bei der Auswahl dieser Bauwerke gründen sich auf die Häufigkeit der Erwähnung in der mehr „populären" Literatur über Berlin (Eschen, F., 1958, Wirth, I., 1966, Hagemann, O., 1966), und weniger auf die Erwähnung in Büchern, die von akademischem oder beruflichem Interesse für Architekten sind.

West-Berlin
Besondere architektonische Denkmäler

O   Vorkriegsdenkmäler
●   Nachkriegsdenkmäler
▤   50 % zerstört
▥   Total zerstört

Darstellung 16

Ganz eindeutig war vieles an architektonisch Interessantem in der Altstadt lokalisiert und ist darum verlorengegangen. Jedoch wurden von den wichtigen Gebäuden in West-Berlin nur die Kaiser-Wilhelm-Gedächtnis-Kirche und der Reichstag schwer beschädigt, der Rest blieb im wesentlichen wie im Jahre 1942. Es ist auch klar, daß wenigstens in West-Berlin die Zahl der Gebäude, die sowohl architektonisch wichtig, als für die Öffentlichkeit bedeutend waren, verhältnismäßig gering war, und zwar nicht mehr als 13. Es ist unnötig zu sagen, daß die wenigen Gebäude in Darstellung 8 keinen wirklichen Hinweis auf qualitativen Verlust oder Veränderungen der gebauten Umwelt bieten. Zahllose Strukturen aller Art, die, wenn auch nicht bedeutend, so doch einen hohen Standard architektonischer Entwürfe darstellen, wurden Opfer von Kriegsschäden. Darüber hinaus gingen, abgesehen von den oben erwähnten Gebäuden, mehrere äußerst wichtige Werke der Pionier-Architektur im Kriege verloren (Fehling, H., 1966). Bezeichnenderweise werden die Werke von Gropius, Behrens, Mendelsohn, Hans Poetzig oder Wagner in der populärwissenschaftlichen Literatur nicht häufig erwähnt. Der Nachdruck liegt bei solchen Publikationen auf der „Vorkriegs"-Architektur. Es gibt da noch das wesentliche Angebot einer jungen Literaturgattung, welche die „goldene Zeit" der 20iger Jahre und vor dem 1. Weltkrieg schildert (Behr, H., 1964, Glaßbrenner, A., 1955, Hagemann, O., 1963, Hildebrandt, F., 1966, Krammer, M., 1965, Lehmann, F. W., 1964). Natürlich sind nicht alle diese Arbeiten der Architektur gewidmet, doch deutet die häufige Beschreibung der städtischen Landschaft darauf hin, daß dem visuellen Teil der Nostalgie einige Aufmerksamkeit geschenkt wird.

Es ist offensichtlich, daß der West-Berliner großes Interesse nimmt an den neuen Gebäuden, die seit dem Kriege erstellt worden sind. Ein Maßstab für dieses Interesse ist die Tendenz, bestimmten Strukturen einen humorvollen Spitznamen zu geben. Solche Strukturen fallen mehr oder weniger in die folgenden Kategorien:

1. Gebäude mit einer wichtigen öffentlichen Funktion wie die Deutsche Oper (Die Klagemauer);
2. isoliert stehende Gebäude wie die Kongreßhalle (Schwangere Auster) und die Philharmonie (Circus Karajani);
3. Gebäude, die strategisch so liegen, daß sie die Aufmerksamkeit erregen, wie die Kaiser-Wilhelm-Gedächtnis-Kirche (Der hohle Zahn);
4. die Gebäude müssen neu sein oder radikal von ihrer Originalform abweichen.

Abgesehen vom Vorhandensein einer oder mehrerer der oben genannten Charakteristika haben die Strukturen einige bezeichnende bauliche Merkmale, die den Spitznamen nahelegen. Es ist nicht erwiesen, daß diese Praxis vor dem 2. Weltkrieg weit verbreitet war.

Die Tatsache, daß sich neuerdings ein Interesse für besondere Gebäude zeigt, weist natürlich nicht auf ein Bildungsniveau hinsichtlich des Geschmacks in der Architektur oder gar auf ein Interesse an den ästhetischen Eigenschaften dieser Gebäude hin. In der Tat legt ein Spitzname, wenn er gebraucht wird, die

Vermutung nahe, daß die Strukturen als ausgesprochen nichtästhetische Besonderheiten wahrgenommen werden. Die Frage, inwieweit Gebäude von der allgemeinen Öffentlichkeit als Werke der Architektur angesehen werden, ist schwer zu beantworten. Kevin Lynch umgeht diese Frage durch die Entwicklung eines alles umfassenden „Image", das ästhetische Komponenten, Informationen und geläufige, zu einem Gefühl der Sicherheit führende Elemente enthält. Allerdings ist ein Maßstab für die „qualitative" Veränderung in der gebauten Umwelt von West-Berlin das sich verändernde ästhetische Element. Wir haben natürlich keine Kenntnisse von dem Ausmaß, in welchem ästhetische Veränderungen im Informationsinhalt oder zum Verlust vertrauter Objekte registriert werden. Man kann jedoch annehmen, daß eine Veränderung des rein ästhetischen Inhaltes in direkter Beziehung zum geschmacklichen Niveau der Bürger wahrgenommen wird.

6.23 Geschmacksrichtungen in der Öffentlichkeit

Unglücklicherweise ist, soweit es dem Autor bekannt ist, in Deutschland keine gründliche Untersuchung des Geschmackes der Öffentlichkeit durchgeführt worden. Die meisten Leute werden, wenn man sie fragt, sagen, daß ihnen das Erscheinungsbild einer bestimmten Straße oder eines bestimmten Gebäudes entweder „gefällt" oder „nicht gefällt". Solch eine Antwort gibt jedoch keinerlei Aufschluß hinsichtlich der Stufe, welche eine ästhetische Veränderung in ihrer eigenen Wertehierarchie einnimmt. Eine Person mit hohem ästhetischem Wertmaß wird ohne Zweifel auf eine Veränderung im ästhetischen Inhalt stark ansprechen; umgekehrt mögen solche mit relativ hohen ökonomischen Maßwerten über jeden Effizienzverlust oder jede unnötige Ausgabe, die mit einer rein ästhetischen Veränderung verbunden ist, beunruhigt sein.

In den Vereinigten Staaten sind einige Versuche zwecks Bestimmung des öffentlichen Geschmacksniveaus durchgeführt worden. Sie verdienen Erwähnung an dieser Stelle, da sie einige Aufschlüsse darüber geben können, wie man im Falle West-Berlins vorgehen soll. Alvin Toffler hat vielleicht, durch Analysierung des Wohlstandanstieges, der kürzlich bei der Erziehung zum sogenannten „guten Geschmack" untersucht worden ist, die in dieser Beziehung interessanteste Arbeit durchgeführt. Toffler bemerkt, indem er durch das Magazin *Fortune* gesammelte Statistiken heranzieht, daß der Geldbetrag, der in den Vereinigten Staaten durch die Öffentlichkeit für Museen, Kunst-Galerien, Konzerthallen, Theater und Oper, für den Kauf von Gemälden, Schallplatten mit klassischer Musik, Instrumente und Bücher im Jahre 1961 ausgegeben worden ist, 3 Milliarden Dollar erreichte. Diese Zahl entsprach fast dem Zweifachen der Ausgaben im Jahre 1950 und übertraf bei weitem die Summe, die von der gesamten Radio- und Fernsehindustrie ausgegeben wurde. Er führt an, daß bis zu 45 Mill. Personen in den USA regelmäßig an „anspruchsvollen" Unternehmen beteiligt sind – ca. 25 % der Bevölkerung. Die Hälfte der „Kulturkonsumenten" war männlichen Geschlechts und die Hälfte war unter 25 Jahre alt; 80 %–85 % hatten eine College-Erziehung und ihr durchschnittliches Einkommen lag beträchtlich über dem mittleren Einkommen der Gesamtbevölkerung. Von den Volksgruppen her gesehen, dominieren in dieser Gruppe die Juden, gefolgt von den Angelsachsen, Skandinaviern und Deutschen. Toffler vermutet, daß diese Gruppe auf Grund von mehr Freizeit, Einkommen und Erziehung am Kunstleben Anteil nimmt. Er hat das Gefühl, daß sich ihr Interesse nicht auf Standesehrgeiz gründet, sondern auf ein Bedürfnis, abstrakt zu denken. Gleichzeitig dient es ihnen als Mittel gegen die Farblosigkeit des städtischen Lebens. Sportliche Aktivitäten verlieren rapide an Boden, verglichen mit dem erwachenden Interesse für kulturelle Ziele (Toffler, A., 1964). Durch diese Zahlen werden unmittelbar drei Streitfragen aufgeworfen:

1. Reflektiert ein allgemeines Interesse an Kunst eine ähnliche Aufgeschlossenheit für die ästhetischen Werte der Stadt? Natürlich basieren nicht alle Kulturprojekte auf den rein visuellen Künsten. Literatur, Theater, Oper und Musik mögen einen gewissen visuellen Inhalt haben, aber ihre ansprechende Wirkung ist entschieden unvisuell. Jedoch kann mangels anderer Daten angenommen werden, daß ein beachtlicher Teil derer, die an Kunst interessiert sind, im allgemeinen auch Interesse an der Architektur zeigt und sich ästhetischer Veränderungen in der städtischen Landschaft bewußt ist.

2. Der Europäer wird natürlich die Gültigkeit solcher Zahlen mit entschiedener Skepsis betrachten; ein hoher „Konsum" an Kunst, so wird er argumentieren, weist nicht unbedingt auf ein höheres Niveau des öffentlichen Geschmacks hin. Wir werden nicht den Versuch machen, dieses Argument näher zu prüfen; es ist interessant, doch irrelevant für unsere Studie. Der springende Punkt ist der, daß ungeachtet des Geschmacksniveaus das Interesse an Kunst *in gewissem Maße* das Bewußtsein ästhetischer Stimuli anzeigt. Offensichtlich genügt, mangels genauerer Daten, solches Interesse zur Bestimmung derer, die von ästhetischen Veränderungen berührt werden.

3. Ein Argument, das lange Zeit von Intellektuellen vorgebracht wurde, ist, daß die Popularisierung der Kunst dazu führt, den hohen Standard künstlerischer Produktion zu nivellieren. Somit wird, in dem Maße, in welchem „Architektur" populär wird, die Zahl der Gebäude von architektonischer Bedeutung zurückgehen. Shils, der drei kulturelle Ebenen postuliert, nämlich eine höhere, mittlere und grobe, bemerkt, daß während Verbrauch und Produktion auf allen drei Ebenen ansteigen, die zwei unteren den größten Zuwachs aufweisen (Shils, E., 1959). Wenn ein solches Ergebnis auf die Berliner Situation übertragen würde, würde sich die qualitative Veränderung natürlich in einer Zunahme schlechter Qualität und in mittelmäßigen Bauten manifestieren. Dies setzt voraus, daß architektonische Entwürfe sich auf alle drei Stufen auszudehnen vermögen und nicht ausschließlich der „höheren" Kultur angehören.

Wenn es tatsächlich zutrifft, daß der allgemeine architektonische Standard durch Popularisierung herabgesetzt wird, dann wäre dies ein bedeutender Gesichtspunkt für die vorliegende Studie. Unglücklicherweise ist die in dieser Beziehung gewonnene Einsicht sehr subjektiv und eine ausgesprochene Mutmaßung (van den Haag, E., 1959).

6.24 Ergebnisse

Die Evidenz ästhetischer Veränderung in der gebauten Umwelt West-Berlins ist daher dürftig. Gewisse rudimentäre Behauptungen können jedoch aufgestellt werden:

a) Der Verlust von 11 wesentlichen traditionellen in Ost-Berlin gelegenen Bauwerken ist zweifellos bedauerlich, und infolgedessen leidet das Image von West-Berlin;

b) in West-Berlin gelegene Gebäude von ähnlicher traditioneller Bedeutung blieben entweder unbeschädigt oder wurden im ursprünglichen Zustand wiederaufgebaut;

c) verschiedene wichtige Pionierwerke moderner Architektur wurden in West-Berlin zerstört; jedoch waren die Gebäude, vom akademischen Standpunkt zwar bedauerlich, für die allgemeine Öffentlichkeit wahrscheinlich unbedeutend und werden deshalb nicht vermißt;

d) die Nachkriegsperiode erlebte die Konstruktion mehrerer architektonisch bedeutsamer Bauten; es blieb dahingestellt, ob sie den Verlust von in Ost-Berlin liegenden traditionellen Strukturen kompensieren;

e) die Säuberung weiter Teile des Großstadtgürtels und der Innenstadt haben die zusammenhängende Planung zahlreicher geschlossener Projekte, die sowohl in der räumlichen Anordnung als auch stilistisch von den durch sie ersetzten Mietskasernen abweichen, erleichtert. Letztere wurden gewöhnlich entlang der Straßenflucht gebaut, ohne Seitenhöfe mit einem Hinterhof, für Mieter der unteren Einkommensstufe (Schinz, A., 1964). Der Hauptteil der Gebäude im Großstadtgürtel sieht immer noch so aus, vermischt mit neueren Projekten und einzelnen neuen Apartmenthäusern.

Es muß nochmals wiederholt werden, daß rein ästhetische Überlegungen keine große Rolle in der öffentlichen Wahrnehmung von der Einstellung zu Veränderungen zu spielen brauchen. Der Gebrauch humorvoller Spitznamen in der Stadt weist auf eine Tendenz hin, einige Gebäude mehr als Personifizierungen denn als Objekte des Schönen zu betrachten, wobei Verlust oder Veränderung letzterer natürlich äußerstes Mißfallen erregen können (Gans, H., 1962). Wir haben gesehen, daß das amerikanische Experiment eine überraschend hohe Zahl (25 %) von Personen ergab, die sich mit Kunstprojekten befassen und wahrscheinlich ästhetische Veränderungen mit Interesse wahrnehmen. Da keine ähnlichen Angaben für Berlin vorliegen, kann angenommen werden, daß ein erheblicher Prozentsatz von Stadtbewohnern einen hinreichend gebildeten Geschmack hat, um auf ästhetische Veränderungen zu reagieren, ja, daß der Prozentsatz möglicherweise ansteigt und größer ist als der vor dem Kriege. Es stehen uns auch weder Evidenz noch objektive Maßstäbe zur Verfügung, um das absolute Niveau vergangener und gegenwärtiger architektonischer Leistungen bestimmen zu können; die Behauptung, daß die Popularisierung der Kunst den Standard gedrückt hat, ist nicht erwiesen.

In den Vereinigten Staaten sind einige Versuche zwecks Bestimmung des öffentlichen Geschmacksniveaus durchgeführt worden. Sie verdienen Erwähnung an dieser Stelle, da sie einige Aufschlüsse darüber geben können, wie man im Falle West-Berlins vorgehen soll. Alvin Toffler hat vielleicht, durch Analysierung des Wohlstandanstieges, der kürzlich bei der Erziehung zum sogenannten „guten Geschmack" untersucht worden ist, die in dieser Beziehung interessanteste Arbeit durchgeführt. Toffler bemerkt, indem er durch das Magazine *Fortune* gesammelte Statistiken heranzieht, daß der Geldbetrag, der in den Vereinigten Staaten durch die Öffentlichkeit für Museen, Kunst-Galerien, Konzerthallen, Theater und Oper, für den Kauf von Gemälden, Schallplatten mit klassischer Musik, Instrumente und Bücher im Jahre 1961 ausgegeben worden ist, 3 Milliarden Dollar erreichte. Diese Zahl entsprach fast dem Zweifachen der Ausgaben im Jahre 1950 und übertraf bei weitem die Summe, die von der gesamten Radio- und Fernsehindustrie ausgegeben wurde. Er führt an, daß bis zu 45 Mill. Personen in den USA regelmäßig an „anspruchsvollen" Unternehmen beteiligt sind – ca. 25 % der Bevölkerung. Die Hälfte der „Kulturkonsumenten" war männlichen Geschlechts und die Hälfte war unter 25 Jahre alt; 80 %–85 % hatten eine College-Erziehung und ihr durchschnittliches Einkommen lag beträchtlich über dem mittleren Einkommen der Gesamtbevölkerung. Von den Volksgruppen her gesehen, dominieren in dieser Gruppe die Juden, gefolgt von den Angelsachsen, Skandinaviern und Deutschen. Toffler vermutet, daß diese Gruppe auf Grund von mehr Freizeit, Einkommen und Erziehung am Kunstleben Anteil nimmt. Er hat das Gefühl, daß sich ihr Interesse nicht auf Standesehrgeiz gründet, sondern auf ein Bedürfnis, abstrakt zu denken. Gleichzeitig dient es ihnen als Mittel gegen die Farblosigkeit des städtischen Lebens. Sportliche Aktivitäten verlieren rapide an Boden verglichen mit dem erwachenden Interesse für kulturelle Ziele (Toffler, A., 1964). Durch diese Zahlen werden unmittelbar drei Streitfragen aufgeworfen:

1. Reflektiert ein allgemeines Interesse an Kunst eine ähnliche Aufgeschlossenheit für die ästhetischen Werte der Stadt? Natürlich basieren nicht alle Kulturprojekte auf den rein visuellen Künsten. Literatur, Theater, Oper und Musik mögen einen gewissen visuellen Inhalt haben, aber ihre ansprechende Wirkung ist entschieden un-visuell. Jedoch kann mangels anderer Daten angenommen werden, daß ein beachtlicher Teil derer, die an Kunst interessiert sind, im allgemeinen auch Interesse an der Architektur zeigt und sich ästhetischer Veränderungen in der städtischen Landschaft bewußt ist.

2. Der Europäer wird natürlich die Gültigkeit solcher Zahlen mit entschiedener Skepsis betrachten; ein hoher „Konsum" an Kunst, so wird er argumentieren, weist nicht unbedingt auf ein höheres Niveau des öffentlichen Geschmacks hin. Wir werden nicht den Versuch machen, dieses Argument näher zu prüfen; es ist interessant, doch irrelevant für unsere Studie. Der springende Punkt ist der, daß, ungeachtet des Geschmacksniveaus das Interesse an Kunst *in gewissem Maße* das Bewußtsein ästhetischer Stimuli anzeigt. Offensichtlich genügt, mangels genau-

erer Daten, solches Interesse zur Bestimmung derer, die von ästhetischen Veränderungen berührt werden.

6.25 Orientierung und Identifikation

Die nichtästhetischen Komponenten der Qualität im Erscheinungsbild, nämlich Informationsinhalt und Objekte, die einem Gefühl von Sicherheit entgegenkommen, sind genau so schwierig zu messen wie ästhetische Veränderungen. Sie stehen in Beziehung zueinander und überschneiden sich in bestimmtem Maße derart, daß das Vorhandensein relevanter Information auch ein Gefühl von Sicherheit hervorrufen kann (Lynch, K., 1961). Richard L. Meier hat gezeigt, daß der Informationsinhalt in direktem Verhältnis zum Entwicklungsumfang und -niveau einer Stadt variiert (Meier, R. L., 1961). Somit muß von 1930–1942, als Berlin die sechsgrößte Stadt der Welt war, mit einem gut entwickelten System in Erziehung und Informationsvermittlung, die Informationsdichte und der Gesamtinhalt für jene Zeit äußerst hoch gewesen sein. Die Intensität visueller Informationen wird jedoch durch McLuhan in Frage gestellt:

„Es war in Deutschland und Mitteleuropa der leichte Zugang zu den reichen nichtvisuellen Quellen des Hörens und Fühlens möglich, der die Menschen in den Stand versetzte, die Welt der Musik, des Tanzes und der Skulptur zu bereichern. Vor allem verschaffte ihnen ihre Stammeseigenart leichten Zugang zu der neuen nichtvisuellen Welt der inneratomaren Physik, in welcher alte Bildungs- und Industriegesellschaften entschieden im Hintertreffen sind (McLuhan, M., 1964)."

Nach McLuhan bezog sich der Informationsinhalt der Umwelt im Deutschland der Vorkriegzeit ausgesprochen auf Gehör und Tastsinn, wobei ein Minimum an Übermittlungen durch visuelle Medien erfolgte. Er bietet keinen Aufschluß darüber, ob sich die vorherrschenden Kommunikationswege in Deutschland seit jener Zeit geändert haben; dagegen ist der auffällige Einfluß der visuell hoch entwickelten nordamerikanischen Kultur nach dem Kriege tiefgreifend gewesen (Lowie, RH., 1964). Dies deutet scheinbar darauf hin, daß sich die Intensität visueller Information in Berlin verstärkt hat, obwohl eine solche Folgerung – in Wirklichkeit eine Vereinfachung – als hypothetisch angesehen werden muß. Eine Intensivierung visueller Information würde sich in einer Anhäufung von Zeichen und Symbolen, besonders im Zentrum, zeigen.

Kevin Lynch's Ruf nach angemessener Information zwecks Vereinfachung einer genauen Orientierung in der Stadt bietet einen weiteren Aspekt des Informationsinhaltes. In dieser Hinsicht sollte beachtet werden, daß es für das Individuum im allgemeinen schwieriger ist, sich in europäischen Städten zurechtzufinden als in nord-amerikanischen; dieses liegt hauptsächlich an der Abwesenheit leicht erkennbarer Gittermuster für die Straßen der meisten europäischen Städte. Wiederum ist es ohne jede objektive Evidenz schwierig, einen Vergleich zu ziehen zwischen der früheren und gegenwärtigen Leichtigkeit der Orientierung in West-Berlin. Im Prinzip ist es jedoch leichter, sich in einer kleineren Stadt zurechtzufinden als in einer großen, ein Umstand, der anscheinend darauf hinweist, daß das West-Berlin der Nachkriegszeit vielleicht ein höheres „Orientierungsimage" besitzt. Auf der anderen Seite liegt die Änderungsrate für vertraute und erkennbare Symbole heutzutage höher als vor dem 2. Weltkrieg und weist somit darauf hin, daß etwas von der Nachkriegsüberlegenheit wieder aufgehoben wird.

Leonhard Duhl zeigt, daß ungeachtet der Qualität der Umgebung in ästhetischem Sinne ihre Vertrautheit für jene, welche in ihr wohnen, einen Maßstab psychologischer Sicherheit gibt (Duhl, L., 1963). Berlin bestand vor dem Kriege, trotz einer verhältnismäßig starken Wachstumsrate, weithin aus Wohngebieten, die entweder unverändert geblieben oder nur langsam, über ausgedehnte Zeiträume, verändert worden waren (Glaßbrenner, A., 1955). Solch eine Situation fördert offensichtlich ein Gefühl der Sicherheit. Es ist unmöglich, das Maß an Unsicherheit auf Grund unglücklicher sozialer, ökonomischer und politischer Umstände zu trennen von dem, das durch die Zerstörung einer vertrauten Umgebung nach dem Kriege hervorgerufen wurde (Buchanan, W., und Cantril, H., 1953). Jedoch ist klar, daß bei voranschreitendem Wiederaufbau in vielen Fällen durch Restauration der alten, vertrauten Gebäude das allgemeine Gefühl der Sicherheit wiederhergestellt wurde (Lowie, R.H., 1964). Auf der anderen Seite bedeuten die gegenwärtige Neuentwicklung und Ausdehnung West-Berlins unvermeidbar einen weiteren Verlust etablierter und vertrauter Strukturen. Dieser Faktor, zusammen mit dem Anwachsen des Verkehrsvolumen, kann ein weiteres Absinken des Sicherheitsgrades verursachen (Vogler, P. und Kuhn, E., 1957).

Zusammenfassung

Diese Untersuchung ist ein Versuch, einen Bezugsrahmen für die Untersuchung von Reaktionen auf Umweltveränderung von Stadtregionen zu entwickeln. Man kann annehmen, daß insbesondere bestimmte Charakteristika der Persönlichkeit, Alter, Geschlecht und dominante Werthaltungen, die Einstellung des Individuums zu städtischem Wandel determinieren. Der Stadtplaner kann von der Kenntnis solcher Charakteristika profitieren.

Die Untersuchung ist auf West-Berlin beschränkt. Es wurde ein Fragebogen zusammengestellt, der Einstellungen zur Umweltveränderung in der Stadt seit dem zweiten Weltkrieg untersucht, der Daten der Befragten wie Alter, Einkommen, Dauer und Aufenthaltsort in Berlin u. ä. erfaßt und der mit Hilfe einer modifizierten Form des Allport-Vernon-Tests versucht, deren Haltung zu sechs dominanten Werten zu ermitteln. Dabei wurden 429 Personen befragt. Die Befragung erbrachte zwei wichtige Ergebnisse:

Zunächst zeigt sich, daß die große Mehrheit des „Sampels" Umweltveränderungen positiv gegenübersteht und der Ansicht ist, daß man sich mehr dem Wiederaufbau als der Restaurierung widmen solle. Während akzeptiert wird, daß bestimmte Gebäude und Viertel von architektonischer oder historischer Bedeutung erhalten bleiben sollten, glaubt man doch, daß sich der materielle Fortschritt im Erscheinungsbild der Stadt spiegeln sollte. Zweitens ergab die Untersuchung, daß ein signifikanter Zusammenhang zwischen individueller Reaktion auf Umweltveränderung und persönlichkeitsspezifischen Merkmalen besteht.

Beispielsweise konnte festgestellt werden, daß männliche Autobesitzer mit hohen ökonomischen und theoretischen Werten mit hoher Wahrscheinlichkeit eine progressivere Haltung gegenüber Änderungen zeigen, während umgekehrt weibliche Nichtautobesitzer mit hohen ästhetischen und religiösen Werten solchen Änderungen eher konservativ gegenüberstehen.

Die Untersuchung ist gekennzeichnet durch bestimmte unvermeidbare methodologische Probleme, und die Ergebnisse sollten nicht als endgültig angesehen werden. Trotzdem sind die bestimmenden Faktoren derart, daß weitere Untersuchungen auf diesem Gebiet fruchtbar erscheinen.

Summary

This study is an attempt to develop a framework for the examination of response to the physical alteration of urban areas. In particular, it is suggested that certain characteristics of personality, age, sex and dominant values determine the individual's attitude towards urban change, and that the urban planner could benefit from a knowledge of these characteristics.

The focus of attention is West-Berlin. A questionnaire is devised which elicits attitudes towards the physical change which has taken place in the city since World War II; which ascertains such attributes of the respondent as his age, income, period and place of residence in Berlin and so on; and, by the application of a modified form of the Allport-Vernon-test, attempts to discover his orientation of six dominant values. The questionnaire is administered to 429 persons, and reveals two significant findings.

Firstly, it is apparent that the great majority of the sample welcomes physical change and prefers that a larger effort be devoted to reconstruction, than to restoration. While it is acknowledged that certain buildings and small areas of architectural or historic interest should be retained, it is generally felt that material progress should be mirrored in the appearance of the city. Secondly, significant relationships were apparent between the individual's response to physical change and certain features of his personality/values profile. There was a high probability, for instance, that the male car-owner, with high economic and theoretic values would adopt a progressive attitude towards change; conversely, a female non-car-owner, with high aesthetic and religious values, was inclined to be more conservative regarding such change.

The study is characterized by certain unavoidable methodological problems, and the findings should be regarded as tentative; nevertheless the coefficients of determination are such that further research in this area may prove to be fruitful.

Resumé

Cette étude est une tentative ayant pour objet de développer une ébauche en ce qui concerne l'examen d'une réponse sur l'altération physique des régions urbaines.

Il est en particulier suggéré que certaines caractéristiques de la personnalité, âge, sexe et valeurs dominantes déterminent l'attitude d'un individu en ce qui concerne le changement urbain, et que le planificateur urbain pourrait bénéficier de la connaissance de ces caractéristiques.

Le centre d'attention est Berlin-Ouest. On a élaboré un questionnaire qui met à jour les attitudes devant le changement physique qui a en lieu dans cette ville depuis la seconde guerre mondiale, et qui découvre certaines particularités de l'interviewé, tel que son âge, son revenu financier, sa durée et son lieu de résidence à Berlin etc.; par l'application d'une forme modifiée du test Allport-Vernon, tent à montrer une orientation vers six valeurs dominantes 429 personnes furent soumises au questionnaire et deux points significatifs s'en degagent.

1. Il apparait que le grosse majorité de l'échantillon accueille de façon favorable un changement physique et qu'elle prefère qu'un plus grand effort soit consacré à la reconstruction plutôt qu'à la restauration. Bien qu'il soit reconnu que certains bâtiments et quartiers devraient être conservés par intérêt historique et architectural, il en ressort généralement le sentiment que le progrès materiel devrait se reflécter dans l'aspect extérieur de la ville.

2. Des parentés significatives apparaissent entre la réponse d'un individu sur ce changement physique et certains traits de sa personnalité, de son échelle de valeurs.

Il y a par exemple une forte probabilité pour que le propriétaire masculin d'une voiture, poussé davantage vers les valeurs économiques et théoriques, adopte une attude progressive envers le changement et que réciproquement le non—propriétaire feminin d'une voiture, attiré par des valeurs esthétiques et religieuses, soit enclin à être plus conservateur en ce qui concerne le changement.

Cette étude est caractérisée par des problèmes mèthodologique inévitable et les résultats qui en découlent devraiet être considérés comme tentatives; néanmoins les coefficients de détermination sont tels qu'une récherche plus poussée dans ce domaine pourrait être féconde.

Literaturverzeichnis

[1] Adrian, C.: "Metropology and the Planner", Planning 1962. American Society of Planning Officials, S. 76, Chicago 1962

[2] Alexander, Christopher: Notes on the Synthesis of Form, Harvard University Press, Cambridge, 1964

[3] Allport, G.W., Vernon, P.E., u. Lindzey, G.: Study of Values: A Scale for Measuring the Dominant Interests in Personality, 3. Ausg., Houghton Mifflin Co. Boston, 1960

[4] Allport, G.W., u. Postman, L.J.: "The Basic Psychology of Rumour" Transactions of the New Yort Academy of Sciences, Series II, Bd. VIII, S. 61-81, 1945

[5] Almond, G.A., u. Verba, S.: The Civic Culture, Princeton University Press, Princeton, 1963

[6] Anderson, R.G.: "Subjective Ranking versus Score Ranking on Interest Values", Personnel Psychology, Bd. I, S. 349-355, 1948

[7] Appleyard, D., Lynch, K., u. Meier, J.: The View from the Road MIT Press, Cambridge, 1964

[8] Arendt, Hannah: "Society and Culture", Culture for the Millions, van Nostrand, S. 43-52, New York, 1959

[9] Armer, P.: "What will the Computer do next?" New York Times, S. 16-17, 24. April 1966

[10] Asch, S.E.: Social Psychology Prentice-Hall Inc., S. 521-561, Englewood Cliffs, N.J., 1952

[11] Bartlett, F.C.: "Social Factors in Recall", Remembering, University of Cambridge Press, Cambridge, 1932

[12] Behr, Hermann: Die Goldenen Zwanziger Jahre, Berlin, 1964

[13] Bell, Daniel: "Modernity and Mass Media", Studies in Public Communication, University of Chicago Press, S. 122-135, Chicago, 1962

[14] Bellush, J., u. Hausknecht, M.: "Entrepreneurs and Urban Renewal" Journal of the American Institute of Planners, (Journal of the AIP), S. 289-297, Bd. XXXII, Nr. 5, September 1966

[15] Berelson, B., u. Janowitz, M.: Reader on Public Opinion and Communications Research, The Free Press, Glencoe Illinois, 1953

[16] Berelson, B., Lazarzfeld, P., u. Mc Phee, W.N.: "Political Perception", Voting, University of Chicago Press, S. 37-56, Chicago, 1954

Literaturverzeichnis

[17] Bernays, E.L.: "The Theory and Practice of Public Relations: A Resume", The Engineering of Consent, University of Oklahoma Press, S. 3-25, Norman, 1955

[18] Bernholtz, A., u. Bierstone, E.: "Computer-Augmented Design", Design Quarterly, Bd. 66/67, S. 41-53, 1966

[19] Blumenfeld, Hans: "The Tidal Wave of Metropolitan Expansion", Journal of the AIP, S. 213-221, Bd. XX, Winter 1954

[20] Blumenfeld, Hans: "Are Land Use Patterns Predictable? " Journal of the AIP, S. 61-66, Bd. XXV, Nr. 2, Mai 1959

[21] Bogardus, E.S.: "Measuring Social Distances", Journal of Applied Psychology, S. 229-308, Nr. 9, 1925

[22] Bogue, D.J.: Metropolitan Land and the Conversion of Land to Nonagricultural Uses, Scripps Foundation for Research into Population Problems, Oxford Ohio, 1956

[23] Borkman, H.G.: "Decentralization and Blighted Vacant Land", Land Economics, S. 270-280, Bd. XXXII, August 1956

[24] Bousfield, W.A., u. Samborski, G.: "The Relationship between Strength of Values and the Meaning of Value Words", Journal of Personality, S. 375-380, Bd. 23, 1955

[25] Brogden, H.E.: "The Primary Personal Values Measured by the Allport-Vernon-Test", A Study of Values; Psychological Monologue, Bd. 66, Nr. 348, 1952

[26] Brown, Dr., u. Adams, J.: "Word Frequency and the Measurement of Value Areas", Journal of Abnormal and Social Psychology, S. 427-430, Bd. 49, 1954

[27] Bruner, J.S., u. Rodrigues, J.S.: "Some Determinants of Apparent Size", Journal of Abnormal and Social Psychology, S. 17-24, Bd. XLVII, 1953

[28] Bruner, J.S.: "Social Psychology and Perception" Readings in Social Psychology, Holt and Co., S. 85-94, New York, 1958

[29] Buchanan, W., u. Cantril, H.: How Nations See Each Other, UNESCO Untersuchung, University of Illinois Press, Urbana, 1953

[30] Burgess, E.W.: "The Growth of the City, The City, ed. RE. Park, E. W. Burgess u. R. D. McKenzie, University of Chicago Press, Chicago, 1925

[31] Calhoun, J.B.: "The Role of Space in Animal Societies" Journal of Social Issues, S. 46, Bd. XXII, Nr. 4, Okober 1966

[32]	Campbell, D. T.:	"The Indirect Assessment of Social Attitudes", Psychological Bulletin, Bd. XLVII, S. 15-38, 1950
[33]	Cantril, Hadley:	Gauging Public Opinion, Princeton University Press, Princeton, 1947
[34]	Carr, S., u. Kurillo, D.:	Vision and Memory in the View from the Road; A Progress Report, Joint Centre for Urban Studies, MIT-Harvard, Cambridge, 1964
[35]	Cattell, R.B.:	The Scientific Analysis of Personality, Pelican Books, S. 56-59, 74-83, 88, 95-96, 143-147, 175, London, 1965
[36]	City of Toronto Planing Board:	The Plan for Downtown Toronto, Toronto, 1962
[37]	Colby, C.C.:	"Centrifugal and Centripedal Forces in Urban Geography", Annals of the Association of American Geographers, S. 7-8, Bd. XXIII, März 1933
[38]	Cornford, F.M.:	Before and After Socrates, Cambridge University Press, Cambridge, S. 12, 1932
[39]	Craik, K. H.:	"The Comprehension of the Everyday Environment", Journal of the AIP, S. 29-37, Bd. XXXIV, Nr. 1, Januar, 1968
[40]	Davis, Kingsley:	"The Urbanization of the Human Population", Scientific American, S. 4, Bd. 213, Nr. 3, September, 1965
[41]	Dehn, Günther:	Die alte Zeit, die vorigen Jahre, Berlin, 1964
[42]	Deutsch, K.W.:	"On Social Communication and the Metropolis" Daedalus, S. 99-110, Bd. 90, 1961
[43]	Deutsch, K. W.:	"Social Mobilization and Political Development", American Political Science Review, S. 27-39, Bd. 55, Nr. 3, September 1961
[44]	Deutsch, K.W.:	The Nerves of Government; Models of Political Communication and Control, 2. Ausg. The Free Press, Glencoe, 1966
[45]	Donnelly, T.A., Chapin, F.S., u. Weiss, S.F.:	A Probabilistic Model for Residential Growth, University of North Carolina Forschungsmonograf, Chapil Hill, Mai 1964
[46]	Duhl, L.J.:	"The Human Measure; Man and Family in Metropolis", Cities and Space, ed. Wingo, L., John Hopkins Press, Baltimore, 1963
[47]	Duncan, O.D., u. Reiss, A.:	Social Characteristics of Urban and Rural Communities, J. Wiley & Son, New York, 1956
[48]	Ehrenzweig, Anton:	"Conscious Planning and Unconscious Scanning, The Psychological Study of Society, International Universities Press, S. 97-155, New York, 1964

Literaturverzeichnis

[49] Elliot, M.A., u. Merrill, F.E.: Social Disorganization, Harper, S. 127, New York, 1950

[50] Engel, Hans-Ulrich: Schlösser und Herrensitze in Brandenburg und Berlin, Berlin, 1962

[51] Eschen, Fritz: Junges, altes Berlin, W. Stapp-Verlag, 1958

[52] Fechner, G.T.: Vorschule der Ästhetik, Leipzig, 1876

[53] Fehling, Hermann: Bauen in Berlin 1900–1964, Akademie der Künste, Berlin, 1966

[54] Fleischer, Aaron: "The Influence of Technology on Urban Forms", Daedalus, S. 48-60, Bd. 90, 1961

[55] Fried, M., u. Gleicher, P.: "Some Sources of Residential Satisfaction in an Urban Slum", Journal of the AIP, S. 305-315, Bd. XXVII, Nr. 2, Mai 1961

[56] Fried, Marc: "Grieving for a Lost Home", The Environment of the Metropolis, ed. Duhl, L., Basic Books, New York, 1963

[57] Frye, Northrop: "Varieties of Literary Utopias", Daedalus, S. 329, Bd. 94, Nr. 2, Frühling 1965

[58] Galpin, C.J.: Social Anatomy of an Agricultural Community, University of Wisconsin Agricultural Experiment Station, Research Bulletin Nr. 34, 1915

[59] Gans, Herbert: "The Human Implications of Current Redevelopment and Relocation Planning", Journal of the AIP, S. 15-25, Bd. XXV, Nr. 3, Juli 1959

[60] Gans, Herbert: The Urban Villagers, McMillan & Co., S. 12, 53-76, 127-134, 137-138, 289, New York, 1962

[61] Ganş, Herbert: "Planning for Mental Health" Selected Papers: American Society of Planning Officials National Conference, S. 177, ASPO, Chicago, 1964

[62] Gilbert, G.M.: "Stereotype Persistence and Change among College Students", Journal of Abnormal and Social Psychology, S. 245-254, Bd. XLVI, 1951

[63] Glaßbrenner, Adolf: Altes, gemütliches Berlin, Berlin, 1955

[64] Gottman, Jean: Megalopolis, MIT Press, S. 403-404, Cambridge, 1964

[65] Gregory, R.L.: Eye and Brain; The Psychology of Seeing, Weidenfeld & Nicholson, S. 23, 56, London, 1966

[66] Griffith, Thomas: The Waist-High Culture, Harper, S. 140, 153, 163, 169, New York, 1959

[67] Gutheim, F.E.: "Urban Space and Urban Design", Cities and Space, ed. Wingo, L., John Hopkins Press, S. 103-131, Baltimore, 1963

[68] Guttman, L.: "The Cornell Technique for Scale Construction", Educational and Psychological Measurement, S. 247-280, Nr. 7, 1947

[69] Hack, Gary: "An Experimental Method for Analyzing Perception of the Urban Enviroment" University of Illinois Symposium, 1967

[70] Hagemann, Otto: Berlin der goldenen Jahre, Berlin, 1963

[71] Hagemann, Otto: Das neue Gesicht Berlins, Berlin, 1966

[72] Hagen, E.E.: On the Theory of Social Change, The Dorsey Press Inc., S. 263, Homewood Illinois, 1962

[73] Hall, E.T.: The Silent Language, Doubleday & Co., S. 23-39, 58-122, New York, 1959

[74] Hammond, K.R.: "Measuring Attitudes by Error Choice", Journal of Abnormal and Social Psychology, S. 269-283, Nr. 37, 1948

[75] Handlin, Oscar: "Comments on Mass and Popular Culture", Culture for the Millions, van Nostrand, S. 63-70, New York, 1959

[76] Harris, Britton: "The Uses of Theory in the Simulation of Urban Phenomena", Journal of the AIP, S. 258-273, Bd. XXXII, Nr. 5, September 1966

[77] Harris, C.D.: "A Functional Classification of Cities in the United States", Geographical Review, S. 85-99, Bd. XXXIII, Januar 1943

[78] Harris, C.D.: "The Nature of Cities", Annals of the American Association of Political and Social Science, S. 7-17, Bd. CCXLII, 1945

[79] Herbert, J.D., u. Stevens, B.H.: "A Model for the Distribution of Residential Activity in Residential Areas", Journal of Regional Science, S. 21-36, Bd. II, Nr. 2, Herbst 1960

[80] Hess, E.H.: "Attitude and Pupil Size", Scientific American, S. 46-54, Nr. 4, April 1965

[81] Hildebrandt, F.: ....ich soll Dich grüßen von Berlin, Berlin, 1966

[82] Hill, Donald: "A Growth Allocation Model for the Boston Region", Journal of the AIP, S. 111-119, Bd. XXXI, Nr. 2, Mai 1965

[83] Hodge, Gerald: "Use and Misuse of Measurement Scales in City Planning", Journal of the AIP, S. 112-121, Bd. XXIX, Nr. 2, Mai 1963

[84] Hoyt, Homer: One Hundred Years of Land Values in Chicago, University of Chicago Press, S. 353, Chicago, 1933

Literaturverzeichnis

[85]	Hoyt, Homer:	The Structure and Growth of Residential Neighbourhoods in American Cities, US. Federal Housing Administration, Government Printing Office, Washington, 1939
[86]	Hyman, Herbert:	Survey Design and Analysis, The Free Press, S. 228-297, Glencoe Illinois, 1963
[87]	Hyman, S.E.:	"Ideals Dangers and Limitations of Mass Culture", Culture for the Millions, van Nostrand, S. 124-141, New York, 1959
[88]	Institut für Raumforschung:	Berlin – die unzerstörte Stadt, Carl Heymanns-Verlag, Köln, 1953
[89]	International Welfare Group:	Report on the Effects of War on Displaced Children, International Congress on Mental Health, London, August 1949
[90]	Iscoe, I., u. Lucier, O.:	"A Comparison of the Revised Allport–Vernon Scale of Values (1951) and the Kuder Preference Record", Journal of Applied Psychology, S. 195-196, Bd. 37, 1953
[91]	Jacobs, Jane:	The Death and Life of Great American Cities, Random House, S. 290-292, 401, New York, 1961
[92]	Journal of the American Institute of Planners:	Bd. XXXI, Nr. 2, Mai 1965
[93]	Kaplan, Abraham:	The Conduct of Inquiry, Chandler, S. 27-30, 239-249, San Francisco, 1964
[94]	Katz, D.:	Gestalt Psychology, Ronald & Son, S. 97, New York, 1950
[95]	Kent, G.H., u. Rosanoff, A.JA.:	"A Study of Association in Insanity", American Journal of Insanity, S. 37-96, 317-390, Bd. 67, 1910
[96]	Klineberg, Otto:	Social Psychology, Holt, Rinehart & Winston, S. 204-206, 429-459, New York, 1954
[97]	Kluckhorn, Fr. u. Strodtbeck, F.L.:	Variations in Value Orientations, Peterson & Co., Evanston Illinois, 1961
[98]	Köhler, Wolfgang:	Gestalt Psychology, Liveright, New York, 1921
[99]	Köhler, Wolfgang:	Dynamics in Psychology, Liveright, New York, 1940
[100]	Krammer, Mario:	Berlin im Wandel der Jahrhunderte, Berlin, 1965
[101]	Kretch, D., u. Crutchfield, R.S.:	Theory and Problems of Social Psychology, Holt & Co., New York, 1948
[102]	Kretch, D., u. Bruner, J.S.:	"Perception and Personality", Perception: an Approach to Personality, J. Wiley, S. 67-89, New York, 1950
[103]	Lapiere, R.T.:	Social Change, McGraw-Hill, S. 163-175, 231-232, New York, 1965

[104]	*Lazarsfeld, Pf.:*	"The Controversy over Detailed Interviews, an Offer for Negotiation", Public Opinion Quarterly, S. 38-60, Nr. 8, 1944
[105]	*Lazarsfeld, Pf.:*	"Mass Culture Today", Culture for the Millions, van Nostrand, S. 1-27, New York, 1959
[106]	*Lehmann, F.W.:*	Kurfürstendammbummel durch ein Jahrhundert, Berlin, 1964
[107]	*Levine, J.M., u. Murphy, G.:*	"The Learning and Forgetting of Controversial Material", Journal of Abnormal and Social Psychology, S. 507-517, Bd. XXXVIII, 1943
[108]	*Likert, R.:*	"A Technique for the Measurement of Attitudes", Archives of Psycholoy, Nr. 140, 1932
[109]	*Lippman, Walter:*	Public Opinion, MacMillan, S. 47-57, New York, 1960
[110]	*Lobes, Lucie:*	"Exportviertel Ritterstraße", Berlin – die unzerstörbare Stadt, Carl Heymanns Verlag, S. 201-210, Köln, 1953
[111]	*Lowenthal, Leo:*	"An Historical Preface to the Popular Culture Debate", Culture for the Millions, van Nostrand, S. 28-40, New York, 1959
[112]	*Lowie, R.H.:*	"A Note on Aesthetics", American Anthropologist, S. 170-174, Bd. XXIII, April-Juni 1921
[113]	*Lowie, R.H.:*	Towards Understanding Germany, University of Chicago Press, S. 15-72, 132-157, Chicago, 1954
[114]	*Luchins, A.S.:*	"Social Influences on the Perception of Complex Drawings", Journal of Social Psychology, S. 257-273, Bd. 21, 1945
[115]	*Lynch, Kevin:*	The Image of the City, MIT Press, S. 2-5, 8-9, 44-45, 46-90, 140-159, Cambridge, 1960
[116]	*Lynch, Kevin:*	"The City as Environment", Scientific American, S. 192-202, Bd. 213, Nr. 3, September 1965
[117]	*Lynes, Russell:*	The Tastemakers, Grosset & Dunlop, S. 253, New York, 1954
[118]	*Maertens, H.:*	Der optische Maßstab in den bildenden Künsten, Wasmuth, Berlin, 1884
[119]	*Malinowski, B.:*	Sex and Repression in Savage Society, London University Press, S. 225, London, 1927
[120]	*Mauer, B., u. Samborski, W.A.:*	"The Relationship between Strength of Values and the Meaningfulness of Value Words", Journal of Personality, 23, S. 375-380, 1955
[121]	*Mayer, Martin:*	Madison Avenue USA, Harper & Bros., S. 45-68, New York, 1958
[122]	*Mayzner, M.S., u. Tresselt, M.E.:*	"Concept Span as a Composite Function of Personal Values, Anxiety and Rigidity", Journal of Personality, S. 20-33, Nr. 24, 1955

Literaturverzeichnis

[123] McCarthy, John: "Information", Scientific American, S. 264, Bd. 215, Nr. 3, 1966

[124] McClelland, D.: Die Leistungsgesellschaft, W. Kohlhammer Verlag, Stuttgart, 1967

[125] McGinnies, E., u. Bowles, W.: "Personal Values as Determinants of Perceptual Fixation", Journal of Personality, S. 224-235, Bd. 18, 1949

[126] McLuhan, Marshall: The Gutenberg Galaxy, University of Toronto Press, S. 27-30, Toronto, 1962

[127] McLuhan, Marshall: Understanding Media; The Extensions of Man, McGraw-Hill, S. 33, 55, 90-128, New York, 1964

[128] Mead, Margaret: Cultural Patterns and Technical Change, UNESCO, S. 121-131, New York, 1955,

[129] Meier, R.L.: "Measuring Social and Cultural Change in Urban Regions", Journal of the AIP, S. 180-190, Bd. XXV, Nr. 4, November 1959

[130] Meier, R.L.: A Communications Theory of Urban Growth, MIT Press, S. 106-123, Cambridge, 1962

[131] Merton, E.A.: The Focussed Interview, The Free Press, Glencoe Illinois, 1958

[132] Michelson, W.: "An Empirical Analysis of Environmental Preferences", Journal of the AIP, S. 355-361, Bd. XXXII, Nr. 6, November 1966

[133] Millon, Henry: "The Visible Charakter of the City", The Historian and the City, ed. Handlin, O., u. Burchard, J., MIT Press, S. 209-215, Cambridge, 1963

[134] Minsky, M.L.: "Artificial Intelligence", Scientific American, S. 247-260, Bd. 215, Nr. 3, September 1966

[135] Moore, H.T.: The Genetic Aspects of Consonance and Dissonance, London 1914

[136] Moore, H.T.: "Innate Factors in Radicalism and Conservatism", Journal of Abnormal and Social Psychology, S. 220-238, Bd. 35, 1929

[137] Mumford, Lewis: The City in History, Secker & Warburg, S. 200, London, 1961

[138] Munsinger, H., u. Kessen, W.: "Uncertainty, Structure and Prefrence", Psychol. Monographs, General and Applied, S. 1-24, Bd. 78, Nr. 9, 1964

[139] Noelle, Elisabeth: Umfragen in der Massengesellschaft, Rowohlt, Hamburg, 1963

[140] Peterson, Al.: "A Model of Preference: Quantitive Analysis of the Perception of the visual Appearance of Residential Neighbourhoods", Journal of Regional Science, S. 19-31, Bd. 7, Nr. 1, 1967

[141] Postman, L., Bruner, J.S., u. McGinnies, E.: "Personal Values as Selective Factors in Perception", Journal of Abnormal and Social Psychology, S. 142-154, Bd. 43, 1948

[142] Postman, L., u. Schneider, B.H.: "Personal Values, Visual Recognition and Recall", Psychological Review, S. 271-284, Bd. 58, 1951

[143] Pries, Karl: "Siedlung und Wohnung", Atlas von Berlin, Akademie für Raumforschung und Landesplanung, S. 24-40, Hannover, 1962

[144] Rainwater, Lee: "Fear and the House-as-Haven in the Lower Class", Journal of the AIP, S. 23-31, Bd. XXXII, Nr. 1, Januar 1966

[145] Rapoport, A., u. Kantnor, R.E.: "Complexity and Ambiguity in Enviromental Design", Journal of AIP, S. 210-221, Bd. XXXII, Nr. 4, Juli 1967

[146] Ratcliff, R.V.: "The Dynamics of Efficiency in the Locational Distribution of Urban Activities", The Metropolis in Modern Life, ed. Fisher, J.., Doubleday & Co., S. 125-148, New York, 1955

[147] Rave, P.O.: Karl Friedrich Schinkel; Lebenswerk Berlin, Akademie des Bauwesens, Berlin, 1962

[148] Rice, S.A.: Quantitative Methods in Politics, J. Wiley, S. 54, New York, 1928

[149] Richards, I.A.: Practical Criticism, Kegan, Paul, Trench, Trubner & Co., S. 153, London, 1929

[150] Rivers, W.H.R.: "Vision", Reports of the Cambridge Anthropological Expedition to the Torres Straits, S. 1-132, Bd. II, Cambridge, 1901

[151] Rodnick, David: Postwar Germans, Princeton University Press, New Haven, 1948

[152] Rodwin, Lloyd: "Cuidad Guayana; a New City", Scientific American, S. 88-104, Bd. 213, Nr. 3, September, 1965

[153] Rosenzweig, S.: "The Picture-Association Method and its Application in a Study of Reactions to Frustration", Journal of Personality, S. 3-23, Nr. 14, 1945

[154] Rorschach, H.: Psychodiagnostics, Grune & Stratton, New York, 1942

[155] Roscow, Irving: "The Social Effects of the Physical Environment", Journal of the AIP, S. 127-133, Bd. XXVII, Nr. 2, Mai 1961

[156] Schilling, T.C.: The Strategy of Conflict, Harvard University Press, S. 35-128, Cambridge, 1960

[157] Schindler, H.-G.: "Bevölkerung", Atlas von Berlin, Akademie für Raumforschung und Landesplanung, S. 13-23, Hannover, 1962

Literaturverzeichnis

[158] Schintz, Alfred: Stadtschicksal und Städtebau, Westermann, Berlin, 1964

[159] Schlager, K.J.: "A Land Use Design Model", Journal of the AIP, S. 111-119, Bd. XXXI, Nr. 2, Mai 1965

[160] Schlesinger, A.: Notes on a National Cultural Policy", Culture for the Millions, van Nostrand, S. 148-154, New York, 1959

[161] Schorr, Alvin: Slums and Social Security, Dept. of Health, Education and Welfare, S. 31, Washington, 1963

[162] Schröder, Klaus: "Wirtschaft", Atlas von Berlin, Akademie für Raumforschung und Landesplanung, S. 41-57, Hannover, 1962

[163] Schwedler, Rolf: "Der Wiederaufbau in West Berlin", Berlin, die unzerstörbare Stadt, Carl Heymanns Verlag, S. 180, Köln, 1953

[164] Sekler, E.F.: "The City and the Arts", Daedalus, Journal of the American Academy of Arts and Sciences, S. 74-78, Bd. 89, Nr. 1, Winter 1960

[165] Sherif, M., u. Sherif, C.W.: An Outline of Social Psychology, Harper & Bros., S. 53, 498-499, 539, New York, 1956

[166] Shils, Edward: "Mass Society and its Culture", Culture for the Millions, van Nostrand, S. 28-42, New York, 1959

[167] Shorr, J.E.: "The Development of a Test to Measure the Intensity of Values", Journal of Educational Psychology, S. 266-274, Bd. 44, 1953

[168] Sitte, C.: Der Städtebau nach seinen künstlerischen Grundsätzen, C. Graeser, Wien, 1889

[169] Stanton, Frank: "Parallel Paths", Culture for the Millions, van Nostrand, S. 85-91, New York, 1959

[170] Statistisches Landesamt: Statistisches Jahrbuch von Berlin, Statitisches Landesamt, Berlin, 1937, 1939, 1945, 1953, 1957, 1963, 1966

[171] Strauß, AL.: Images of the American City, Free Press of Glencoe, S. 64, New York, 1961

[172] Studer, R.G., u. Stea, P.: Directory of Behaviour and Environmental Design, Brown University Press, Providence RI., 1965

[173] Summerson, Sir J.: "Urban Forms", The Historian and the City, ed. Handlin, O., u. Burchard, J., MIT Press, S. 133-145, Cambridge, 1963

[174] Tajfel, H.: "Values and the Perceptual Judgement of Magnitude", Psychological Review, S. 192-204, Bd. LXIV, 1957

[175] Thalheim, K.C.: "Berlin – Herausforderung und Antwort einer Stadt", Berlin – die unzerstörbare Stadt, Carl Heymanns Verlag, S. 12-16, Köln, 1953

[176]	Thiel, Paul:	"A Sequence-Experience Notation for Architectural and Urban Space", Town Planning Review, Bd. XXXII, S. 33-52, 1951
[177]	Thurstone, L.L., u. Chave, E.J.:	The Measurement of Attitude, University of Chicago Press, S. 23-57, Chicago, 1929
[178]	Thurstone, L.L.:	A Factoral Study of Perception, University of Chicago Press, S. 74-124, Chicago, 1944
[179]	Thurstone, L.L.:	The Measurement of Values, University of Chicago Press, Chicago, 1959
[180]	Toffler, Alvin:	The Culture Consumers, St. Martins Press, S. 92, 99, 101, 170, New York, 1964
[181]	Tomkins, S.S.:	The Thematic Apperception Test, Grune & Stratton, New York, 1947
[182]	Tunnard, Christopher:	"The Customary and the Characteristic, A Note on the Pursuit of City Planning History", The Historian and the City, ed. Handlin, O., u. Burchard, J., MIT Press, S. 216-224, Cambridge, 1963
[183]	Uhr, Leonard:	Pattern Recognition, J. Wiley & Son, S. 18-56, New York, 1966
[184]	van den Haag, Ernest:	"A Dissent from the Consensual Society", Culture for the Millions, van Nostrand, S. 53-62, New York, 1959
[185]	Vernon, M.D.:	The Psychology of Perception, Penguin, S. 11, 1962
[186]	Vigier, Francois:	"An Experimental Approach to Urban Design", Journal of AIP, S. 21-30, Bd. XXXI, Nr. 1, Februar 1965
[187]	von Neumann, J., u. Morgenstern, O.:	The Theory of Games and Economic Behaviour, Princeton University Press, Princeton, 1947
[188]	Waterhouse, Alan:	Imageability Study of Downtown Toronto, Centre for Culture and Technology, University of Toronto, Toronto, 1964
[189]	Waterhouse, Alan:	Factors Affecting Residential Development in Fringe Areas, M.Sc.Pl. Thesis, Dept. of Urban and Regional Planning, University of Toronto, Toronto, 1966
[190]	Webber, Melvin:	"Order in Diversity: Community without Propinquity", Cities and Space, Johns Hopkins Press, S. 23-56, Baltimore, 1963
[191]	Weber, Alfred:	Über den Standort der Industrien, Tübingen, 1909
[192]	Wehrwein, George:	"The Urban Fringe", Economic Geography, S. 217, Bd. XVIII, July 1942
[193]	Wertheimer, M.:	"Laws of Perceptual Forms", Handbook of Experimental Psychology, ed. Ellis, WD., J. Wiley & Son, S. 54-78, New York, 1951

Literaturverzeichnis

[194]	White, Morton:	"Two Stages in the Critique of the American City", The Historian and the City, ed. Handlin, O., u. Burchard, J., MIT Press, S. 84-94, Cambridge, 1963
[195]	White, M., u. L.:	The Intellectual versus the City, MIT Press, Cambridge, 1962
[196]	Whitehead, An.:	Adventures of Ideas, University of Cambridge Press, S. 251-264, Cambridge, 1933
[197]	Whitely, P.L.:	"The Constancy of Personal Values", Journal of Abnormal and Social Psychology, S. 405-408, Bd. XXXIII, 1938
[198]	Wiener, Norbert:	Cybernetics, 2. Ausg., MIT Press u. J. Wiley & Son, Cambridge u. New York, 1961
[199]	Willmott, Peter:	Class and Community in Dagenham, Institute for Community Studies, London, 1960
[200]	Wingo, Lowdon jr.:	"Urban Space in a Policy Perspective", Cities and Space, Johns Hopkins Press, S. 3-22, Baltimore, 1963
[201]	Wirth, Irmgard:	Berlin wie es heute ist; Berliner Landschaft; Berlin wie es früher war, Landwiesche Bücherei, Berlin, 1966
[202]	Wohlwill, J.F.:	"The Physical Enviroment", Journal of Social Issues, Oct. 1966, XXII, S. 29-38
[203]	Wurster, C.B.:	"The Form and Structure of the Future Urban Complex", Cities and Space, Johns Hopkins Press, S. 73-101, Baltimore, 1963
[204]	Zimmerman, C., u. Bauer, R.A.:	"The Effect of an Audience Upon What is Remembered", Public Opinion Quarterly, Bd. XX, S. 238-248, 1956

Anhang

Der Fragebogen

Liebe Einwohner,

der beiliegende Fragebogen bildet den Teil eines Forschungsprojektes, das versucht, die Ansicht der Einwohner von West-Berlin über verschiedene Themen herauszufinden. Wir wären Ihnen daher außerordentlich dankbar, wenn Sie uns etwa eine halbe Stunde Ihrer Zeit opfern würden, um die Fragen auf den folgenden Seiten zu beantworten.

Die Untersuchung ist *keine* politische und auch *keine* geschäftliche Aktion, sie dient lediglich rein wissenschaftlichen Forschungszwecken. Der Fragebogen ist auch *kein* Test Ihrer Intelligenz, noch werden Sie nach Namen und Adresse gefragt. Da Ihre Antworten selbstverständlich nur für den augenblicklichen Zweck benötigt werden, wird man später nicht mehr an Sie herantreten.

Bitte geben Sie den Fragebogen, wenn Sie ihn ausgefüllt haben, zurück.

Teil I

Anweisungen:

Unten wird eine Anzahl von gegensätzlichen Aussagen oder Fragen mit 2 möglichen Antworten gegeben. Drücken Sie Ihre persönliche Meinung aus, indem Sie die entsprechende Zahl in das Kästchen rechts von jeder Frage schreiben. Einige dieser Entscheidungen mögen Ihnen mehr oder weniger attraktiv erscheinen. Bemühen Sie sich bitte trotzdem die Entscheidungen zu treffen, die Ihnen am ehesten annehmbar erscheinen. Für jede Frage erhalten Sie 3 Punkte, die Sie in den folgenden Kombinationen verteilen können.

1. Wenn Sie mit Möglichkeit a) übereinstimmen und b) ablehnen, schreiben Sie eine 3 in das erste Kästchen und 0 in das zweite, also folgendermaßen

   a) 3   b) 0

2. Wenn Sie sich dagegen für b) entscheiden und a) ablehnen, schreiben Sie

   a) 0   b) 3

3. Wenn Sie eine leichte Bevorzugung für a) vor b) empfinden, schreiben Sie

   a) 2   b) 1

4. Wenn Sie eher b) gegenüber a) wenig vorziehen, schreiben Sie

   a) 1   b) 2

Bitte schreiben Sie keine andere Zahlenkombination außer diesen vier gegebenen. Es besteht keine Zeitbegrenzung, doch grübeln Sie nicht zu lange bei irgendeiner Frage oder Feststellung und lassen Sie keine Frage aus, es sei denn, Sie können sich wirklich nicht entscheiden.

Fragebogen

1. Sollte das Hauptanliegen der wissenschaftlichen Forschung eher die Entdeckung von reinen Erkenntnissen sein als der praktischen Anwendung dienen?
   a) Ja, b) Nein.

2. Wenn man die Bibel als Ganzes nimmt, sollte man sie eher vom Standpunkt ihrer wunderbaren Mythologie und vom literarischen Stil her betrachten als von ihrer geistigen Offenbarung?
   a) Ja, b) Nein.

3. Wenn Sie bei einer industriellen Firma angestellt wären (vorausgesetzt die Gehälter seien gleich hoch) würden Sie lieber tätig sein als:
   a)   Berater für Angestellte
   b)   in einer Stelle für Verwaltung?

4. Glauben Sie, daß es für große Künstler, wie Beethoven, Wagner und Rilke, zu rechtfertigen ist, selbstsüchtig und den Gefühlen anderer gegenüber gleichgültig zu sein?
   a) Ja, b) Nein.

5. Welche Funktionen moderner führender Persönlichkeiten würden Sie für bedeutender halten?
   a)   sich einzusetzen für die Vollendung praktischer Ziele;
   b)   seine Anhänger anzuhalten, den Rechten anderer größere Beachtung zu schenken.

6. Ein großer Teil von dem ursprünglichen Charakter Berlins beruhte darauf, daß viele Häuser die gleiche Höhe – 4 oder 5 Stockwerke – hatten. Manche meinen nun, daß (abgesehen von der Fahrstuhlfrage) die neuen Häuser eher von gleicher Höhe sein sollten, damit dieser Charakter erhalten bleibe, als daß man viele Hochhäuser errichten sollte.
   a) Ja, b) Nein.

7. Wenn Sie ein Universitätsprofessor wären und die notwendige Fähigkeit hätten, was würden Sie vorziehen zu lehren:
   a) Dichtkunst, b) Chemie und Physik?

8. Wenn Sie die folgenden Zeitungsnachrichten mit Überschriften von gleicher Größe in Ihrer Morgenzeitung sehen würden, welche würden Sie aufmerksamer lesen?

   a)   *Protestantische Führer werden über Aussöhnung sprechen*

b) *Großer Aufschwung auf dem Aktienmarkt*

9. Berlin ist eine in zunehmendem Maße attraktive Stadt, in der man erleben und sehen kann, wie das Wiederaufblühen vorangeht und wie überall neue Gebäude errichtet werden.
a) Ja, b) Nein.

10. Wenn Sie eine Kathedrale besuchen, sind Sie dann stärker beeindruckt von einem vorherrschenden Gefühl an Ehrfurcht und Anbetung als von der architektonischen Gestalt und den bunten Glasfenstern?
a) Ja, b) Nein.

11. Ziehen Sie es auf einer Ausstellung vor, lieber in die Halle zu gehen, wo sie folgendes sehen können?
   a) Erzeugnisse der neuesten Fabrikation;
   b) wissenschaftliche (z.B. chemische) Apparate.

12. Wenn Sie die Gelegenheit hätten und falls nichts dieser Art am Ort, an dem Sie leben, vorhanden wäre, was möchten Sie lieber gründen?
   a) einen Diskussionsklub;
   b) einen Hausmusikkreis.

13. Sollte das Ziel der Kirchen in der augenblicklichen Zeit sein:
   a) altruistische und karitative Tendenzen zu wecken und zu fördern;
   b) die geistige Anbetung und das Gefühl der Zusammenhörigkeit mit dem Höchsten zu pflegen?

14. Manche sagen, man hätte mehr Geld dafür aufwenden sollen, um alte Bezirke von West-Berlin in ihrem ursprünglichen Charakter zu erhalten oder wiederaufzubauen, als für den Bau von U-Bahnlinien und Stadtautobahnen.
Finden Sie das auch?
a) Ja, b) Nein.

15. Lesen Sie lieber Lektüre über das Leben und die Werke von Männern wie:
   a) Alexander, Julius Cäsar und Karl dem Großen oder
   b) Plato, Sokrates und Leibniz?

16. Wovon würde die moderne Gesellschaft größeren Vorteil haben, von:
   a) stärkerer Beachtung der Rechte und Wohlfahrt seiner Bürger;

Fragebogen

b) größerem Wissen über grundlegende Gesetzmäßigkeiten des menschlichen Verhaltens?

17. Angenommen, Sie könnten dabei helfen, den Lebensstandard zu heben oder aber die öffentliche Meinung zu formen. Worauf würden Sie eher Ihren Einfluß ausüben:
a) Lebensstandard;
b) öffentliche Meinung?

□ a □ b

18. Welche Reihe populärer Vorträge würden Sie lieber hören:
a) über Fortschritte in Wohlfahrtsverbänden in Ihrem Bezirk;
b) Maler unserer Zeit?

□ a □ b

19. Alle objektiven Tatsachen, die bisher gesammelt wurden, sprechen dafür, daß das Universum bis heute auf der Grundlage von Naturgesetzen durch Evolution entstand, so daß es nicht notwendig ist, einen ersten Grund, einen kosmischen Zweck oder einen Gott dahinter anzunehmen.
a) ich bin der gleichen Meinung
b) ich bin nicht der gleichen Meinung.

□ a □ b

20. „Im ganzen gesehen war Berlin von 30 Jahren viel schöner als es heute ist".
Sind Sie von Ihrer Erfahrung her oder von dem, was Sie gesehen oder von anderen Leuten gehört haben, die die Stadt damals kannten, der gleichen Meinung?
a) Ja, b) Nein.

□ a □ b

21. Würden Sie es bei Ihrem Kind für wesentlich halten, die Ausbildung zu sichern in:
a) Religion
b) Sport?

□ a □ b

22. Angenommen, Sie hätten die geeignete Fähigkeit, würden Sie es vorziehen zu sein:
a) Bankier
b) Politiker?

□ a □ b

Teil II

Anweisungen:

Nach jeder der folgenden Fragen gibt es vier mögliche Antworten. Ordnen Sie diese Antworten in der Reihenfolge Ihrer persönlichen Bevorzugung an, indem Sie in das entsprechende Kästchen auf der rechten Seite die Punktzahl 4, 3, 2 oder 1 eintragen.

Für das, was Sie am meisten bevorzugen, setzen Sie 4 Punkte ein; für das, was Ihnen an zweiter Stelle liegt, 3 Punkte usw.

Beispiel: Wenn dies eine Frage wäre, und die folgenden Entscheidungen wären getroffen worden, würden Sie einsetzen:

4 in das Kästchen für die Aussage, die Sie am meisten anspricht. ☐ 4

3 in das Kästchen derjenigen Aussage, die Ihnen an zweiter Stelle zusagt. ☐ 3

2 in das Kästchen der Aussage, die Ihnen als drittbeste liegt. ☐ 2

1 in das Kästchen, das ansagt, wo sich Ihr Interesse und Ihre Vorliebe am wenigsten zeigen. ☐ 1

Es werden Ihnen Antworten einfallen, die Sie von Ihrem Standpunkt aus den angeführten vorziehen würden. Es ist aber wichtig, daß Sie die Auswahl nur unter den angegebenen Antworten treffen und diese vier in der Reihenfolge ihrer Bevorzugung ordnen und im Falle von Unsicherheit eben raten. Sollte es Ihnen wirklich unmöglich sein, Ihre Ansicht anzugeben, dann mögen Sie diese Frage auslassen. Beachten Sie, daß Sie nie mehr als *eine 4, eine 3* usw. für jede Frage einsetzen.

1 Glauben Sie, daß eine gute Regierung vor allen Dingen erstreben sollte – (bitte denken Sie daran, Ihrer bevorzugten Antwort eine 4 zu geben usw.)
   a) Armen, Kranken und Alten mehr zu helfen
   b) Handel und Gewerbe zu entwickeln
   c) hohe ethische Prinzipien in ihrer Politik und Diplomatie einzuführen
   d) eine geachtete Position von Respekt unter den Nationen zu begründen.

2. In welcher Weise kann Ihrer Meinung nach ein Mann, der die ganze Woche über beruflich beschäftigt ist, am besten den Sonntag verbringen – indem er:
   a) versucht, sich durch Lesen von ernsthaften Büchern zu bilden
   b) versucht, sich persönlich am sportlichen Wettbewerb zu beteiligen
   c) in ein Orchesterkonzert geht
   d) eine wirklich gute Predigt hört.

3. Wenn Sie die Lehrpläne in öffentlichen Schulen der Länder beeinflussen könnten, was würden Sie unternehmen:
   a) das Studium und die Beteiligung in Musik und schönen Künsten fördern.
   b) zum Studium sozialer Probleme anregen
   c) zusätzliche Möglichkeiten in Laboratorien bereitstellen

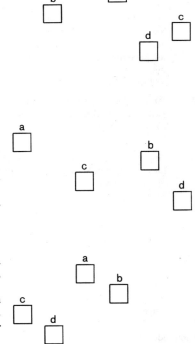

Fragebogen 177

   d) den praktischen Wert der Ausbildung verstärken.
4. Bevorzugen Sie einen Freund (Ihres eigenen Geschlechts), der:
   a) fleißig, betriebsam und von praktischer Lebensauffassung ist
   b) ernsthaft daran interessiert ist, seine Einstellung zum Leben als Ganzes zu bedenken
   c) Fähigkeit zur Führerschaft und Organisationstalent besitzt
   d) künstlerisches und seelisches Feingefühl zeigt.

5. Wenn Sie in einer kleinen Stadt lebten und Sie verdienten mehr als Sie für das Notwendige brauchen, was würden Sie mit dem Geld tun:
   a) es produktiv anwenden, um die kaufmännische und industrielle Entwicklung zu unterstützen
   b) helfen, die Tätigkeit der örtlichen religiösen Gemeinschaften zu fördern
   c) es für die wissenschaftliche Forschung zur Verfügung stellen
   d) es der Sozialfürsorge spenden.

6. Angenommen, Sie wären ein Mann mit der notwendigen Fähigkeit und das Gehalt für jede der folgenden Beschäftigungen wäre gleich, was würden Sie sein wollen:
   a) Mathematiker
   b) Geschäftsführer
   c) Geistlicher
   d) Politiker

7. Wenn Sie genügend Mußezeit und Geld hätten, was würden Sie vorziehen und tun:
   a) eine Sammlung von schönen Skulpturen und Gemälden einrichten
   b) eine Anstalt für die Betreuung und Schulung von Schwachsinnigen gründen
   c) sich bemühen um den Posten eines Senators oder um einen Ministersessel bewerben
   d) ein eigenes geschäftliches oder finanzielles Unternehmen gründen.

8. Sollten die für West-Berlin verantwortlichen Planer Ihrer Meinung nach:
   a) für mehr Grünflächen und Erholungsanlagen für alle Altersstufen der Bevölkerung sorgen
   b) dem Problem von Verkehrsstauungen mehr Aufmerksamkeit widmen

c) den Wohnungsbau verstärken und den Anforderungen der Mieter besser entsprechen
d) sich darum bemühen, das Bild und die Erscheinung der Stadt als Ganzes sichtbar noch attraktiver zu gestalten.

9. Sind Sie bei einer abendlichen Diskussion mit engen Freunden Ihres eigenen Geschlechts mehr interessiert, wenn Sie sprechen über:
   a) Bedeutung des Lebens
   b) Entwicklung der Wissenschaft
   c) Literatur
   d) Sozialismus und soziale Verbesserungen

10. Was gefällt Ihnen, wenn Sie in ein Theater gehen, in der Regel am meisten:
    a) Stücke, die vom Leben großer Männer handeln
    b) Ballett oder ähnliche phantasiereiche Vorstellungen
    c) Stücke, die menschliches Leid und Liebe zum Thema haben
    d) problematische Stücke, die durchweg einen besonderen Standpunkt erörtern.

11. In welchem Ausmaße interessieren Sie die folgenden Berühmten Persönlichkeiten:
    a) Albert Schweizer
    b) Napoleon
    c) Henry Ford
    d) Galilei

12. Welche Frau würden Sie, wenn Sie die Wahl hätten, vorziehen, eine Frau, die: (Frauen beantworten die untenstehenden Aussagen)
    Für Männer:
    a) soziales Ansehen erreichen kann und die Bewunderung anderer verdient
    b) gern den Menschen hilft
    c) in ihrem Lebensverhalten von tiefem Gemüt ist
    d) künstlerische Gaben besitzt

    Für Frauen:
    a) erfolgreich in seinem Beruf ist und die Bewunderung anderer verdient
    b) gern den Menschen hilft
    c) in seinem Lebensverhalten von tiefem Gemüt ist
    d) künstlerische Gaben besitzt

Fragebogen

13. Wenn Sie Leonardo da Vinci's Gemälde „Das Abendmahl" ansehen, wie wären Sie geneigt, es zu betrachten:
    a) als Ausdruck des höchsten geistigen Strebens und der Ergriffenheit
    b) als eines der kostbarsten und unersetzlichsten Gemälde, die geschaffen wurden
    c) in Beziehung zu Leonardos Vielseitigkeit und seiner historischen Bedeutung
    d) als höchsten Ausdruck von Harmonie und Gestaltung.

    a ☐
    b ☐
    c ☐
    d ☐

Teil III

1. Jedes der folgenden Eigenschaftswörter könnte in verschiedenem Grade der Stadt West-Berlin zugeteilt werden. Bitte ordnen Sie dieselben in der Reihenfolge Ihrer persönlichen Wahl so an, wie Sie die Reihenfolge als zutreffend für die Beschreibung der Stadt empfinden, indem Sie in das Kästchen links von jedem Eigenschaftswort eine 1, 2, 3 usw. eintragen. Zu dem Eigenschaftswort, das Sie für das zutreffendste halten, schreiben Sie eine 1, zu dem an zweiter Stelle passende eine 2 und so weiter bis zu 12.

    ☐ laut   ☐ schön   ☐ deprimierend
    ☐ gefährlich   ☐ eintönig   ☐ häßlich
    ☐ sich ständig verändernd ☐ aufregend ☐ geschäftig
    ☐ grau   ☐ ruhig   ☐ grün

2. Welche der folgenden Maßnahmen hätte man Ihrer Meinung nach für West-Berlin ergreifen sollen:
    (Bitte nur eine kennzeichnen)
    ☐ a) Hätte man den Versuch machen sollen, wo immer es möglich war, die Stadt weitgehend wieder so aufzubauen, wie sie vor dem Kriege war, um ihre früheren Reize wiederzugewinnen?
    ☐ b) Hätten alte und zerstörte Stadtteile sorgfältig in ihrem früheren Charakter wiederaufgebaut werden sollen, und ganz moderne Gebäude hätte man nur zulassen dürfen, wo es aus wirtschaftlichen Gründen notwendig war?
    ☐ c) Hätte man die alten und zerstörten Gebiete abreißen und moderne Gebäude hinsetzen sollen, aber dabei darauf achten, daß diejenigen Teile und Gebäude von historischem und und architektonischem Wert erhalten und wiederhergestellt werden?

| | d) | Hätte ein völlig neuer Plan für ganz West-Berlin, der auf totalen Abriß und Neuaufbau ganzer Bezirke zielt, und der den modernsten architektonischen und planerischen Prinzipien entspricht, entworfen werden sollen? |

3. Kreuzen Sie bitte im jeweiligen Kästchen Ihr Alter an.

☐ unter 25 Jahre
☐ 26 – 40 Jahre
☐ 41 – 60 Jahre
☐ über 60 Jahre

4. Geschlecht
☐ männlich
☐ weiblich

5. Beruf ....
(Hausfrauen und Personen im Ruhestand, wenn möglich, bitte hier den früheren Beruf angeben.)

6. Wohnort ....
Bezirk (Schöneberg, Wilmersdorf usw.)

7. Ausbildung
☐ Volksschule bzw. Praktischer Zweig
☐ Mittlere Reife
☐ Abitur
☐ Fachschule
☐ Universität und Hochschule

8. Besitzen Sie ein Auto oder haben Sie häufig Gelegenheit, Auto zu fahren
☐ Ja
☐ Nein

9. a) Wie lange wohnen Sie in Berlin? ☐ Jahre
   b) Wo haben Sie den größten Teil Ihres Lebens gewohnt?
   ☐ Großstadt
   ☐ Mittelstadt und Kleinstadt
   ☐ Auf dem Lande

10. Wo würden Sie am liebsten wohnen, wenn Sie die Wahl hätten?
    ☐ Großstadt
    ☐ Mittel- und Kleinstadt
    ☐ Auf dem Lande

11. Wie würden Sie West-Berlin im allgemeinen von Ihrem Standpunkt aus als Wohnort einstufen?
    ☐ sehr gut
    ☐ gut
    ☐ annehmbar

Fragebogen

☐ schlecht

☐ sehr schlecht

12. Wie hätten Sie sich den Wiederaufbau der Kaiser-Wilhelm-Gedächtniskirche in Berlin gewünscht?

☐ a) hätte sie genau so wiederaufgabaut werden sollen, wie sie war?

☐ b) hätte die Ruine ganz niedergerissen werden sollen, damit eine moderne Kirche gebaut werden konnte?

☐ c) Glauben Sie, daß die kirchlichen Neubauten neben der Ruine die beste Lösung sind?

☐ d) Glauben Sie, daß die Ruine ganz hätte entfernt werden sollen, damit die Fläche anderweitig genutzt werden könnte?

Stadt- und Regionalplanung

herausgegeben von Jul Diederich und Peter Koller

CLAUS MEIER

Theoretische Bauleitplanung
Mathematisierte Methoden für die Entscheidungsvorbereitung
    Groß-Oktav. Mit 10 Ausschlagtafeln. XII, 224 Seiten. 1970. Geb. DM 54,—

Es wird ein mit formalwissenschaftlichen Methoden abgeleitetes System vorgestellt, das eine Objektivierung von Planungsentscheidungen ermöglicht. Planungsalternativen können simuliert und damit Planungsaussagen als Ergebnis einer Berechnung ermittelt werden. Grafische Darstellungen veranschaulichen die Zusammenhänge.
Aus dem Inhalt: Die Plandarstellung — Elementare Beziehungen — Parksystem und Freiraum — Das Bebauungssystem — das Straßensystem — Mathematisches Modell — Grundstücksbezogene Kostenrelationen — Arealbezogene Kostenrelationen — Schlußbetrachtung und Ausblick.

MANFRED SEMMER

Sanierung von Mietkasernen
Form und wirtschaftliche Entwicklung Berliner Miethäuser —
Möglichkeiten zur Modernisierung
    Groß-Oktav. VII, 128 Seiten. Mit 5 Bildtafeln, 3 Ausschlagtafeln, 13 Textabbildungen und 25 Tabellen. 1970. Geb. DM 38,—

Aus dem Inhalt: Der Staat begünstigte durch seine Gesetzgebung die Errichtung von „Mietkasernen" in Berlin — Die Gemeinde stellt den Bebauungsplan auf — Das Berliner Miethaus um 1800 — Mietentwicklung in Berlin von 1880—1965 — Einkommen der Mieter in Relation zu den Mieten — Erfüllten „Mietkasernen" die hygienischen Forderungen? — Stadterneuerung durch Modernisierung und Sanierung — Berechnung der Kostenmiete beim Altbau — Mieterhöhungsbeträge durch Modernisierung und Sanierung — Auswirkung der Modernisierungsmaßnahmen auf die Miethöhe. — Literaturangaben und Anmerkungen.

JUL DIEDERICH

Soziographie und Städtebau
mit Ergebnissen einer soziographischen Untersuchung der Stadt Hanau
    Quart. LVI, 138 Seiten. Mit 38 Tabellen und 33 Schaubildern. 1971. Gebunden DM 89,—

Es wird der Versuch eines theoretisch erläuterten Beitrages vorgelegt, dem ein Beweis erfolgter Anwendung hinzugefügt ist.
Aus dem Inhalt: Theoretische Grundlegung: Die Soziographie, deren Ortung innerhalb der Sozialwissenschaften, Anwendungsbereiche, Theorie und Arbeitsmethoden — Die Stadtplanung und deren wissenschaftliche Zuordnung — Bevölkerungskonzentration und Regionalplanung — Der Ansatz für eine praxisbezogene soziographische Forschung. — Soziographische Facettstudien zur Planungssituation der Stadt Hanau: Raumbezug — Analysen und Perspektiven zentraler raumrelevanter Probleme (Struktur und Prognose der Bevölkerung, Heutiger und zu erwartender Wohnungsbedarf in Hanau, Gewerbliche Wirtschaft) — Statistischer Anhang. Schrifttum.

WALTER DE GRUYTER · BERLIN · NEW YORK

Soziologie — Psychologie

LEOPOLD VON WIESE

Geschichte der Soziologie

9. Auflage. 158 Seiten. 1971. DM 7,80. ISBN 3 11 002733 X
(Sammlung Göschen Band 3101)

„Wer sich über Geschichte, Gegenstand und Methode der Soziologie in kurzgefaßter, aber vollständiger Form unterrichten will, sollte zu diesem Werk des Altvaters der deutschen Soziologie greifen. Eine straffe Gliederung und die Herausarbeitung der wesentlichen Fragestellung ermöglichen es dem Leser, sich in kürzester Zeit einen vorzüglichen Überblick über die historische Entwicklung und die aktuellen Probleme dieses Wissenschaftszweiges zu beschaffen."

Der leitende Angestellte, Düsseldorf

GEORG SIMMEL

Grundfragen der Soziologie

Individuum und Gesellschaft

3., unveränderte Auflage. 98 Seiten. 1970. DM 4,80. ISBN 3 11 002762 3
(Sammlung Göschen Band 1101)

Inhalt: Das Gebiet der Soziologie — Das soziale und das individuelle Niveau (Beispiel der allgemeinen Soziologie) — Die Geselligkeit (Beispiel der Reinen oder Formalen Soziologie) — Individuum und Gesellschaft in Lebensanschauungen des 18. und 19. Jahrhunderts (Beispiel der Philosophischen Soziologie).

FRIEDRICH FÜRSTENBERG

Soziologie

Hauptfragen und Grundbegriffe

154 Seiten. 1971. DM 7,80. ISBN 3 11 002774 7
(Sammlung Göschen Band 4000)

Aus dem Inhalt: Die Entwicklung der soziologischen Fragestellung — Soziale Verhaltensweisen und ihre Vermittlung — Soziale Morphologie — Die Beziehungsgefüge — Sozialstruktur und sozialer Wandel — Wege zu einer Theorie der modernen Gesellschaft.

PETER ATTESLANDER

Methoden der empirischen Sozialforschung

Unter Mitarbeit von Klaus Baumgartner, Franz Haag, Jörg Oetterli, Rudolf Steiner

2. Auflage. 291 Seiten. 1971. DM 7,80. ISBN 3 11 001902 7
(Sammlung Göschen Band 4229)

Aus dem Inhalt: Empirische Sozialforschung als Erfahrungswissenschaft · Dokumentenanalyse · Die Befragung · Die Beobachtung · Das Experiment · Die Verwendung mathematischer und statistischer Verfahren · Skalierungsverfahren · Soziometrie · Auswertung der erhobenen Daten: Aufbereitung, Analyse und Interpretation · Forschungsstrategie.

WALTER DE GRUYTER · BERLIN · NEW YORK

FRIEDRICH FÜRSTENBERG
Wirtschaftssoziologie

2., neubearbeitete und ergänzte Auflage. 141 Seiten. 1970. DM 7,80
ISBN 3 11 002774 7 (Sammlung Göschen Band 1193/1193a)

Der Verfasser gibt als Einführung in die Wirtschaftssoziologie eine Übersicht über die bisherigen Forschungsergebnisse. Als Ausgangspunkt dient die Analyse des wirtschaftlichen Verhaltens in seinem soziologischen Zusammenhang. Anschließend untersucht er die Wirtschaftsinstitutionen (Unternehmung, Haushalt, Wirtschaftsverband). In einem besonderen Kapitel werden anhand des Konjunkturverlaufs und des wirtschaftlichen Wachstumsprozesses Beispiele für die soziologische Analyse der Wirtschaftsdynamik gegeben.

WOLFRAM BURISCH
Industrie- und Betriebssoziologie

6., neubearbeitete und erweiterte Auflage. 194 Seiten. 1971. DM 5,80.
ISBN 3 11 006474 X (Sammlung Göschen Band 3103)

Die bewährte Darstellung von Ralf Dahrendorf wird jetzt von Wolfram Burisch wesentlich neu bearbeitet und ergänzt vorgelegt. Dabei wird deutlich, daß die Erkenntnisse empirischer Untersuchungen das Selbstverständnis moderner Industriegesellschaften ebenso verändern, wie sie die Aktualität herkömmlicher Probleme bestätigen. Die Verarbeitung aktueller Forschungsergebnisse geht in eins mit der Anknüpfung an eine wissenschaftliche Tradition, die der Soziologie überhaupt entspricht. An ihrer Front stellt die Industrie- und Betriebssoziologie inhaltlich und methodisch eine Verbindung mit vor allem kybernetischen und organisationssoziologischen Theorien dar, ohne die praktische Gesellschaftskritik zu vernachlässigen.

PETER R. HOFSTÄTTER
Sozialpsychologie

4., unveränderte Auflage, 191 Seiten. Mit 18 Abbildungen. 1970.
DM 7,80. ISBN 3 11 002735 6 (Sammlung Göschen Band 104/104a)

„Besonders bemerkenswert ist das Bemühen des Verfassers, nicht in großspurig bewertender Weise das System der Sozialpsychologie hinzustellen, sondern auf soliden empirischen, experimentellen Grundbeständen aufzubauen. Der Leser erfährt dabei recht interessante Einzelheiten sozialpsychologischer Forschung, wie z. B. die Stereotype, d. h. die Häufigkeit, mit der Menschen anderen oder sich selbst bestimmte Eigenschaften zuschreiben. Das Buch stellt eine gute Einführung in die Systematik der modernen Sozialpsychologie dar."

Psychologie und Praxis, München

WERNER HOFMANN
Ideengeschichte der sozialen Bewegung des 19. und 20. Jahrhunderts

4. Auflage unter Mitwirkung von Wolfgang Abendroth. 298 Seiten.
1971. DM 7,80. ISBN 3 11 003565 0 (Sammlung Göschen Band 4205)

Aus dem Inhalt: Der Widerspruch von Aufklärungsidee und sozialer Wirklichkeit als Ausgangstatsache · Die sozialen Ideen in der Entwicklungsepoche der modernen Industriegesellschaft · Der entfaltete Kapitalismus der freien Konkurrenz und der wissenschaftliche Sozialismus · Die Ideen der Sozialbewegung in der Epoche des „organisierten Kapitalismus".

WALTER DE GRUYTER · BERLIN · NEW YORK

Die Reaktion der Bewohner auf